高等教育"十三五"规划教材

管 理 会 计

杜　萍　主　编

满海雁　王大伟　副主编

北京交通大学出版社
·北京·

内 容 简 介

本教材吸收相关领域最新的进展和成果，系统介绍管理会计的基本理论、方法和实用操作技术。内容包括总论、成本性态分析、本量利分析、变动成本法、标准成本控制、作业成本计算、经营预测、短期经营决策、存货决策与控制、长期投资决策、全面预算、责任会计、企业业绩评价。各章配有导入案例、思考题、练习题和综合案例。

本书可作为高等院校会计学及经管类专业管理会计课程的教材使用，也可以作为企业管理人员培训或自学的参考教材。

版权所有，侵权必究。

图书在版编目（CIP）数据

管理会计 / 杜萍主编. —北京：北京交通大学出版社，2015.3（2020.1 重印）
ISBN 978-7-5121-2221-5

Ⅰ. ①管… Ⅱ. ①杜… ②满… ③王… Ⅲ. ①管理会计–高等学校–教材 Ⅳ. F234.3

中国版本图书馆 CIP 数据核字（2015）第 052138 号

责任编辑：刘　辉
出版发行：北京交通大学出版社　　　　电话：010-51686414
　　　　　北京市海淀区高梁桥斜街44号　邮编：100044
印　刷　者：北京时代华都印刷有限公司
经　　销：全国新华书店
开　　本：185×260　印张：16.5　字数：412千字
版　　次：2015年3月第1版　2020年1月第2次印刷
书　　号：ISBN 978-7-5121-2221-5/F·1482
印　　数：2001～3000册　定价：36.00元

本书如有质量问题，请向北京交通大学出版社质监组反映。对您的意见和批评，我们表示欢迎和感谢。
投诉电话：010-51686043，51686008；传真：010-62225406；E-mail：press@bjtu.edu.cn。

前　言

管理会计是以现代管理为基础，适应企业内部管理上预测、决策、控制、考核的需要而产生的，是把会计与管理结合起来，与财务会计并列的一门独立的新兴学科。管理会计是会计学、财务管理专业核心课程之一，也是其他经济管理类专业的一门重要选修课程。

20世纪90年代以来，企业所面临的环境有巨大的改变，为了适应环境的变化，企业的经营目标、经营方式、管理方法等都发生了变化，侧重于为企业内部经营管理提供信息支持的管理会计也必然随之改变。管理会计领域近二十年来产生了许多新的成果，并逐步用于实践，而我国管理会计的理论研究与实践应用相对落后。2014年10月财政部下发了《财政部关于全面推进管理会计体系建设的指导意见》，提出建立与我国社会主义市场经济体制相适应的管理会计体系，使我国管理会计接近或达到世界先进水平。这就促使我们加倍努力，争取在管理会计领域取得突破性的进展。

本教材在结构体系上，按照管理会计的内在逻辑规律安排篇章，在内容上，保留传统管理会计的精髓，同时吸收国内外相关领域最新的进展和成果，把传统管理会计和管理会计的新发展统一起来，力求现实适用性与理论前瞻性的统一。全书共分13章，内容包括：总论、成本性态分析、本量利分析、变动成本法、标准成本控制、作业成本计算、经营预测、短期经营决策、存货决策与控制、长期投资决策、全面预算、责任会计、企业业绩评价。在编写中，我们试图在深度上比现有一般教材有一些新的突破，通过导入案例和案例分析，将理论方法与实践紧密地结合起来；强调严谨性和可读性并重，将理论教学、案例教学、决策模型设计系统地结合起来，以强化对管理会计理论和方法的理解和应用。每章配有导入案例，并附以适量思考题和练习题。

本书由杜萍负责框架设计并编写第一、六、八、十一章，满海雁编写第五、九、十章，王大伟编写第二、三、四章，路萍编写第七章，董美霞编写第十二章，李静文编写第十三章。在编写过程中参阅了大量国内外的相关论文和书籍，在此表示真诚的感谢！书中有错误或不当之处，恳请读者批评指正。

编　者
2014年12月

目 录

第一章 总论 ··· 1

第一节 管理会计的形成与发展 ·· 1
一、传统管理会计 ··· 1
二、当代管理会计的新发展 ·· 3
第二节 管理会计的基本理论 ··· 5
一、管理会计的定义 ·· 5
二、管理会计的基本假设 ··· 6
三、管理会计的目标 ·· 7
四、管理会计的职能 ·· 8
五、管理会计信息的质量特征 ··· 8
第三节 管理会计与财务会计 ·· 10
一、管理会计与财务会计的联系 ··· 10
二、管理会计与财务会计的区别 ··· 11
第四节 管理会计师的职业组织与职业道德 ····························· 13
一、管理会计职业组织 ·· 13
二、管理会计师职业道德 ··· 13

第二章 成本性态分析 ··· 15

第一节 成本性态概述 ··· 15
一、成本性态及其分类 ·· 15
二、固定成本 ·· 16
三、变动成本 ·· 18
四、固定成本与变动成本的相关范围 ··································· 20
五、混合成本 ·· 20
第二节 成本性态分析的程序和方法 ······································ 22
一、成本性态分析的含义 ··· 22
二、成本性态分析与成本性态分类的关系 ···························· 23
三、成本性态分析的程序 ··· 23
四、成本性态分析的方法 ··· 23

第三章 本量利分析 ... 31

第一节 本量利分析概述 ... 32
一、本量利分析的意义和作用 ... 32
二、本量利分析的假定 ... 32
三、本量利分析的基本内容 ... 34
四、本量利关系的基本公式及相关概念 ... 34

第二节 保本点计算 ... 38
一、保本点的概念和形式 ... 38
二、保本点的确定 ... 38
三、企业经营安全程度的评价 ... 43

第三节 目标利润分析 ... 44
一、目标利润分析的概念 ... 44
二、保利点的确定 ... 45

第四节 因素变动对相关指标的影响 ... 46
一、因素变动对保本点和保利点的影响 ... 46
二、本量利关系中的敏感性分析 ... 49

第四章 变动成本法 ... 55

第一节 变动成本法概述 ... 56
一、变动成本法的含义 ... 56
二、变动成本法和完全成本法的理论依据 ... 56

第二节 变动成本法与完全成本法的区别 ... 57
一、应用的前提条件不同 ... 57
二、产品成本和期间成本的构成内容不同 ... 57
三、对存货成本的估价水平不同 ... 58
四、损益确定的程序和分期损益不同 ... 59

第三节 对变动成本法的评价 ... 62
一、变动成本法的优缺点 ... 62
二、新制造环境下对成本计算的思考 ... 63

第五章 标准成本控制 ... 67

第一节 标准成本概述 ... 67
一、标准成本的概念 ... 67
二、标准成本的种类 ... 68
三、标准成本的特点 ... 68

第二节 标准成本的制订 69
    一、直接材料标准成本的制订 69
    二、直接人工标准成本的制订 69
    三、制造费用标准成本的制订 70
  第三节 标准成本差异的计算和分析 71
    一、直接材料成本差异 72
    二、直接人工成本差异 72
    三、变动制造费用成本差异 73
    四、固定制造费用成本差异 73
  第四节 标准成本差异的处理 74

第六章 作业成本计算 79
  第一节 作业成本计算法概述 80
    一、作业成本计算产生的背景 80
    二、作业成本法的提出 82
    三、作业成本法的基本概念 83
    四、作业成本法的计算程序 85
  第二节 作业成本法的应用 87
    一、作业成本计算举例 87
    二、作业成本法的评价 91

第七章 经营预测 94
  第一节 经营预测概述 94
    一、经营预测及其内容 94
    二、经营预测的一般程序 95
    三、预测分析的基本方法 96
  第二节 销售预测 97
    一、销售预测的定性分析法 98
    二、销售预测的定量分析法 100
  第三节 成本预测 104
    一、高低点法 104
    二、回归分析法 104
    三、加权平均法 105
    四、因素分析法 106
  第四节 利润预测 109
    一、直接预测法 110
    二、杠杆系数法 110
    三、因素分析预测法 111

第五节 资金预测 ·· 112
　　一、资金增长趋势预测法 ·· 112
　　二、预计资产负债表法 ·· 113
　　三、资金占用比例法 ··· 116
　　四、因素分析法 ·· 116

第八章 短期经营决策 ·· 119

第一节 短期经营决策概述 ·· 119
　　一、决策的含义及分类 ·· 119
　　二、短期决策的含义及特点 ··· 120
　　三、短期决策的一般过程 ·· 120
　　四、短期决策需要考虑的成本概念 ··································· 121
　　五、短期决策的基本方法 ·· 124

第二节 生产经营决策 ·· 128
　　一、生产品种选择决策 ·· 128
　　二、产品最优组合决策 ·· 129
　　三、半成品是否深加工的决策 ··· 132
　　四、生产工艺技术方案的决策 ··· 133
　　五、零部件自制或外购的决策 ··· 134
　　六、亏损产品决策 ··· 134
　　七、生产组织决策 ··· 135

第三节 定价决策 ··· 137
　　一、影响价格的主要因素 ·· 137
　　二、成本基础定价法 ··· 138
　　三、需求导向定价法 ··· 140
　　四、竞争导向定价法 ··· 140

第九章 存货决策与控制 ··· 144

第一节 存货决策概述 ·· 144
　　一、存货的功能 ·· 144
　　二、存货的成本 ·· 145
　　三、存货控制的目的与内容 ··· 146

第二节 经济订货量决策 ·· 146
　　一、经济订货量基本模型 ·· 146
　　二、基本模型的扩展 ··· 148

第三节 存货控制 ··· 152
　　一、存货储存期控制 ··· 152
　　二、ABC 控制法 ··· 153

三、零存货管理……155

第十章 长期投资决策……158

第一节 长期投资决策概述……158
一、长期投资决策的含义及特点……158
二、长期投资决策的基本类型……159

第二节 影响长期投资决策的重要因素……160
一、货币时间价值……160
二、现金流量……165

第三节 长期投资决策评价指标……172
一、非贴现评价指标……172
二、贴现评价指标……174

第四节 长期投资决策评价指标的分析运用……178
一、独立方案投资决策……178
二、互斥方案的比较决策……179
三、资本限量决策……183
四、固定资产年平均使用成本……184

第十一章 全面预算……187

第一节 全面预算概述……187
一、全面预算的定义……187
二、全面预算在企业管理中的作用……188
三、全面预算编制的原则……189
四、全面预算编制的程序……189
五、全面预算的内容……190

第二节 全面预算的编制……191
一、固定预算……191
二、弹性预算……201
三、零基预算……202
四、滚动预算……203
五、概率预算……203

第三节 战略导向全面预算……204
一、传统全面预算体系的局限性……204
二、战略导向全面预算及其特征……205
三、战略导向全面预算的内容……205

第十二章 责任会计……209

第一节 责任会计概述……210

  一、分权管理与责任会计 210
  二、责任会计的概念 211
  三、责任会计的作用 211
  四、责任会计的基本内容 211
  五、责任会计的基本原则 212
 第二节 责任中心 213
  一、责任中心的内涵 213
  二、责任中心的类型 213
 第三节 责任中心的考核 216
  一、责任报告 216
  二、成本中心的考核 216
  三、利润中心的考核 218
  四、投资中心的考核 219
  五、成本中心、利润中心和投资中心三者之间的关系 221
 第四节 内部结算价格 221
  一、内部结算价格的含义 221
  二、内部结算价格的作用 222
  三、内部结算价格的制定原则 222
  四、内部结算价格的类型 222

第十三章 企业业绩评价 231

 第一节 企业业绩评价概述 231
  一、企业业绩评价基本概念 231
  二、业绩评价系统要素 232
  三、企业业绩评价的历史沿革 233
 第二节 传统的绩效评价方法 235
  一、传统的绩效评价方法介绍 235
  二、传统绩效评价方法的局限性 237
 第三节 EVA 业绩评价 238
  一、EVA 的概念 238
  二、EVA 价值管理体系 238
  三、EVA 核心理念及其计算原理 239
  四、EVA 的特点 241
 第四节 战略业绩评价 242
  一、平衡计分卡 242
  二、平衡计分卡的基本架构 243
  三、平衡计分卡的特点 245

附录 A　复利终值系数表（FVIF 表）·· 248

附录 B　复利现值系数表（PVIF 表）·· 249

附录 C　年金终值系数表（FVIFA 表）·· 250

附录 D　年金现值系数表（PVIFA 表）·· 251

参考文献·· 252

第一章

总　论

> 【学习目标】
> 了解管理会计的形成与发展。
> 理解管理会计的定义、管理会计信息系统的职能、管理会计信息的质量特征。
> 掌握管理会计与财务会计的区别与联系。
> 了解管理会计师的职业组织与职业道德。

第一节　管理会计的形成与发展

1494年意大利数学家卢卡·帕乔利在其著作中构建了簿记信息系统的基础，使账簿组织与记账程序规范化与系统化，推动了西式簿记的传播和发展。19世纪初期，管理会计随着社会经济和文化的发展、科学技术的进步、政治和法律的变革，应企业经营管理的需要而逐步发展起来。管理会计将管理科学、经济学、组织行为学等相关学科应用于会计学，是管理与会计的有机结合。传统的管理会计在第二次世界大战后建立起来，并迅速发展。20世纪80年代以后，企业外部经营环境发生了巨大的变化，以重视环境适应性为基本特征的战略管理会计发展起来。管理会计的形成和发展与其所处的社会经济环境密切相关，是现代市场经济制度和科学技术及管理水平发展的必然结果。

一、传统管理会计

1. 传统管理会计的形成与发展

1）传统管理会计的形成

从19世纪英国工业革命开始，资本主义经济有了较快的发展，原有的单凭经验管理企业的方法，已经不能适应经济的迅速发展。1911年，被西方誉为"科学管理之父"的泰罗发表了著名的《科学管理原理》，创立了科学管理学派，开辟了企业管理的一个新纪元。泰罗在操作时间、动作等方面进行科学试验和研究，制定出在一定客观条件下可以实现并且最有效率的标准操作方法，提高了生产和工作效率。

科学管理理论的出现促使现代会计的管理职能得以体现，为准确计算产品成本，以便为产品定价提供依据，同时为便于计量和评价企业内部生产过程的效率，按科学方法制定在一定条件下的人工、材料消耗标准,形成标准成本方面的信息,利用实际成本与标准成本之间的差异,控制企业的经营。标准成本的出现促成了成本计算的系统化、科学化发展,并实现成本会计与财务会计的结合,管理会计开始萌芽。这一阶段,管理会计以成本控制为基本特征,以提高企业的生产效率和工作效率为目的,主要内容包括标准成本、预算控制和差异分析等与科学管理方法直接联系的技术方法。将严密的事先计算引入会计体系中,通过将事先计算、事中控制和事后分析结合在一起,实现会计与管理的结合,为提高企业的效率起了很大的作用。

2)传统管理会计的发展

第二次世界大战后,资本主义世界一度在科学技术和经济建设方面有突飞猛进的发展。企业规模不断扩大,跨国公司大量涌现。伴随高度发展的经济,企业本身和它们所处的外部环境,也发生了巨大变化。企业之间的竞争加剧,资本利润率下降,追求最大利润的内在动力和竞争的外在压力,对企业管理相应地提出了新的要求,即要求实现企业管理现代化、科学化,以提高产品质量和降低产品成本,使产品物美价廉,以便在市场上有竞争能力。另外,还要求企业具有灵活反应和高度的适应能力,否则,就会在激烈的竞争中被淘汰。战后资本主义经济发展的这种新的形势和要求,带来西方管理理论研究的兴旺,各种管理理论和管理学派的出现,使会计的理论和实践受到很大的影响,大大推动了管理会计的发展。管理会计以现代管理科学为基础,大量吸收了现代管理科学中运筹学、行为科学等方面的研究成果,把它们引进、应用到会计中来,形成了一个新的与管理现代化相适应的会计信息系统。

这一时期,传统会计的主要工作出现了分离,即根据公认的会计原则,向企业外部关系人报告企业的财务状况和经营成果,被称为财务会计;会计中涉及企业内部管理的部分从传统会计中分离出来,被称为管理会计,它的主要任务是根据会计所提供的经济信息,进行信息数据的整理、计算和分析,以满足企业管理的预测、决策、计划和控制等方面的需要。在1952年的世界会计学会年会上正式通过了"管理会计"这个专门名词,标志着管理会计学科的诞生。

随着现代管理水平的日益提高,管理会计的内容也在不断丰富,第二次世界大战后计算机技术的迅速发展也为定量化管理提供了保障,一方面以标准成本制度为主要内容的管理控制继续得到丰富和发展;另一方面,开始行使预测、决策职能,以提高企业经济效益。管理会计逐渐形成了一个相对独立的理论方法体系。随着管理会计研究与实践的深入发展,管理会计研究分为两大流派:传统学派和创新学派。传统学派以成本为中心,重视早期的标准成本、预算控制和差异分析,重视历史经验的积累,在总结历史经验的基础上加以发展。查尔斯·T·亨格伦的《管理会计导论》是传统学派的代表作。创新学派采用诸如数学和行为科学等相关学科的理论与方法研究管理会计问题,强调全面创新,偏好数学模型,依靠计算机技术解决预测、分析和决策所面临的复杂问题。

2. 传统管理会计的局限性

管理会计传统学派和创新学派的争议在于传统学派认为创新学派追求构建高度复杂但却日益偏离实际的数学分析模型,复杂数学模型远离现实世界,理论脱离实践。创新学派则认为传统学派视野狭隘、观念陈旧、方法落后,不能适应新经济环境的要求。面对世界范围内经营环境的变化与企业管理创新,传统管理会计显现出它的局限性。

1) 传统的管理会计不能适应企业制造环境的变化

20世纪80年代以来,企业面临的制造环境发生了很大的变化。随着电子计算机的使用,企业自动化(如电脑辅助设计与制造、计算机集成制造系统,等等)越来越普及,先进制造技术在工业制造中的应用大大改变了产品的成本构成,在产品的总成本中直接材料和直接人工所占的比重在缩小,尖端生产设备的使用和生产管理服务的强化,都加大了产品总成本中制造费用部分,固定制造费用的部分所占比重越来越大,出现了企业制造环境的变化。同时,各种新的管理理念和技术,如零库存、全面质量管理,等等,也开始被广泛地应用于企业管理方面。在这种情况下,传统管理会计中产品成本核算方法的局限性明显表现出来,在先进制造技术的使用中,产品成本动因将不再简单分为变动成本和固定成本,也不能用常规的本量利关系来分析成本动因对成本性态的影响。对固定制造费用的分配不符合现代制造技术的要求,所得出的成本信息将不再具备对企业战略的相关性。在新的制造环境下,传统的管理会计所提供的信息值得怀疑。

2) 传统的管理会计不能适应市场竞争的需要

随着科学技术的迅速发展,生产技术更新换代加快,制造方式趋于灵活敏捷,企业面临的环境复杂多变,企业决策面临更多的不确定性因素,对包括竞争对手在内的外部因素的预测变得更加重要,如产品的技术、成本、定价、市场占有率、内部财务和非财务资源及对方的战略措施。而传统管理会计的目标在于强化企业内部经营管理,通过企业内部资源的有效合理利用来实现最佳经济效益,目标在于短期的会计利润,不注重企业外部的市场环境和企业的持续发展。除了财务指标以外,非财务指标也发挥着极其重要的作用,而传统的管理会计只能提供财务指标,与企业战略目标密切相关的非财务指标,如产品质量、顾客满意度、从接受订单到交付使用的时间,等等,都不能予以提供,这样就会使企业的管理者忽视市场、经营战略、管理战略等方面的许多重要因素。传统管理会计的指导思想已落后于企业的发展趋势,不能适应市场竞争的需要。

二、当代管理会计的新发展

1. 经营环境的变化与企业管理创新

传统管理会计阶段企业主要是实行大批量、标准化生产,传统管理会计在实现企业目标、加强内部管理方面发挥了重要作用。进入20世纪80年代以后,企业外部经营环境发生了巨大的变化,如科技高速发展,全球性竞争加剧,多变的顾客需求和生产技术的进步等。随着传统的大批量、标准化生产向小批量、个性化生产发展,企业不得不站在全球高度,选择以战略管理为导向的管理模式,不断根据环境做出适当调整,以求企业与环境的协调与均衡,获取企业整体竞争优势。

技术的进步,为企业管理的变革创造了条件。技术革命的发展,使电脑辅助生产、电脑辅助设计、弹性制造系统、适时生产系统等广泛应用于生产之中,实现了生产的电脑化、自动化。同时,技术的进步也使沟通变得容易,通过网络实现信息的实时传递,在全球生产经营的企业,能把握遍布全球的不同顾客的需求,及时进行设计、生产,并对各地企业的业绩进行评估,企业因此能够以更低的价格,向顾客提供更优质的产品,及时满足顾客的不同需求,从而为企业开拓市场创造了条件,提升了竞争力。

2. 管理会计的新方法

战略管理对传统管理会计提出了挑战,迫切要求传统管理会计观念更新,尤其是对战略决策信息的提供,要求提供超越企业本身的更为广泛、更为有用的与战略管理相关的信息,不仅包括内部信息和财务信息,更重要的是诸如市场需求量、市场占有率等外部信息和非财务信息。最早将管理会计与战略管理联系起来的是英国学者西蒙,它在1981年提出了"战略管理会计"的概念,对企业及其竞争对手的管理会计数据进行搜集和分析,由此来发展和控制企业战略的会计。战略管理会计是经济快速发展的新形势下对传统管理会计的弥补和开拓,新的管理会计方法层出不穷,主要包括以下几个方面。

1) 全面质量管理(Total Quality Management,TQM)

全面质量管理是20世纪60年代从传统质量管理发展起来的,指一个组织以质量为核心,以全员参与为基础,设计一系列管理和控制程序,建立起一套科学、严密、高效的质量保证体系,控制生产过程中影响质量的因素,最终提供满足顾客需要的产品。随着市场环境的变化,全面质量管理已经发展成为一种企业竞争的战略武器,一种由顾客的需要和期望驱动的、持续改进产品质量的管理哲学。全面质量控制理念在生产的各个环节追求产品"零缺陷",企业中所有部门,所有组织,所有人员把专业技术、管理技术、数理统计技术集合在一起,以产品质量为中心,并由顾客最终界定质量。全面质量管理的发展产生了质量会计这一新学科,提高质量所产生的收益是难以计量的,质量会计发展的重点在质量成本的确认、计量和报告上。

2) 适时制存货管理(Just–in–Time Inventory Management)

适时制存货管理的核心思想是消除从产品设计到产品销售各个环节的一切浪费,尽可能实现零存货和零缺陷。传统认识中存在一个最优的存货水平及经济订货数量,使订货成本、存储和持有成本、缺货成本达到最低。然而大量的储备存货消耗了有限的资源并产生了隐性成本,如质量问题、生产瓶颈、协调问题、废品、供应商可靠性差,等等。20世纪80年代日本从一个更广、更基本的视角提出消灭存货,认为存货是一种浪费,在适时生产系统中,存货只有在生产过程某一阶段需要使用时才购入或生产,降低了持有和输送大量存货的需要,节约了持有成本、场地费用,还揭露了存货可能掩盖的一些问题。以丰田公司为代表的企业,利用适时制存货管理大大降低了企业运营成本,在激烈的国际竞争中占据了有利地位,适时制存货管理因此受到了西方主要发达国家的关注并在世界范围内得到了应用。适时存货管理方法通过生产过程优化、消灭浪费、降低成本、凸显生产中的问题等,使生产力大大提高。

3) 持续改善(Continuous Improvement)

基准是以企业外部或内部最优的业绩标准来衡量企业自身的生产活动,改善就是持续地不断进步,从哲学角度,就是不断在否定与被否定中螺旋式上升,在企业管理中,改善是一种企业经营理念,用以持续不断地改进工作方法与人员的效率等。持续改善意味着管理人员不是一次性地确定基准,而是持续改善提高的过程。管理方法的新趋势就是基准与持续改进的结合。相对于创新思想而言,持续改善是一种低风险的方式,以相对较少的费用来改进工作方法,在改善的过程中,如果发现有不妥,管理人员随时都可回复到原来的工作方法,而不需冒大的风险,产生大量成本和损失。改善思想所带来的效果往往是微不足道的,但随着时间的推移,它能确保阶梯式的持续进步,会带来实质性的重大成果。日本丰田公司是贯彻基准管理与持续改进的典型。"持续改善"的策略是日本管理部门中最重要的理念,是日本人竞争成功的关键。

4) 作业成本计算(Activity – based Costing)和作业管理(Activity – based Management)

成本信息的准确性对于企业的经营决策、产品的价格制定等有着重大的影响,需要采用合适的成本管理方法对成本进行合理的分配,传统成本管理会计与变化的环境不适应,所提供的信息逐渐与企业的管理决策失去了相关性。作业成本法是一种比传统成本核算方法更加精细和准确的成本核算方法,是西方国家于 20 世纪 80 年代末开始研究、90 年代以来在先进制造企业首先应用起来的一种全新的企业管理理论和方法,在发达国家的企业中日益得到广泛应用。

企业使用和耗费经济资源产出或提供满足客户需求的产品或劳务,这一经营活动过程实际上是由一系列的作业(活动)构成的,称为作业链。在生产技术水平不够发达的条件下,生产工艺简单,企业规模不大,经营活动过程的作业链较少,按作业进行管理和控制并无太大必要。然而在科学技术高度发展的今天,尤其是计算机在生产过程广泛应用,企业规模不断扩大,经营领域不断开展,企业经营活动的作业链越来越长,作业链的关系越来越复杂,增值(Added Value)和非增值作业(Non – added Value Activity)并非显而易见的情况下,对错综复杂的企业组织和经营活动进行分解,提出作业链分析,实施作业管理,成为深化和改革管理的必然。

作业成本法是以作业为核心,根据作业对资源耗费的情况将资源的成本分配到作业中,然后选择成本动因,根据产品和服务所耗用的作业量,最终将成本分配到成本计算对象(产品或服务),评价作业业绩和资源的利用情况的成本计算和管理方法。作业成本计算是一个以作业为基础的管理信息系统。它以作业为中心,而作业的划分是从产品设计开始,到物料供应,从生产工艺流程(各车间)的各个环节、质量检验、总装,到发运销售的全过程。通过对作业及作业成本的确认、计量,最终计算出相对真实的产品成本。同时,通过对所有与产品相关联作业活动的追踪分析,为尽可能消除"不增值作业",改进"增值作业",优化"作业链"和"价值链",增加"顾客价值",提供有用信息,促使损失、浪费减少到最低限度,提高决策、计划、控制的科学性和有效性,最终达到提高企业的市场竞争能力和盈利能力,增加企业价值的目的。

第二节 管理会计的基本理论

一、管理会计的定义

管理会计是会计学的一个分支,它是 20 世纪初伴随着泰罗的科学管理思想产生的,随着市场环境和企业管理环境的发展变化,管理会计的理论和实践在不断发展完善,其中对管理会计定义的认识就经历了一个不断演变的过程。

最早在1958年，美国会计学会提出"管理会计是利用适当的技术和观念，处理历史和未来的经济信息，以帮助管理人员制定合理的经济目标方案，并协助管理部门达到其经济目标，制定合理的经济决策。"

1966年，美国会计学会在其"基本会计理论说明书"中认为：所谓管理会计，就是运用适当的技术和观念，对经济主体的实际经济数据和预计经济数据进行处理，以帮助管理人员制定合理的经济目标，并为实现目标进行合理决策。

1986年，美国全美会计师协会管理会计实务委员会对管理会计所下的定义为：管理会计是向管理当局提供用于企业内部计划、评价、控制及确保企业资源的合理使用和经济责任的履行所需财务信息的确认、计量、归集、分析、编报、解释和传递的过程。管理会计还包括编制供诸如股东、债权人、规章制定机构及税务当局等非管理集团使用的财务报表。

1997年，美国管理会计师协会新的定义为：管理会计是提供价值增值，为企业规划设计、计量和管理财务与非财务信息系统的持续改进过程，通过此过程指导管理行动、激励行为、支持和创造达到组织战略、战术和经营目标所必需的文化价值。该定义把现代管理会计的目标定位为提供价值增值，既考虑了短期的利润增加，也考虑了持续的利润增长；适应知识经济时代关于企业或组织只有持续改进、不断创新，才能降低成本、提高质量、增强自身的核心竞争能力、永葆生机和活力的观念，提出了"持续改进"的概念；"激励行为"的表述渗透出行为科学对现代管理会计的重大影响；另外，战略管理会计等新领域在定义中也得以体现。

从以上美国会计学界对管理会计认识的演变过程可以看出，管理会计的属性在不断进化，不断适应经济的发展、环境的变迁。在这个过程中，管理会计是一个信息系统的观点是人们的共识；为企业管理者提供用于经营决策和战略决策信息是其基本的目的，随着信息经济学、行为科学、代理理论等知识不断引入管理会计中，对管理会计的认识将不断扩大，不断演进。

在我国，人们普遍认为引进西方管理会计是在20世纪70年代末开始。李天民、汪家佑、余绪缨等学者在其论著中对管理会计都有不同的定义。综观国内外学者的观点，管理会计应是企业管理信息系统的重要组成部分，其内容包括信息的收集、分类、加工整理、分析报告和信息传递等。其侧重于为企业内部的经营管理服务，同时也为企业外部提供相关信息；它以经济效益为最终目标，不断开辟新领域，发现新方法，为管理当局提供管理与决策信息，参与经营管理。

综上所述，管理会计是通过对企业财务信息及非财务信息的确认、计量、归集、分析、编制、解释和传递等，实现对经营过程的预测、决策、规划、控制和责任考评等职能的一系列管理活动，是一种侧重于企业内部经营管理，为企业形成和提升其核心竞争能力提供相关信息支持的管理信息系统。

二、管理会计的基本假设

现实环境是千变万化、错综复杂的，因此在做科学研究之前往往要做一些基本假设,将客观复杂多变的情况简单化,管理会计研究也需要做基本假设,主要包括以下方面。

(1) 会计实体假设:是对管理会计对象运行的空间范围和活动立场所做的限定。管理会计主体具有层次性:包括整个企业,也包括企业内部各级责任单位。

(2) 持续运作假设:是对管理会计对象运作基本方式的规定,即企业及各级责任单位的生产经营和筹资、投资等活动将无限期地延续下去。

(3) 会计分期假设:是对管理会计对象运行的时间范围规定,即把企业持续不断的生产经营和筹资、投资等活动,划分为一定期间的活动,以便及时提供有用的管理信息。灵活分期并编制内部报告,用于控制和评价各责任单位的经济活动。

(4) 货币时间价值假设:是指等量货币在不同时点上具有不同的价值。它是管理会计预测、决策、控制及预算编制的基础。

(5) 成本性态可分假设:是指一切成本都可以按其性态划分为固定成本和变动成本。该假设在"一定期间和一定业务量范围内"这个假设条件下才成立。

(6) 目标利润最大化假设:是指企业在经营管理决策中,以目标利润最大化的方案为最优方案,并假定在实施最优方案时能够实现目标利润。

(7) 风险价值可计量假设:是指所有的不确定性决策都可以转化为风险性决策,不仅风险具有价值,而且风险价值可以计量。

三、管理会计的目标

传统的管理会计与企业管理主要以利润最大化为目标,这一目标是与物质资本占主导地位的工业经济时代相适应的。知识经济时代,管理会计目标是企业价值最大化,这一目标的基本思想是将企业的长期稳定发展摆在首位,它强调风险与报酬的均衡,将风险控制在企业可承受的范围之内;其次,既要有量的扩大,也要有质的变革和创新,培育和提升企业核心竞争力,从而使企业形成强大的竞争力,保持长期稳定的发展;再次,顾客价值最大化,用顾客价值的最大化换来企业价值的持续最大化;最后,承担社会责任,重视企业的可持续发展,不以牺牲生态环境和社会效益为代价。以企业价值最大化作为管理会计的战略目标,体现了企业经济效益与社会效益、短期利益与长期利益的统一。

管理会计作为企业的决策支持系统,其最终目标与企业的目标是一致的。既为了适应企业加强内部经营管理,提高企业竞争力的需要,协助管理当局做出有关改进经营管理、提高经济效益与社会效益的决策。具体来说有两个方面,一是向各级管理人员提供与计划、评价和控制企业经营活动有关的各类信息,与维护企业资产安全、完整及资源有效利用的相关信息,以利于各级管理者加强对经营过程的控制,实现最佳化经营。二是以各种方式积极参与企业的经营管理,管理会计以制定各种战略、战术及经营决策、帮助协调组织企业工作等方式参与管理,确保企业运行效率。

高效的管理会计系统通过及时而准确地提供信息,将为企业创造巨大的财富。在复杂的企业组织中,尽管完整的管理会计信息系统不能保证企业所有活动取得成功和在竞争中一直处于优势,但是滞后和扭曲的管理会计信息将使一个具备优势的企业面临严重的困难甚至陷于困境。

四、管理会计的职能

管理会计信息系统是企业管理信息系统的重要组成部分，为实现管理会计的目标其职能主要包括以下方面。

1. 预测

管理会计工作能够收集数据资料，按照企业未来的总目标和经营方针，充分考虑经济规律的作用和经济条件的约束，选择合理的量化模型，有目的地预计和推测未来企业销售、利润、成本及资金的变动趋势和水平，为企业经营决策提供第一手信息。

2. 决策

决策是企业经营管理活动的重要内容和核心问题。企业在调查、预测的基础上，制定未来时期的经营活动和长期投资的各种备选方案，为了保证企业各项决策的正确性，在这一过程中需要大量收集和分析同该项决策相关的信息，还需要对这些信息进行科学的加工，选择科学的方法，计算有关长短期决策方案的评价指标，对方案作分析、计算、比较，为企业各方面的决策提供客观可靠依据，参与、影响、引导决策。

3. 规划

严密的计划和控制是决策目标得以实现的基础。通过制订计划和编制经营预算和资本预算的方式来实现这一职能。要求在最终决策方案的基础上，将经营过程中的各项工作和目标逐步分解，使之数量化和具体化，从而合理有效地组织协调企业供、产、销及人、财、物之间的关系，并为控制和责任考核创造条件。

4. 控制

决策所确定的目标的实现，预算的顺利实施及考核、评价均有赖于计划和预算实际执行过程中的控制。管理会计通过追踪企业经营活动中的预算执行过程，归集实际经营活动中的各项数据资料，通过事前确定科学可行的各种标准，根据执行过程中的实际与计划发生的偏差进行原因分析，并及时采取措施进行调整、改进工作，确保经济活动正常进行。

5. 考核

考核是对过去的执行结果进行评价，通过建立责任会计制度来实现。即在各部门各单位及每个人均明确各自责任情况的前提下，逐级考核责任指标的执行情况，对企业各部门的工作业绩加以客观评价，找出成绩和不足，运用激励机制产生激励效果，以调动员工的积极性。为改进未来工作和企业奖惩制度的实施提供必要的依据，实现考核职能。

五、管理会计信息的质量特征

管理会计信息系统能否履行预测、决策、预算、控制、考核等各项职能为企业管理服务，取决于信息的质量，对管理有用的信息应具备一定的质量要求，主要有：相关性、准确性、及时性、可理解性和成本—效益平衡性。

1. 相关性

相关性是指管理会计所提供的信息应与决策相关,即对决策有用,有助于提高管理者的决策能力。这是管理会计信息的首要质量特征。财务会计按会计准则的要求,主要根据历史数据提供规范的对外报告,其信息具有客观性和可验证性,管理会计所提供的信息是历史数据及对历史数据的加工整理,大量地使用预测、估计等信息,不受对外报告规范的约束,可靠性较弱,但与企业内部管理者的特定决策需要相关,且重点揭示决策项目特定方面的差别。对于管理会计而言,信息的相关性往往会优先于客观性和可验证性。但在相关的基础上,还要求信息具有一定的可靠性,否则信息的使用价值将大打折扣。

2. 准确性

准确性是指所提供信息能相对正确地反映客观事实,不正确的信息会导致决策的失误。管理会计是面向未来的,许多信息是建立在估计和预测的基础之上的,受主观因素影响较大,这就不可避免地影响管理会计信息的准确性,在一定的范围内运用科学的方法,按照事物发展的规律性、延伸性进行估计和预测,是可以保证信息的相对准确。但准确并非精确,没有目的的一味追求局部或细节的精确,往往会失去意义。

3. 及时性

及时性是指管理会计适时、快速地为信息使用者提供相关信息,及时满足企业经营管理决策的需要。及时性的信息可以通过定期的或根据实际情况的变化不定期地提供,包括及时将产生的信息资料进行加工处理,及时生成有用的信息,并及时提供并报告信息。现代的社会经济环境中,客观情况瞬息万变,机遇稍纵即逝,只有及时地提供信息才能据以作出正确合理的决策,才能把握机遇。但信息的及时性和准确性往往难以两全其美,有时互相冲突,准确的信息不仅需要更多的信息处理成本,而且需要更多的处理时间。为了追求准确性就可能牺牲及时性,反之为了及时性也可能必须牺牲准确性。因此应根据具体情况权衡利害得失,在及时性和准确性之间进行取舍,以满足决策者的需要。

4. 可理解性

可理解性是指管理会计所提供的信息在内容及形式上应清晰、明确,易于被使用者理解。管理会计人员应与信息的使用者加强沟通和协商,从使用者的角度考虑,以使用者容易理解和接受的形式及表达方式提供相关信息,使具备一定经营管理知识的经营管理者能够理解,并正确使用信息。如果提供的信息专业性过强,理论过于高深,内容过于繁杂,虽全面但没有重点,不容易为使用者所理解,那么其对管理和决策的作用就会降低。

5. 成本—效益平衡性

成本—效益平衡性是指管理会计在提供信息时要受成本和效益原则的约束,提供和使用信息的成本应小于使用信息所产生的效益。管理会计为企业内部经营管理提供信息，取得信息要花费一定的成本，信息的使用可以带来效益，包括企业效益与社会效益、局部效益与整体效益、长远效益与短期效益。成本—效益平衡原则要求将形成、使用一种信息所花费的成本与其在决策和控制上所取得的效果进行对比分析，确定信息的成本小于使用信息所产生的效益。依据这一原则，管理会计对信息收集和处理程序的设置、控制措施的运用等都应考虑其成本和产生的效益，只要其成本超过其效益，就不应形成、使用这一信息。因此，信息的成本—效益平衡性是管理会计信息的一个约束条件。

第三节　管理会计与财务会计

财务会计和管理会计是现代会计的两大分支，两者各司其职，是企业管理信息系统的重要组成部分，为企业的经营管理、决策控制提供重要的信息支持。两者既有密切的联系，又存在区别，各有特点。

一、管理会计与财务会计的联系

财务会计以货币作为计量单位，运用专门的方法对企业的经营活动进行确认、计量、记录和加工整理，最终编报反映企业财务状况、经营成果和现金流量情况的财务报告。现代财务会计的主要目标是向企业外部那些与企业有着各种利益关系的相关利益者提供财务报告，便于他们评价企业管理者受托责任的履行情况，满足他们进行相关经济决策时对会计信息的需要。为了保证会计信息的客观可靠，要求会计必须遵循一定的标准或原则，即会计准则，遵循会计准则是现代财务会计的主要特点。随着我国社会主义市场经济制度的建立，资本市场和上市公司的发展，金融制度的改革与创新，我国的会计制度发生了巨大的变革。2006 年 2 月，财政部颁布了新的企业会计准则，基本上实现了与国际会计准则的趋同，2012 年 9 月财政部宣布，我国会计准则与欧盟会计准则实现了等效。

管理会计主要运用会计学、管理学、经济学、数学和信息处理技术等多种理论与方法对企业经营管理及其相关信息进行收集、分类、加工整理、分析、报告和传递，为企业的决策规划、计划预算、评价与控制等提供所需要的信息。

管理会计和财务会计两者相互依存、相互制约、相互补充。首先，管理会计是从传统的财务会计中分离出来的，管理会计所需的许多资料来源于财务会计系统，其主要工作内容是对财务会计信息进行深加工和再利用，因而受到财务会计工作质量的约束。同时管理会计信息有时也使用一些与财务会计并不相同的方法来记录、分析和预测企业的经营状况。管理会计与财务会计在资料运用上既是同源的，也可以是双向交流和互相使用的，相互分享部分信息。管理会计与财务会计源于同一母体，共同构成了现代企业会计系统的有机整体。

其次，管理会计和财务会计的最终目标相同，管理会计侧重现在和未来的经济活动信息，财务会计侧重于过去已经发生的经济活动信息；在空间上，管理会计侧重于特定的、部分的（责任单位）经济活动信息，财务会计侧重于企业整体的全部经济活动及信息。管理会计和财务会计所提供的信息在时间和空间上互相补充，使得企业经济活动信息更加完整和全面，共同为实现企业管理目标和经营目标服务。

最后，管理会计和财务会计的信息质量具有某些共同的特征，如相关性、可靠性、及时性、可理解性等。信息是管理和决策的基础，因此，不论是企业内部管理者还是企业外部的投资者、债权人和其他利益相关者对信息的质量要求有其共同的特点，可靠的信息要能真实地表达所要反映的对象，真实的信息要具有可验证性；相关性是指提供的各种信息应当与信息使用者的预测、决策、控制或评价需要相关，有助于使用者对企业过去、现在或者未来的情况作出评价或预测。

二、管理会计与财务会计的区别

管理会计和财务会计同属一个会计体系，之间存在紧密的联系，但在很多方面具有不同的特征。主要区别有以下几点。

1. 基本职能不同

财务会计属于"报账型会计"，根据日常的业务记录登记账簿，定期编制有关的财务报表，向企业外界具有经济利害关系的团体、个人报告企业的财务状况与经营成果，虽然对内、对外都能提供有关企业最基本的财务信息，但主要侧重于对企业外部服务，财务会计又可称为"外部会计"。

管理会计属于"经营型会计"，侧重于事前和事中这一时间状态。主要履行预测、决策、规划、控制和考核的职能。针对企业经营管理遇到的特定问题进行分析研究，以便向企业内部各级管理人员提供预测决策和控制考核所需要的信息资料，其具体目标主要为企业内部管理服务，管理会计又可称为"内部会计"。

2. 会计主体不同

财务会计往往只以整个企业为工作主体，适应财务会计所特别强调的完整反映监督整个经济过程的要求，并且不能遗漏会计主体的任何会计要素。

管理会计的工作主体可分为多层次，它既以整个企业作为主体，又可以将企业内部的局部区域或个别部门甚至某一管理环节作为工作的主体。即以企业内部各个责任单位为会计主体。

3. 遵循的原则、信息的特征、载体不同

财务会计遵循会计准则，受会计准则约束，是现代财务会计的显著特点。财务会计信息主要是企业外部有关方面进行经济决策、实施监督和调节的依据。但财务报告是由企业的经营管理者提供的，报表的提供者出于某些目的，可能会提供不真实的会计信息，这就要求财务会计必须遵循会计准则以保证会计信息的真实可靠，客观公允。如果没有会计准则，那么会计信息就无从信赖，资本市场和金融体制也就难以维持。国际会计准则委员会从 1973 年开始致力于国际会计准则的制定，2001 年国际会计准则制定的组织机制进行了重大改革，其修订和制定财务报告准则的权威性不断提高，得到国际社会较为普遍的认可。2008 年源于美国次贷危机的国际金融危机使国际会计准则的发展得到更多的关注，国际会计准则在二十国集团、金融稳定理事会的推动下，进行了许多大的改进。因此，财务会计工作必须严格遵守《企业会计准则》，要求按严格的规定程序运作，定期地向与企业有利害关系的集团或个人提供较为全面的、系统的、连续的和综合的财务信息。财务会计的信息载体是有统一格式的凭证系统、账簿系统和报表系统，有强制性。会计凭证、账簿、报表按规定的格式，定期定时编制。

管理会计不受《企业会计准则》的限制和严格约束，管理会计所提供的信息往往是为满足内部管理的特定要求而有选择的、部分的和不定期的管理信息，其方法和程序具有很大的自由度和弹性，如会计计量可以不遵循历史成本原则，视不同的情况而采用重置成本或现行价格；在成本的计算上可以不采用传统的完全成本计算，而采用变动成本计算方法。管理会计的信息载体大多为没有统一格式的各种内部报告，而且对报告的种类也没有统一规定，其编报的时间没有特别的要求，在工作中可灵活设计，没有较为严格的约束，其宗旨在于满足管理的需要，有利于企业经济效益的提高，符合成本效益原则。

4. 方法体系不同

财务会计的方法比较稳定，在相当长的时期内，只允许采用一种专门方法核算，以保证核算资料的连续性，而且强调货币计量形式，一般不允许使用实物计量。必须执行固定的会计循环程序。财务会计应用数学方法范围较小，一般不超过初等数学的范围。

管理会计与传统的会计方法不同，吸收了经济学、管理学和数学的研究成果，方法灵活多样，充分利用财务会计提供的资料，对其进行加工、改制和延伸；对经营管理活动中的数据可以用货币计量，也可用实物量度、质量综合量度、关系量度（如市场占有率、销售增长率）等；随着企业规模的扩大，生产经营日趋复杂，科学技术不断进步，企业管理朝着定量化的方向发展，管理会计为适应企业管理上这一重大转变，把高等数学、运筹学和数理统计学中的方法应用到管理会计中来，把复杂的经济活动用简明而精确的数学模式表达出来，通过科学的加工处理，揭示有关变量的联系和规律，选择灵活多样的方法对不同的问题进行分析处理，为管理人员正确地进行经营决策提供客观依据。管理会计大量运用现代数学方法，把企业的经营管理纳入动态分析和控制的轨道，而不是传统的静态描述，使之在企业经营管理中发挥更大的作用。

5. 会计资料的准确程度不同

财务会计，是反映过去的历史信息，都是确定性数据，涉及未来的事件，如固定资产使用年限的估计、资产减值准备的提取等；会计的计量属性中使用了如公允价值、现值等概念，但这些事项并非占据主导地位，未改变财务会计信息历史描述的基本特征。所以财务会计对数据要求精确性高，必须保持数字之间的平衡。

管理会计服务于企业内部管理，工作着重于未来，以未来的事件为决策对象，所提供的信息的时间特征是现时和未来的，因此计量属性上表现为估计价值，如重置价值、贴现值等，由于不确定因素较多，难以对未来的数据提供精确保证，即便采用历史数据，由于采用的方法也多种多样，特别是概率预测和决策，本身就允许存在一定的误差，所以管理会计提供的信息并不要求十分精确。

6. 体系的完善程度不同

财务会计体系形成的时间较长，完善程度已经达到相对成熟和稳定，形成了通用的会计规范和统一的会计模式，具有统一性和规范性。

管理会计产生发展的历史较短，缺乏规范性和统一性，体系尚不健全，正处于继续发展和不断完善的过程中。

第四节　管理会计师的职业组织与职业道德

一、管理会计职业组织

在以英、美为代表的西方国家，管理会计师同注册会计师一样，发展成为一种专门的职业，有专业化的职业队伍，并有自己的职业化组织。

目前世界上最大的管理会计师职业组织是美国的管理会计师协会，它的前身是1919年成立的全国会计师协会，1991年7月更名为管理会计师协会。1986年起，管理会计师协会开始颁布一系列的管理会计公告以促进管理会计的职业化和提高会计学的教学水平，并提供有关管理会计理论和实务的指导。在美国执业管理会计师和注册会计师一样得到社会的公认，取得管理会计师证书，即被认为已具有较高的专业水平和能力，获取管理会计证书已成为一些企业聘用员工的优先条件。

英国早在1919年就成立了成本会计师协会。1972年该协会更名为成本和管理会计协会，专门侧重于成本和管理会计的研究与实践，由于该协会的显著影响，后来被英国皇家特许机构批准而成为一名正式成员。于1986年11月再次更名为现在的特许管理会计协会（Institute of Chartered Management Accountants）。其主办的刊物《管理会计》，在世界范围内发行，颇具影响，特许管理会计协会的目标是促进建立管理会计科学，提供管理会计的专业组织。其对管理会计师的要求很高，取得特许管理会计师证书后，就会有较高的社会地位，并为社会所尊重。

除英、美以外，其他发达国家的管理会计也承现出职业化和专业化的发展。加拿大、澳大利亚和日本等国都有类似管理会计的资格考试和职业组织。如加拿大的管理会计师协会负责组织和管理加拿大管理会计师证书的考试事宜。国际会计组织对管理会计的发展也非常重视，国际会计师协会下属的财务与管理会计委员会曾发表国际管理会计实务公告，对管理会计的理论与实务问题发表意见，提供指南。这些会计职业组织在管理会计教育、推广应用和职业化发展方面起着重要的推动和促进作用。

二、管理会计师职业道德

国际组织及发达国家建立的管理会计师协会等行业组织为提高管理会计师的技术和行业规范程度，保证管理会计师在社会公众中树立起良好的职业形象，往往会对管理会计师行业规定较为具体的职业道德准则以调整和约束从业人员的行为。管理会计的职业化发展对管理会计的业务水平的提高和职业道德方面的规范有很大的促进作用。

比较有影响的是美国管理会计师协会（IMA）颁布的《管理会计师职业道德行为规范》，其规定主要包括技能、保密、公正和客观四个方面。

1. 技能

要求管理会计师具有一定的知识、技术和技能水平，通过持续地提高自身知识技能来保持合适的专业胜任能力。熟悉了解有关的法律、规则和技术规范，能够根据相关和可靠的信息恰当地分析，提供完整和清晰的报告以履行责任。

2. 保密

要求管理会计师除非法律责任要求以外，不得披露在工作过程中所获得的秘密信息，严守在执行业务过程中所获取的机密。禁止亲自或者通过第三方使用工作中获得的秘密信息去获取不道德的或者违法的利益。

3. 公正

管理会计师要正直诚实、维护信誉，在执行业务过程中应维护各方面利益，不得从事那些可能会妨碍他们正常执行任务的各种活动。拒绝收受礼品和贿赂，防止参与或支持有损信誉的活动。禁止积极或消极地阻挡企业合法的、合乎道德的目标的实现。避免事实上或者表面上可能引起的利益冲突，并且通知相关各方可能存在的各种潜在冲突。禁止从事或支持各种有损管理会计职业的行为。

4. 客观

客观要求管理会计师应如实客观反映情况，对可能影响信息决策的有关信息应予以充分揭示，以帮助信息使用者对各项报告、评论和建议获得正确的理解。

遵守企业或是组织的道德标准是对管理人员的一项基本要求，会计人员由于承担着向企业内部及外部信息使用者提供企业财务信息的职责，为社会公众服务，对社会承担责任，因此，更需要遵守这些特殊的道德标准。

【复习思考题】

1. 管理会计的发展经过了哪些阶段，有什么特点？
2. 当代经营环境的变化，出现了哪些企业管理创新？
3. 简述传统管理会计的局限性。
4. 简述传统管理会计观念更新和管理会计的新方法。
5. 管理会计信息系统的职能有哪些？
6. 简述管理会计与财务会计的区别与联系。

第二章

成本性态分析

【学习目标】

了解成本性态分析中的相关概念及特点。

理解成本性态分析的含义、成本性态分析与成本性态分类的关系。

掌握成本性态分析的程序和基本方法,并且能够在管理会计实践中学以致用。

【引导案例】

光明公司是专门生产食品的企业,该公司下属的冷饮车间生产的产品主要是各种各样的冷饮,如棒冰、雪糕、冰激凌、蛋筒等。生产这些产品的主要原料有奶粉、糖、白脱油、淀粉、食用香精等,辅助材料有棒签、纸杯、包装纸、纸箱、封箱带等,人工成本有生产工人的工资、车间管理人员的工资,其他费用包括燃料费、电费、水费、修理费、机器设备的折旧费等。

该车间的管理人员为了预测各产品的盈利能力,要求会计人员对以上费用按其与产量之间的依存关系为标准进行分类。[1]

第一节 成本性态概述

一、成本性态及其分类

成本性态是管理会计特有的、根据该学科研究的需要而确定的一种成本分类标志。所谓成本性态,是指在相关范围内,成本总额与业务量变动之间的数量依存关系。这种依存关系是客观存在的,是成本的固有性质,按照成本习性去研究和分析成本,也叫做成本习性。研究成本性态的规律性,有助于企业从数量上把握产品成本与生产能力之间的关系,做到事前控制成本,充分挖掘内部潜力,实行最优化管理,争取实现企业最佳经济效益。按照成本性态可以把成本分为固定成本、变动成本和混合成本三类。

---

[1] 陈振婷. 管理会计 [M]. 北京:清华大学出版社,2005.

二、固定成本

1. 固定成本的含义

固定成本是指成本总额在相关范围内，随着业务量的增减变动而固定不变的成本。也就是说，在相关范围内，固定成本总额不随业务量的变动而变动，它在这个"相关范围"内是固定不变的，如厂房、建筑物按直线法计提的折旧、机器设备租金、管理人员工资等。

2. 固定成本的主要特点

（1）在一定时期、一定业务量范围内，固定成本总额固定不变，不受产量（销量）变动影响（如图 2-1 所示）。

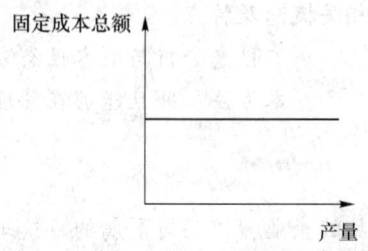

图 2-1　固定成本总额与产量之间的关系

（2）在一定时期、一定业务量范围内，随着产量（销量）的变动，单位固定成本按反比例变动（如图 2-2 所示）。

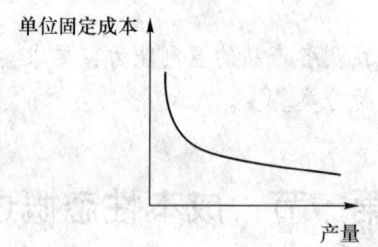

图 2-2　单位固定成本与产量之间的关系

【例1】　A 公司生产甲产品需租用一设备，月租金为 800 元，该设备最大生产能力为 400 件。所以当该企业每月产量在 400 件以内时，其月租金总成本不随产量的变动而变动，固定为 800 元，当企业每月的产量分别为 100 件、200 件、400 件时，其单位固定成本将随产量的增加而成反比例下降，分别为 8 元、4 元、2 元。以某年 1~3 月份有关资料为例（见表 2-1），固定成本变化规律如图 2-3、图 2-4 所示。

表 2-1　甲公司固定成本资料

月　份	1	2	3
产　量/件	100	200	400
固定成本/元	800	800	800
单位固定成本/元/件	8	4	2

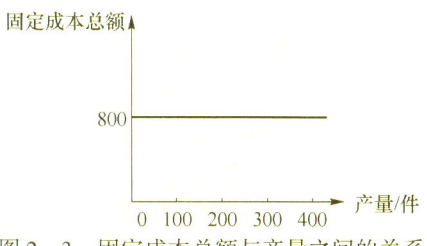

图 2-3 固定成本总额与产量之间的关系

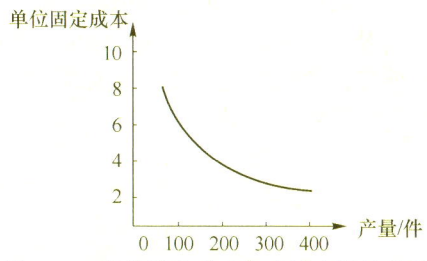

图 2-4 单位固定成本与产量之间的关系

图 2-3 可见固定成本总额不受产量变动的影响，而保持固定不变的特征。在图 2-3 中表现为一条与表示产量的横轴平行的直线。但这并不意味着固定成本与产量完全没有关系。实际上，企业的固定成本对企业的产量也是一个影响因素，一定的固定成本为企业达到最高产量提供条件；从另一方面来说，固定成本也是企业生产的一个限制因素，因为企业生产经营能力的增加必须增加固定成本。所以从长期看，企业的固定成本也是随着生产能力变化而增减的。固定成本之所谓"固定不变"，是相对于一定范围内的产量变化而言的。就单位产品所负担的固定成本而言，它将随着产量的增加而减少，呈现固定成本与产量成反比例变动的基本特征，在图 2-4 表现出为一条随产量的增加而递减的曲线。因此，要想降低成本，在允许的范围内，尽可能地增加产量，形成一定的生产规模是管理者必须考虑的途径。

3. 固定成本的分类

固定成本按其是否受企业管理当局短期决策行为的影响，又可进一步分为两类：酌量性固定成本和约束性固定成本。

1）酌量性固定成本

是指通过管理部门的决策行动，可以改变其数额的固定成本。如广告费、职工培训费、新产品研究开发费和经营租赁费等。这些费用的开支为企业的业务经营提供有利条件，对扩大产品的销路，提高产品的质量，增加企业的竞争能力有益。但其支出数额的大小并非绝对不可改变的。一般都是由企业管理部门在会计年度开始前，斟酌计划期间企业的具体情况和财务负担能力来确定其数额，对这类固定成本项目是否需要增加、是否需要减少、或是否完全停止分别做出决策，是根据企业业务发展的需要，并受管理者短期决策的影响。在编制预算时可根据实际需要和财务负担能力对其进行调整，在企业产销形势良好时，可以适当增加；反之则可适当削减甚至取消。但并不是说可以任意削减，酌量性成本对企业发展有着很大影响。这类固定成本，在不影响生产经营的前提下，可尽量精打细算、厉行节约、消灭浪费。酌量性固定成本的基本特征是其数额的大小直接取决于企业管理当局根据企业的经营状况而做出的决策，直接关系到企业未来竞争能力的大小。

2）约束性固定成本

是指通过管理部门的决策行动不能改变其数额的固定成本，也称经营能力成本。约束性成本不受管理者短期决策行为影响，由于企业的经营能力一般在短期内不轻易改变，由此确定的固定成本就具有很大的约束性，其发生的费用主要是固定资产折旧费、维修费、保险费、固定设备租金、管理人员薪金等。这些费用是企业经营业务必须负担的最低成本，是维持整个企业生产能力的成本，这些费用不论产量多少都会发生，并且一旦形成很难削减，强行削减将会影响生产经营。所以约束成本的变化，势必要影响企业的盈利能力和长远目标，即使业务经营中断，该项固定成本仍将保持不变。因此，要想降低约束性固定成本，只有从经济合理地利用企业的生产能力，提高产品的产量着手。约束性固定成本是企业维持正常生产经营能力所必须负担的最低固定成本，其数额的大小只取决于企业生产经营的规模与质量。

三、变动成本

1. 变动成本的含义

变动成本是指在相关范围内，成本总额随着业务量总额增减变动而成正比例变动的成本，如直接材料费用、按件计酬的工资。变动成本在相关范围内，其总额随着业务量总额的变动呈现同比例、同方向变动状态。这个比例，在这个"相关范围"内是固定不变的。在实际工作中，将那些直接用于产品制造的，与产量成正比例变化的原材料、燃料及动力、外部加工费、外购半成品、按工作量计提的折旧费和计件工资形式下的生产工人工资，以及与销售量成正比例变动的销售费用等均可列入变动成本。

2. 变动成本的主要特点

（1）在一定时期、一定业务量范围内，变动成本总额随产量（销量）变动成正比例变动，如图2-5所示。

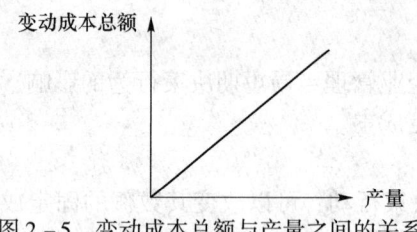

图2-5 变动成本总额与产量之间的关系

（2）在一定时期、一定业务量范围内，单位变动成本不受产量（销量）变动影响，如图2-6所示。

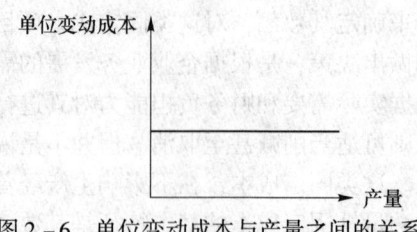

图2-6 单位变动成本与产量之间的关系

【例2】 A公司生产某产品,每件产品需耗用甲材料1公斤,每公斤甲材料10元,当该产品产量发生增减变化时,则耗用的甲材料的总成本随产品的产量成正比例增减,因此,甲材料的成本就是该企业生产该产品的一项变动成本。

A公司产量与变动成本之间的关系资料见表2-2,其变化规律如图2-7、图2-8所示。

表2-2 A公司产量与变动成本资料

产品产量/件	100	200	300	400	500
变动成本总额/元	1 000	2 000	3 000	4 000	5 000
单位产品变动成本/元/件	10	10	10	10	10

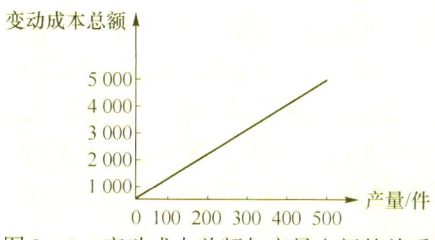

图2-7 变动成本总额与产量之间的关系

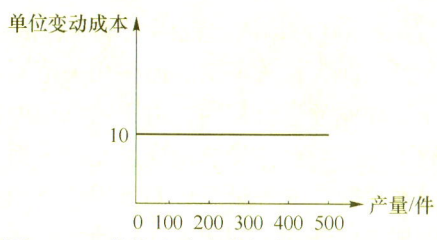

图2-8 单位变动成本与产量之间的关系

图2-7说明,当产品产量由100件分别增加到200件、300件、400件、500件时,变动成本总额也随之发生了的变动,分别由1 000元增加到2 000元、3 000元、4 000元、5 000元,二者变动方向一致,变动幅度相同。图2-8说明,产品产量在500件之内时,单位产品成本并未随产量的变动而发生相应的变动,始终保持在10元的水平上。

3. 变动成本的分类

变动成本也可以分为酌量性变动成本与约束性变动成本。

1) 酌量性变动成本

是指企业管理当局可以改变其支出数额的变动成本,例如计件工资、按销售额的一定比例计算的销售奖金等,这些支出标准或比例取决于企业管理当局的决策。

2) 约束性变动成本

是指企业管理当局的当前决策无法改变其支出数额的变动成本,例如企业生产产品的直接材料成本等,在现有技术工艺及水平下很难改变。

四、固定成本与变动成本的相关范围

固定成本是指成本总额在相关范围内不变的成本,这就意味着固定成本的发生额在一定的范围内不受业务量增减变动的影响,这个范围在管理会计中就称为相关范围。固定成本的"固定性"不是绝对的,而是有限定条件的,也就是固定成本在"相关范围"内是固定不变的,表现为一定的时间范围和一定的空间范围。就时间范围而言,固定成本表现为在某一特定期间内具有固定性,但随着时间的拉长其不再是固定不变的,比如一个正常成长的企业,其经营能力无论是从规模上还是从质量上均会发生变化,厂房会扩大,机器设备会增加,行政管理人员会增加,这些均会导致折旧费用、财产保险费、行政管理人员薪金都会增加。就空间范围而言,固定成本表现为在某一特定业务量水平内具有固定性,一旦业务量超出这一水平后,固定成本就不再固定了。

如例1,A公司租用专用设备每月租金800元,它的最大生产能力是400件,如超过400件,势必还需增租专用设备,租金支出就要相应增加。另外,租约每年订一次,超过1年,在普遍存在通货膨胀的形势下,租金支出也势必要增加,不可能再是每月800元了。这就是固定成本总额受一定条件所制约的相关范围。

在实际工作中,有些行业的变动成本总额与业务量之间的依存关系和固定成本相似,也存在着一定的相关范围。即在相关范围之内变动成本总额与业务量之间保持着严格的线性关系;如例2,产品在500件以内的范围变动时,成本和产量等比例增长,形成了完全的线性关系。这个范围即为相关范围。但在相关范围之外,它们之间往往就形成非线性关系。这是因为在某种业务进行初期,由于熟练程度较低、工艺水平、质量不稳定等因素,变动成本总额不一定与业务量总额成正比例,而是非线性关系,当业务量增长到相关范围时,变动成本总额与业务量总数间呈现严格的完全的线性关系,如果业务量超出相关范围,可能出现一些新的不利因素,促使单位产品的变动成本增加,又形成非线性关系。

需要说明的是,在现实生活中,几乎不存在可以将变动成本总额与业务量的关系描述为绝对线性关系的实例。但这并不妨碍我们在一定的业务量范围内假设它们之间存在这种线性关系,并以此进行成本性态分析。而且,如果我们能够合理确定上述相关范围,即使将变动成本总额与业务量之间的非线性关系描述为线性关系,同样不妨碍我们为相关的预测和决策行为提供数据支持。这样一来,成本性态分析方法的适用面也就更广了。

五、混合成本

管理会计为了搞好企业管理工作,必须首先把企业的全部成本按照成本性态分为变动成本和固定成本两大类。但在实际中,严格地从属于这两类成本的费用比较少见,大部分成本费用呈现两者兼有的性质,我们称之为混合成本。

混合成本,是指其成本总额随业务量总额的变动而不成正比例变动的成本。严格地讲,这种成本更倾向于"变",其成本随业务量的变动而变动,但不保持严格的比例关系,不能归入固定成本和变动成本。例如,设备维修费、行政管理费等。在管理会计中，混合成本同时兼有变动与固定两种性质，根据具体情况，可进一步划分为半变动成本、半固定成本、延期成本、曲线变动成本四类。

1. 半变动成本

这种成本通常有一个与业务量无关的初始量（基数），一般不变动，类似固定成本，代表为提供服务所必需的基本的最低支出部分。在这个初始量基础上，随着业务量的增长，成本总额也相应地按比例增长，这部分的性质相当于变动成本，总地说来是随业务量的增减而有所变动。

【例3】 A公司为保证设备随时处于完好的状态，每年支付维护保养费1 000元，在此基础上，该设备每运转1小时维护保养费需增加20元。假定该设备当年累计运转700小时，共支付维护保养费15 000元。从性质上看，该项支出就是以一定的初始量为基础的变动成本，如图2-9所示。

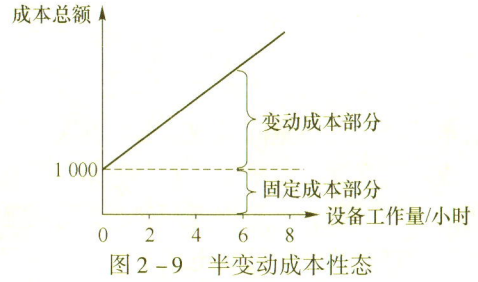

图2-9 半变动成本性态

2. 半固定成本

半固定成本是在一定业务量范围内，其发生额是固定的，当业务增长到一定量时，其发生额跳跃式增加，并在新业务量范围内保持不变，直到下一个新跳跃为止的成本。这种变动成本在一定业务量范围内发生额是固定的，所以称为半固定成本。由于是阶梯形变化，所以又叫阶梯形变动成本，如产品质量检验员、化验员的工资等。

【例4】 A公司的甲产品产量1 000件时需要4个检验员，月工资1 000元，每增加1 000件该产品，就要增加4名检验员，就检验员的工资模型来看，就属于阶梯形变动成本这种模式，如图2-10所示。

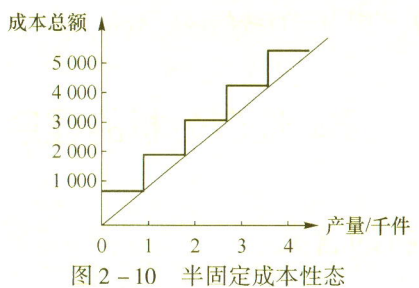

图2-10 半固定成本性态

3. 延期变动成本

这种成本在一定的业务量范围内，其成本总额保持不变，当超过了这个业务量范围后，其成本总额则随业务量的变动按比例变动，也就是说在"变"前的初始阶段显示

"固"。例如，在计时工资制下，工资是固定不变的，当需要加班加点时，就需按时间的长短计发加班工资。此类成本即延期变动成本。

【例5】 A公司某位操作工的月工资由基础工资和超额工资组成。该操作工每月完成的产品在1 000件以内，只能得基础工资1 500元，若超额完成任务，每件超额工资为2元，该操作工的月工资支出从性质上看，就属于延伸变动成本的这种模式，如图2-11所示。

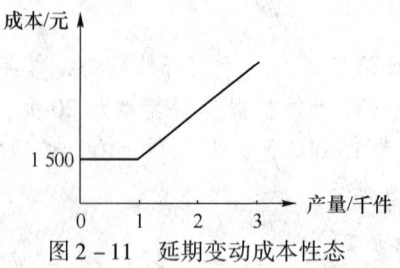

图2-11 延期变动成本性态

4. 曲线变动成本

曲线变动成本是指成本总额与业务量间表现为非线性关系的成本。这类成本通常有一个初始量，相当于固定成本。在这个基础上随着业务量的变化而变化。但变化不成直线关系，例如，热处理用的电炉设备，每班需要预热，因预热而耗用的成本（初始量）属于固定成本性质，而预热后进行热处理的耗电成本会随业务量的增加，呈抛物线上升的趋势。如图2-12所示。

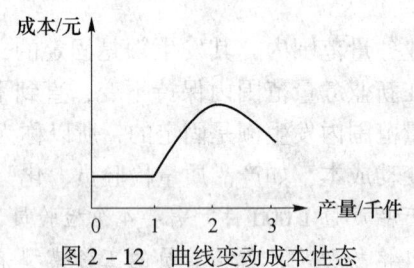

图2-12 曲线变动成本性态

曲线成本也可以在相关范围内近似看作是变动成本，从而大大简化计算过程，尽管其实际并非直线，但在相关范围内与直线的区别不大。

第二节 成本性态分析的程序和方法

一、成本性态分析的含义

成本性态分析是指在明确各种成本的性态的基础上，按照一定的程序和方法，最终将全部成本区分为固定成本和变动成本两大类，并建立相应成本函数模型 $y = a + bx$ 的过程。

成本性态分析是管理会计的一项最基本的工作，是管理会计学的基础方法。通过成本性态分析，可以从定性和定量两方面把握成本的各个组成部分与业务量之间的依存关系和变动规律，从而为应用变动成本法、开展本量利分析、进行短期决策、预测分析、全面预算、标准成本法的操作和落实责任会计奠定基础。

二、成本性态分析与成本性态分类的关系

二者的联系是：第一，两者的对象相同，不论是分析还是分类，都以企业的总成本为对象。第二，开展成本性态分析要以明确成本按性态分类为前提，只有了解成本性态分类的结果，掌握固定成本、变动成本和混合成本的特性，才有可能完成成本性态分析的任务。

二者的区别是：第一，两者的性质不同，成本性态分析包括定性和定量两个方面，成本按性态分类仅属于定性分析。第二，两者的最终结果不同，成本性态分析的最终结果是将全部成本分为固定成本和变动成本两部分，并建立相应成本模型；成本按性态分类的最终结果是将全部成本划分为固定成本、变动成本和混合成本三大类。

三、成本性态分析的程序

成本性态分析的程序是指完成成本性态分析任务所经过的步骤。其程序有以下两种。

1. 分步分析程序

分步分析程序又称多步骤分析程序，属于先定性分析后定量分析的程序。在该程序下要先对全部成本按其性态进行分类，即按定义分为单纯的固定成本（假定为 a_1）、单纯的变动成本（假定为 b_1x）和混合成本三大类；然后再将混合成本分解为混合成本的固定部分（假定为 a_2）和混合成本的变动部分（b_2x）；之后将混合成本的固定部分与单纯的固定成本合并，求出固定成本总额（假定为 a，$a = a_1 + a_2$），将混合成本的变动部分与单纯的变动成本合并，求出变动成本总额（假定为 bx，$bx = b_1x + b_2x$），最后建立有关成本模型 $y = a + bx$。

2. 同步分析程序

同步分析程序又称单步骤分析程序，属于定性分析与定量分析同步进行的程序。在该程序下，不需要分别进行成本按性态分类和混合成本分解，而是按一定方法将全部成本直接一次性地区分为固定成本总额（假定为 a）和变动成本总额（假定为 bx）两部分，并建立有关成本模型 $y = a + bx$。

四、成本性态分析的方法

成本性态分析的方法是指完成成本性态分析任务必须采取的技术手段。常用的基本方法包括：历史成本法、账户分析法和工程分析法。在管理会计实践中，这些方法既可以用于分步分析程序中的混合成本分解，又可以应用于同步分析程序对总成本所做的直接定量处理。

1. 历史成本法

历史成本法的基本做法是根据以往若干时期的数据所表现出来的实际成本与业务量之间的依存关系来描述成本的性态，并以此来确定决策所需要的未来成本数据。历史成

本法的基本原理是在既定的生产流程和工艺设计条件下,历史数据可以比较准确地表现成本与业务量之间的依存关系,而且只要生产流程和工艺不变,这种相互变动关系还可以应用到现在或将来的决策当中。

历史成本法通常又包括高低点法、散布图法和回归直线法三种。

1) 高低点法

高低点法就是根据历史资料中最高业务量和最低业务量,测算出混合成本中的固定成本和变动成本各占多少的方法。这种方法的原理是:任何一项混合成本都包括固定部分 a 和变动成本部分 bx。选定某一时期内的一组分析资料,以其产量最高和最低两个"点"的总成本和产量进行比较,根据两者固定成本相等,总成本差异是由于其中变动成本部分随产量变化而增减所引起的这一基本假定,测定该时期内一个点的固定成本总额和单位变动成本。

具体步骤如下。

(1) 在各期业务量与相关成本坐标中以业务量为准找出最高点和最低点,即 ($x_{高}$, $y_{高}$) 和 ($x_{低}$, $y_{低}$)。

(2) 计算单位平均变动成本 b,根据混合成本 $y = a + bx$ 的数学表达式,得:

$$y_{高} = a + bx_{高}$$
$$y_{低} = a + bx_{低}$$

两式相减并整理得:

$$b = \frac{\Delta y}{\Delta x} = \frac{高低点半变动成本之差}{高低点产量之差} = \frac{y_{高} - y_{低}}{x_{高} - x_{低}}$$

(3) 将高点或低点值代入直线方程 $y = a + bx$ 计算固定成本 a,得:

$$a = y_{高} - bx_{高} \quad 或 \quad a = y_{低} - bx_{低}$$

【例6】 A 企业 20×1 年混合成本资料如表 2-3 所示。

要求:用高低点法进行成本性态分析。

表 2-3 A 企业某项混合成本资料

月份	产量/件	混合成本/元
1	1 600	5 570
2	1 800	5 830
3	1 650	5 660
4	1 400	5 350
5	1 250	5 300
6	1 100	5 090
7	1 050	5 070
8	1 350	5 330
9	1 750	5 770
10	1 550	5 500
11	1 230	5 300
12	1 150	5 600

解：(1) 根据已知历史资料，找出最高点和最低点，由表 2-3 可以得出：最高点 (1 800, 5 830) 和最低点 (1 050, 5 070)。

(2) 计算平均单位变动成本为：
$$b = (5\ 830 - 5\ 070) \div (1\ 800 - 1\ 050) = 1.013$$

(3) 计算固定成本为：
$$a = y_{高} - bx_{高} = 5\ 830 - 1.013 \times 1\ 800 = 4\ 006\ (元)$$
或
$$a = y_{低} - bx_{低} = 5\ 070 - 1.013 \times 1\ 050 = 4\ 006\ (元)$$

则该项混合成本性态分析模型为：
$$y = 4\ 006 + 1.013x$$

由上例可以看出，高低点法是根据过去一定期间的成本与相应业务量资料，通过最高点业务量和最低点业务量，推算出成本中固定成本和变动成本数额的一种简便方法。由于成本性态可用直线方程来模拟总成本，所以通过业务量最高点、最低点两组资料，就可以求出直线方程，从而将成本分解成固定成本部分 a 和变动成本部分 bx。

应用高低点法时需要注意以下几个问题：一是高点和低点的业务量为该项混合成本相关范围的两个极点，超出这个范围则不一定适用所得出的数学模型；二是高低点法根据高点和低点的数据来描述成本性态，其结果会带有一定的偶然性，根据这种带有一定偶然性的成本性态模型进行决策，势必会造成一些不必要的偏差，因此，我们在使用高低点法描述成本性态的时候，往往会对其模型进行一定修正；三是当高点或低点业务量不止一个，即有多个期间的业务量相同且同为高点或低点而成本又相异时，则只需按高低点法的原理，高点取成本大者，低点取成本小者。

2）散布图法

散布图法是指在以横轴代表业务量 (x)，纵轴代表成本 (y) 的直角坐标系中，将一定期间的业务量和与之相应的原混合成本的点标示其中，目测画出一条尽可能反映成本变化的直线，据此推算出固定成本和单位变动成本的一种方法。

散布图法具体基本步骤如下。

(1) 建立直角坐标系。

(2) 根据业务量和混合成本的有关数据，在直角坐标系上确定相应的坐标点。

(3) 用目测法在各坐标点画一条直线，近似坐标点距离此线相等。

(4) 读出直线截距 a。

(5) 确定固定成本和变动成本（确定混合成本性态模型）。

【例7】 以例6的有关数据为依据，要求用散布图法进行混合成本性态分析。

解：(1) 建立直角坐标系。

(2) 根据业务量和混合成本的有关数据形成散布图（如图 2-13 所示）。

(3) 用目测法在各坐标点画一条直线，直线与纵轴相交处得金额 $a \approx 4\ 000$（元）。

(4) 在直线上任取一点 (1 600, 5 570)，则 $b = (5\ 570 - 4\ 000) \div 1\ 600 = 0.981\ 25$（元/千小时）

(5) 混合成本性态模型 $y = 4\ 000 + 0.981\ 25x$。

散布图法能全面考虑已知的所有历史成本数据，避免了高低点法带来的偶然性，因而计算结果较高低点法精确,同时,以图示反映成本习性更为直观和易于掌握,但由于是目测画出的变动趋势直线,仍带有一定程度的主观性。

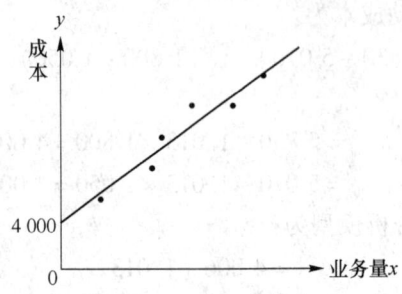

3)回归直线法

假设在散布图中有一条 $y = a + bx$ 的直线,这条直线与各实际成本点的误差值之和比其他直线都要小,则这条直线就最能代表各期成本的平均水平,被称为离散各点的回归直线;这一直线方程也被称为回归方程。回归直线法是根据一定期间业务量与相应成本之间的历史资料,用数学上的最小平方法的原理,计算能代表平均成本水平的直线截距和斜率,以其作为固定成本和单位变动成本的一种成本分解方法。回归直线法较为精确,可适于成本增减变动趋势较大的企业。

回归直线分析法分解混合成本中的固定成本 a 和单位变动成本 b 的数学推导过程如下。

已知 $y = a + bx$ (1)

对式(1)两边求和得 $\sum y = na + b \sum x$ (2)

对式(1)两边同乘以 x 得 $xy = ax + bx^2$ (3)

对式(3)两边求和得 $\sum xy = a \sum x + b \sum x^2$ (4)

对式(4)两边同乘以 n 得 $n \sum xy = na \sum x + nb \sum x^2$ (5)

对式(2)两边同乘以 $\sum x$ 得 $\sum x \sum y = na \sum x + b(\sum x)^2$ (6)

将式(5) - 公式(6) 并整理得 $b = \dfrac{n \sum xy - \sum x \cdot \sum y}{n \sum x^2 - (\sum x)^2}$ (7)

将式(7) 代入公式(2) 得 $a = \dfrac{\sum y - b \cdot \sum x}{n}$ (8)

直线回归法的具体步骤如下。

(1) 对已知资料进行加工、计算。

(2) 将加工计算的资料代入式 (7)、式 (8),求出 a,b 值。

(3) 建立混合成本性态模型。

【例8】 以例6资料,要求用回归直线法对混合成本维修费进行习性分析。

解:(1) 对已知资料进行加工、计算,并列表如表2-4所示。

表2-4 回归直线法加工计算

月份	产量（x_i）	混合成本（y_i）	x_iy_i	x_i^2
1	1 600	5 570	8 912 000	2 560 000
2	1 800	5 830	10 494 000	3 240 000
3	1 650	5 660	9 339 000	2 722 500
4	1 400	5 350	7 490 000	1 960 000
5	1 250	5 300	6 625 000	1 562 500
6	1 100	5 090	5 599 000	1 210 000
7	1 050	5 070	5 323 500	1 102 500
8	1 350	5 330	7 195 500	1 822 500
9	1 750	5 770	10 097 500	3 062 500
10	1 550	5 500	8 525 000	2 402 500
11	1 230	5 300	6 519 000	1 512 900
12	1 150	5 600	6 440 000	1 322 500
Σ	16 880	65 370	92 559 500	24 480 400

（2）将计算结果代入式（7）、（8）得：

$$a = 4\ 289.66$$
$$b = 0.823\ 1$$

（3）此项混合成本维修费性态分析模型为：

$$y = 4\ 289.66 + 0.823\ 1x$$

直线回归法计算结果较精确，但计算工作量大。

以上的分析方法各有优缺点，通过分析确定企业在一定时间总成本的基本构成，提示成本同业务量之间关系，能帮助企业管理者对生产经营活动进行科学的规划和有效的控制。

从成本性态分析原理可以看出，将成本按其性态区分为固定成本和变动成本两部分后，摆脱了传统成本分类观念的束缚，提出了科学性和实用性兼备的成本结构模式。在企业生产经营管理活动中得到广泛运用。

2. 账户分析法

账户分析法是从会计系统中寻求成本性态信息。最简单的账户分析方法是选择一个合理的成本动因，并将与该成本动因相关的各账户分为变动成本和固定成本，然后根据各账户余额来估计单位变动成本或固定成本。

账户分析法是混合成本分解方法中最为简便的一种，但由于其分析结果的可靠性在很大程度上取决于有关分析人员的判断能力，因而不可避免地带有一定程度上的片面性和局限性。

3. 工程分析法

工程分析法是运用工业工程的研究方法来研究影响各有关成本项目数额大小的每个因素，并在此基础上直接估算出固定成本和单位变动成本的一种成本分解方法。

工程分析法分解成本的基本步骤是：第一，确定研究的成本项目；第二，对导致成本形成的生产过程进行观察和分析；第三，确定生产过程的最佳操作方法；第四，以最佳操作方法为标准方法，测定标准方法下成本项目的每一构成内容，并按成本性态分别确定为固定成本和变动成本。

举一个例子说明工程分析法对成本如何进行分解。

【例9】 A公司粉末冶金车间对精密金属零件采取一次模压成型、电磁炉烧结的方式加工。如果我们以电费作为成本研究对象，经观察，电费成本开支与电磁炉的预热和烧结两个过程的操作有关。按照最佳的操作方法，电磁炉从开始预热至达到可烧结的温度需要耗电量1 500千瓦时，烧结每千克零件耗电500千瓦时。每一工作日加工一班，每班电磁炉预热一次，全月共22个工作日。电费价格为0.7元/千瓦时。

设每月电费总成本为y，每月固定电费成本为a，单位电费成本为b，x为烧结零件重量，则有：

$$a = 22 \times 1\ 500 \times 0.7 = 23\ 100\ （元）$$
$$b = 500 \times 0.7 = 350\ （元）$$

该车间电费总成本分解的数学模型为：

$$y = 23\ 100 + 350x$$

工程分析法适用于任何可以从客观立场上进行观察、分析和测定的投入产出过程，如对直接材料、直接人工等制造成本的测定。

从混合成本分解的各种方法的讲述中不难看出，成本分解的过程，实际上主要是一个对成本性态进行研究的过程，而不仅仅是一个计算过程。就成本分解的各种方法而言，应该根据不同的分解对象所需的精确程度和所能承担的成本支出来选择适当的分解方法，分解结果出来后，还应当尽可能采用其他方法进行印证，以期获得比较准确的成本性态数据。

【复习思考题】

1. 什么是成本性态？成本按照成本性态怎样分类？
2. 说明成本按性态分类与按经济用途分类的不同。
3. 什么是混合成本？常见的混合成本分为哪几类？
4. 常用的混合成本的分解方法有哪些？

【练习题】

1. 某机械制造厂的一台专用设备是向其他单位租赁的，合同规定每月租金6 000元，半年中每月的生产量与租金资料如下表所示。

画图表示出加工产品数量与设备租金之间的关系以及加工产品数量与单位产品应负担的租金之间的关系。

第二章 成本性态分析

各月生产量与租金资料

月份	产量/件	租金/元
1	100	6 000
2	200	6 000
3	300	6 000
4	400	6 000
5	500	6 000
6	600	6 000

2. 某制衣公司生产连衣裙，每件用料 30 元，每件支付计件工资 10 元，其 2—6 月份的产量依次递增，分别为 1 000 件、1 500 件、2 000 件、2 500 件和 3 000 件。

请画出变动成本总额和单位变动成本的成本习性模型。

3. 某公司产销甲产品，20×2 年 1—4 月的机器小时及维修费用如下：

月份	机器小时	维修费用（元）
1	5 000	40 000
2	7 000	50 000
3	9 000	60 000
4	7 000	50 000

要求：用高低点法将维修费用分解为变动成本和固定成本，并写出混合成本公式。

4. 某工厂去年 12 个月中最高与最低业务量情况下的制造费用总额如下：

	高点（10 月）	低点（3 月）
业务量（机器小时）	75 000	50 000
制造费用总额（元）	176 250	142 500

上述制造费用总额中包括变动成本、固定成本和混合成本。该厂会计部门曾对低点月份业务量为 50 000 机器小时的制造费用总额作了分析，其各类成本的组成情况如下：

变动成本总额	50 000 元
固定成本总额	60 000 元
混合成本总额	32 500 元
制造费用总额	142 500 元

要求：（1）采用高低点法将该厂的混合成本分解为变动部分与固定部分，并写出混合成本公式。

（2）若该厂计划期间的生产能量为 65 000 机器小时，则其制造费用总额将为多少？

【案例】

格兰仕：（1）持续十年全国第一、持续八年做到世界第一；（2）残酷经营环境下、微利时代依然持续赢利；（3）无人企及的超低成本、连续十年每年降低成本 10%；（4）一大群人 27 年如一日的持续拼搏精神；（5）没有任何特殊资源的企业 27 年持续、稳定增长；（6）入选清华、北大、哈佛大学企业成功经典案例。

格兰仕企业（集团）有限公司以 1996 年的微波炉价格战一举成名，此后又发动了

管理会计

一系列大幅度的降价行动,为自己赢得了约70%的市场份额。大力度价格战依靠的是大幅度的成本下降。格兰仕的成本管理已经发展成为一系列关于低成本制造的互补知识和能力的结合体,并且与企业的总成本领先战略和"物美价廉"核心价值观有高度的内在一致性,成为"偷不去,买不来,拆不开,带不走,溜不掉"的核心竞争力。

不少人认为,格兰仕是通过规模经济获得竞争优势的,但实际上,格兰仕是通过"固定成本最小化,变动成本固定化"而取得上述成绩的。

一个经典的故事就是梁庆德说服欧洲公司把变压器生产线搬到格兰仕。1997年前后,在金融危机的压力下微波炉价格被日韩压得很低。以变压器这个零件为例,欧洲当时生产的单位成本为25美元,日本出口单价只要11美元,欧洲公司无法承受。格兰仕把这家欧洲公司的生产线搬到顺德后,只花很少的配套费用就得到了国际一流技术水平的设备。它以每台8美元的价格向那家欧洲公司供货,剩余的生产能力自己利用。在变动成本固定化方面,最典型的可以说是人员。一般公司的人员编制随着业务量的增长成近乎线性的关系上升,生产人员、管理人员、销售人员都是如此。而格兰仕充分发挥了每一个人的作用,以很少的人干比别人多得多的事情。2002年格兰仕有80多亿元销售额,员工总数13 000多人,其中管理人员只有160多名,销售人员也只有160多人。相比之下,一家业务近似,1 000多人的企业,也有160人的管理人员队伍。格兰仕人的效率可以想象,难怪梁庆德不断强调"人是格兰仕的第一资本"。

公司推行"八大成本管理",包括采购成本、技术成本、质量成本、消耗成本、能源成本、管理成本、资金成本和工资成本。在这八个方面,格兰仕都精益求精。比如,采购成本是成本最主要的影响项,也是最难管理的。因为它涉及公司以外的利益体,不能采取规章制度强制执行,而必须通过良好沟通。从实际执行的效果看,格兰仕采购成本已经连续5年以上保持较上年降低10%以上。又如,在资金成本的管理方面,格兰仕的成绩是业内难以想象的。这么大的企业每个月的正常流量都是几亿元人民币,但是由于坚持销售的现款现货政策,销售质量非常高,无论内销还是外销,几乎没有一笔坏账。由于有自己的资金流的有力支持,尽管有不少银行追着要放贷款,并签订了银企合作协议,格兰仕也很少贷款,资产负债率长期维持在极低水平,目的是节省财务费用。再如,不仅生产系统的成本控制严格,营销系统也不含糊。格兰仕在企业界最有名的是,公司善于制造轰动效应,不停地搅动市场。而且公司与媒体保持着良好的关系,真正实现"小投入、大回报"的成本领先。格兰仕前几年每年的广告费用仅1 000多万元,而家电行业一些年销售额与格兰仕相当的企业投入都在几亿元。

通过本案例分析:

1. 格兰仕的"固定成本最小化,变动成本固定化"为什么取得了保持核心竞争力的效果?
2. 格兰仕在对变动成本和固定成本进行控制的过程中,都采取了什么样的措施?
3. 格兰仕的"固定成本最小化,变动成本固定化"策略需要什么样的内部管理支持,即该策略取得成功的前提是什么?①

---

① 孙茂竹. 管理会计学教学辅导书:学生用书[M]. 北京:中国人民大学出版社,2006:22-24.

第三章

本量利分析

【学习目标】

了解本量利分析的意义、作用、基本假设、内容及相关概念。
掌握本量利分析的基本公式及变换形式。
熟练掌握保本点、保利点和保净利点的有关公式及运用。
理解有关因素变动对保本点和保利点的影响及本量利关系中的敏感性分析。

【引导案例】

糖典食品有限公司是 S 市 20 世纪 90 年代中期一家小有名气的糖类生产企业。其生产的"点点"牌奶糖口味纯正,再加上广告针对少年儿童,活泼明快,得到广大少年儿童和家长的认可。"点点"奶糖在当地的畅销,使得企业在 20 世纪 90 年代中期获利颇丰。

但是,到了 20 世纪 90 年代末 21 世纪初,外地名牌奶糖大举进入 S 市的市场,以相同甚至略低的价格,强大的广告攻势和全国范围内的品牌优势向糖典公司的优势地位提出了挑战。为了应对出现的竞争,糖典公司有以下三种策略可供选择:

(1) 降价。"点点"奶糖长期以来受到消费者的喜爱,价格可以维持在一个较高的水平上,因此,面对竞争,糖典公司还有着相当大的降价空间;

(2) 广告。自从 20 世纪 90 年代中期"点点"牌奶糖在消费者心中树立形象以来,糖典公司就削减了广告宣传上的支出,而较大程度上依靠着消费者的忠诚度等因素。而面临着挑战者的威胁和吸引新的消费者的需要,加大广告支出也成为糖典公司的备选策略;

(3) 转产。随着家长对孩子健康的考虑。传统糖类的销售可能面临着阻碍。公司也在考虑是否要引进技术、改进设备、拓宽产品线,生产添加果汁、维生素等的糖类品种。

企业作出决策要对诸多因素进行考虑,在此过程中,本量利分析是最基本、简单的方法之一。[1]

---

[1] 郭晓梅. 管理会计 [M]. 北京:北京师范大学出版社,2007:68.

第一节 本量利分析概述

本量利分析是对成本—业务量（产量或销售量）—利润（Cost - Volum - Profit，CVP）三者关系分析的简称，是指在成本性态分析的基础上，通过对成本、业务量和利润三者关系的分析，建立数学化的会计模型和公式，进而揭示变动成本、固定成本、销售量、销售单价和利润等诸多变量之间的内在规律性联系，为利润预测和规划、会计决策和控制提供有价值的会计信息的一种定量分析方法。

一、本量利分析的意义和作用

本量利分析法是管理会计的基本方法之一，通过对本量利关系的研究，可以为企业规划、预测、控制和决策等提供必要的财务信息和相应的分析手段，在规划企业经济活动、正确进行经营决策和有效控制经济过程等方面具有广阔的用途。

运用本量利分析不仅可以为企业完成保本、保利条件下应实现的销售量或销售额的预测，而且若将其与风险分析相联系，还可以为企业提供化解经营风险的方法和手段，以保证企业既定目标的实现；若将其与决策分析相结合，可以帮助企业进行有关生产决策、定价决策和投资决策的不确定性分析。此外，本量利分析还可以为企业编制全面预算和控制成本提供资料。

本量利分析是一种实用的管理工具。例如，在企业的经营管理活动中，管理人员在决定生产和销售的数量时，往往以数量为起点，以利润为目标，期望能在业务量和利润之间建立起一种直接的函数关系，从而利用这个数学模型，在业务量变动时估计其对利润的影响，或者在利润变动时计算出完成目标利润所需要达到的业务量水平。而本量利分析，就可以为企业管理人员提供所需要的这种数学模型。对企业的经营管理活动具有十分重要的意义。

二、本量利分析的假定

根据本量利分析原理建立和使用的有关数学模型和图形，是以许多假设为前提条件的。虽然这些假设的前提条件造成了企业实际运用本量利分析的局限性，但是规定了这些假设的前提条件，一方面可以容易地建立及使用数学模型来揭示成本、业务量和利润等诸因素之间内在联系的规律性，从而有助于初学者深刻理解本量利分析的基本原理；另一方面也说明缺乏假设条件将会影响本量利分析的正确性，强调在实际工作中不能盲目套搬本量利分析的数学模型，必须根据实际情况加以调整修正，以便克服其本身的局限性。

1. 成本习性分析假定

假定全部成本都已可靠地划分为变动成本和固定成本，这是进行本量利分析的一个基本前提。有关的成本性态模型已经建立起来，产品成本是按变动成本法计算的，即产品成本中只包括变动生产成本,而所有的固定成本,包括固定制造费用,均作为期间成本处理,直接在当期的边际贡献中扣除,期末库存产品不负担固定成本。

2. 相关范围及线性相关假定

假定在相关范围内,销售单价、单位变动成本和固定成本总额保持不变,业务量是影响销售收入和总成本的唯一因素;并且假定在一定时期内,业务量总是在保持单价水平和成本消耗水平所允许的范畴内变化。因此,反映销售收入和总成本的收入函数和成本函数均成为线性函数,都可以用直线来描述。但这个假定只在产品比较成熟,售价较稳定,通货膨胀率非常低的情况下才成立。在实际工作中,由于市场物价的上升、企业之间竞争、企业营销策略改变等因素的存在,都可能导致价格的上下波动,使销售收入与销售量难以保持完全的线性关系,但只要变动不大,假定仍然可以成立,其本量利分析对企业实践就仍具有一定的参考价值。

3. 产销平衡假定

在单一品种情况下,假定产销平衡。即在企业的计划期内,假定每期生产出来的产品总是在当期全部销售出去,因而,不考虑产成品期初、期末存货水平变动对利润的影响。在实际经济活动中,面对激烈的市场竞争企业要实现生产多少销售多少是很困难的,也可能由于各种意料不到的因素使产销量不一致。假定产销平衡可使本量利分析不受存货变化的影响,计算分析就较为简单。

4. 产销结构稳定不变的假定

在多品种产品产销的情况下,假定品种结构稳定。所谓品种结构是指各产品的产销额占全部产品产销额的比重。在企业安排多品种产品生产的条件下,不仅假定产销平衡,而且在销售总量(额)发生变化时,是以产品品种结构比重不变为前提条件的。

5. 变动成本法假定

假定产品成本是按变动成本法计算的,只将变动生产成本包括于产品成本中,而将所有的固定成本总额作为期间成本处理。该假定不仅能使成本与业务量之间的关系更为明晰,更重要的是,它有利于企业做出合理的经营决策。

6. 关于利润的假定

除特别说明外,本量利分析中的利润一般假定为不考虑投资收益和营业外收支的"营业利润",即是通常假定投资收益和营业外收支为零时的利润总额。

至于会计实务中必须在利润前扣除的其他税金,可视其特征进行分类,例如与业务量(产销量)增减变动关系不大的税金,如房产税、印花税、土地使用税等可视为固定成本(期间成本);与业务量(产销量)增减变动关系较大的税金,如消费税、营业税、城市维护建设税等价内税均可视为变动成本。

三、本量利分析的基本内容

本量利分析的基本内容主要包括保本分析、保利分析及各因素变动对本量利分析的影响。

本量利分析首先是保本分析,即确定保本点。保本点,就是在销售单价、单位变动成本和固定成本总额不变的情况下,企业既不盈利也不亏损的销售数量。这是企业经营管理的重要信息,因为保本是获利的基础,也是企业经营安全的前提,只有在销售量超过保本点时企业才能获利,企业经营才可能有安全。在此基础上才可以进行保利分析,即分析在销售单价、单位变动成本和固定成本总额不变的情况下,销售数量变动对利润的影响,从而确定目标利润,进行利润规划。最后,再进一步分析销售单价、单位变动成本和固定成本总额等各因素的变动对保本点、保利点、经营的安全程度以及对利润的影响。

四、本量利关系的基本公式及相关概念

1. 本量利关系的基本公式

本量利所考虑的相关因素主要包括固定成本 a、单位变动成本 b、销售量 x、单价 p、销售收入 px 和营业利润 P 等。这些变量之间的关系可以表示为:

$$
\begin{aligned}
营业利润(P) &= 销售收入 - 总成本 \\
&= 销售收入 - (变动成本 + 固定成本) \\
&= px - (bx + a) \\
&= 单价 \times 销售量 - 单位变动成本 \times 销售量 - 固定成本 \\
&= px - bx - a \\
&= (单价 - 单位变动成本) \times 销售量 - 固定成本 \\
&= (p - b)x - a
\end{aligned}
$$

由于本量利分析的基本数学模型是建立在上述公式的基础之上,而且若将其分解、恒等变形,还能进行多因素变动分析,将有助于初学者了解本量利分析的其他一些基本概念及其计算公式,故将上式称为本量利关系的基本公式。

2. 相关概念及计算公式

1) 边际贡献(Tcm)

它是本量利分析中一个十分重要的概念,是衡量企业经济效益的重要指标。边际贡献,亦称贡献毛益、边际利润或创利额,是指产品销售收入总额减去相应的变动成本总额后的差额。其单位边际贡献(记作 cm),是指产品的销售单价减去单位变动成本后的余额,即每增加一个单位产品销售可为企业提供的贡献。有关计算公式如下。

(1) 产销单一产品的情况:

$$
\begin{aligned}
边际贡献 &= 销售收入总额 - 变动成本总额 \\
&= 销售量 \times (销售单价 - 单位变动成本) \\
&= 销售量 \times 单位边际贡献
\end{aligned}
$$

用符号表示,即:
$$
\begin{aligned}
Tcm &= px - bx \\
&= x(p - b) \\
&= x \times cm
\end{aligned}
$$

其中：单位边际贡献（cm）= 销售单价 – 单位变动成本 = $p - b$

（2）产销多种产品的情况：

$$\text{全部产品边际贡献} = \Sigma（\text{各种产品边际贡献}）$$
$$= \Sigma（\text{各种产品销售收入 - 各种产品变动成本}）$$

用符号表示，即：　　　Tcm = $\Sigma(px - bx)$

若将边际贡献放入利润基本公式，则为：

$$\text{利润}（P）= \text{边际贡献 - 固定成本总额}$$
$$= \text{Tcm} - a$$

由此可知，边际贡献的大小将直接影响企业产品销售盈利水平的高低，产品销售能否保本及产品销售利润的高低将取决于边际贡献能否"吸收"（抵减）全部固定成本，并有剩余额及剩余额的大小。在固定成本不变的情况下，边际贡献的增减意味着利润的增减，只有当边际贡献大于固定成本时才能为企业提供利润，否则，企业将会出现亏损。

2）边际贡献率（cmR）

边际贡献率是指产品的边际贡献总额占产品的销售收入总额的百分比，又等于单位边际贡献占销售单价的百分比。这是反映产品盈利能力的相对数指标，它表明每增加1元销售能够为企业提供的贡献率。其计算公式如下。

（1）产销单一产品的情况：

$$\text{cmR} = \frac{\text{Tcm}}{px} \times 100\% = \frac{\text{cm}}{p} \times 100\%$$

（2）产销多种产品的情况：

$$\text{综合边际贡献率} = \Sigma（\text{各产品边际贡献率} \times \text{该产品销售比重}）\times 100\%$$

3）变动成本率（bR）

变动成本率，是指产品的变动成本总额与产品的销售收入总额之间的比率，又等于各单位变动成本占销售单价的百分比。它表明每增加1元销售所增加的变动成本。其计算公式为：

$$\text{bR} = \frac{bx}{px} \times 100\% = \frac{b}{p} \times 100\%$$

4）边际贡献率与变动成本率的关系

由于边际贡献率与变动成本率分别表明边际贡献或变动成本占销售收入的百分比，因此将这两项指标联系起来考虑，可以得到以下关系式：

$$\text{边际贡献率} + \text{变动成本率} = \frac{\text{Tcm}}{px} + \frac{bx}{px} = \frac{\text{cm}}{p} + \frac{b}{p} = 1$$

可见，边际贡献率与变动成本率具有互补关系。变动成本率高的企业，则边际贡献率低、创利能力小；反之，变动成本率低的企业，必然边际贡献率高，创利能力大。这就可以为企业管理人员提供十分有价值的启示。

【例1】　A公司只生产甲产品，销售单价p为200元/件，单位变动成本b为120元/件，固定成本a为300 000元，当年共生产了15 000件。要求：计算A公司生产甲产品的单位边际贡献、边际贡献、边际贡献率、变动成本率和利润。

解：单位边际贡献（cm）= $p - b$ = 200 - 120 = 80（元/件）

　　边际贡献（Tcm）= cm × x = 80 × 15 000 = 1 200 000（元）

或　$px - bx$ = 200 × 15 000 - 120 × 15 000 = 1 200 000（元）

　　边际贡献率（cmR）=（cm/p）× 100% =（80 ÷ 200）× 100% = 40%

或　（Tcm/px）× 100% =（1 200 000 ÷ 3 000 000）× 100% = 40%

　　变动成本率（bR）=（b/p）× 100% =（120 ÷ 200）× 100% = 60%

或　（bx/px）× 100% =（1 800 000 ÷ 3 000 000）× 100% = 60%

　　边际贡献率 + 变动成本率 = cmR + bR = 40% + 60% = 1

　　利润（P）= Tcm - a = 1 200 000 - 300 000 = 900 000（元）

3. 经营杠杆

1）经营杠杆的意义

根据成本习性的原理，我们知道在一定的业务量（产销量）范围内，业务量的增加一般不会改变其固定成本总额，但它会使单位固定成本降低，从而提高单位产品的利润，并使利润的增长率大于业务量的增长率；反之，业务量的减少，会使单位固定成本升高，从而降低单位产品的利润，并使利润的下降率大于业务量的下降率。很显然，产品只有在没有固定成本的条件下（即企业的所有成本都是变动的），边际贡献总额等于营业利润，那么利润的变动率才有可能与业务量的变动率同步增减。实际上，这种情况是不存在的。因此，在经济生活中，由于企业存在固定成本而出现的只要在销售上有较小幅度的变动就会引起利润上有较大幅度的变动（即利润变动率大于业务量变动率）的现象，在管理会计中称为"经营杠杆"。它能反映出企业经营的风险，并帮助管理当局进行科学的预测分析和决策分析，因而也是本量利分析中的一个重要概念。

2）经营杠杆的计量

为了便于对"经营杠杆"现象进行定量分析，管理会计把利润变动率相当于业务量变动率的倍数称为"经营杠杆率"（记作 DOL）或"经营杠杆系数"。它的计算方法：设基期的利润为 P，基期的销售量（或销售额）为 X；计划期的利润为 P'，计划期的销售量（或销售额）为 X'。利润变动额为 ΔP（即 $P' - P$）；销售变动额为 ΔX（即 $X' - X$），销售变动率为 R。则：

　　经营杠杆率（DOL）= 利润变动率/销售变动率

进一步推导可得到用基期数据表示的经营杠杆系数，即：

$$\text{DOL} = \frac{(p-b)x}{P}$$

【例2】 假定例1中 A 公司当年生产并销售 M 产品 20 000 件，销售单价为 16 元，单位变动成本为 12 元，固定成本总额为 60 000 元。计划期准备销售 M 产品 28 000 件，销售单价及成本水平不变。要求计算 A 公司销售 M 产品的经营杠杆率。

解：Tcm = 20 000 ×（16 - 12）= 80 000（元）

　　P = [20 000 ×（16 - 12）- 60 000] = 20 000（元）

　　ΔP = [28 000 ×（16 - 12）- 60 000] - [20 000 ×（16 - 12）- 60 000]
　　　　= 32 000（元）

利润变动率 = 32 000 ÷ 20 000 = 1.6
X = 20 000 × 16 = 320 000（元）
ΔX = 28 000 × 16 − 20 000 × 16 = 128 000（元）
销售变动率 = 128 000 ÷ 320 000 = 0.4
经营杠杆率（DOL）= 1.6 ÷ 0.4 = 4（倍）

计算说明，销售 M 产品的利润变动率是销售变动率的 4 倍。

3）经营杠杆率的用途

在管理会计中，经营杠杆率主要有以下三种用途。

(1) 能反映企业的经营风险。经营杠杆率（DOL）= 利润变动率/销售变动率的公式可推导出，利润变动率 = 销售变动率 × 经营杠杆率。若企业经营杠杆率有所增加，就意味着该企业在销售量增加时，利润将以 DOL 倍数的幅度增加；反之，当销售量减少时，利润又将以 DOL 倍数的幅度下降。由此可见，经营杠杆率扩大了市场和生产、成本等不确定因素对利润变动的影响。经营杠杆率越大，利润的变动越剧烈，企业的经营风险也就越大。一般说来，在销售情况多变的企业内，保持较低水平的经营杠杆率是有利的。因此，根据经营杠杆率的影响因素，要降低企业的经营风险，只有充分利用现有生产能力，努力扩大销售，或在销售量的相关范围内降低固定成本总额。

(2) 能帮助企业管理当局进行科学的预测。当我们求得经营杠杆率以后，即可结合计划期的销售变动率来预测计划期的利润。其计算公式如下：

预计计划期利润（P'）= 基期利润 ×（1 + 销售变动率 × 经营杠杆率）
$$= P(1 + R \times DOL)$$

(3) 能帮助企业管理当局做出正确的经营决策。引进新设备、采用先进技术，虽可提高产品的产量和质量，增加花色品种，降低单位变动成本，提高边际贡献率，但也会使固定成本总额增加，经营杠杆率增高。因此，只有在该产品处于"成长"或"成熟"的发展阶段，市场上能够畅销，销售额呈持续增长的情况下，才宜做出引进新设备、采用先进技术的决策，并随着产销量的增加，可以充分发挥较强的经营杠杆效应，使利润迅速增长。但是，若该产品在市场上已达到或接近饱和阶段，或者市场疲软，销售量不能保持持续增长的势头，甚至还会出现下降趋势时，对于引进新设备、采用先进技术，则应持慎重态度。因为经营杠杆率提高，风险也随之增大；若市场销售量略有下降，将会引起利润大幅度滑坡的危险。在降价扩大销售的决策中，对于技术密集型企业，固定成本总额高，单位变动成本低，经营杠杆的作用大；降价销售后，单位产品利润虽有所降低，但由于销售量的增长，仍可使企业的营业利润大幅度提高。可是，对劳动密集型的企业来说，单位变动成本高，固定成本总额低，经营杠杆的作用小；采用降价销售，往往不能提高企业的利润，甚至还会使利润下降。

总之，管理人员必须彻底掌握成本习性的基本原理，以及本量利分析专门方法的具体应用，协助企业搞好经营决策，以便提高企业的经济效益和社会效益。

第二节 保本点计算

保本点计算是本量利分析的基础,其基本内容是分析确定产品的保本点,从而确定企业经营的安全程度。在此基础上进行保利分析和多因素变动分析,为企业的生产经营决策提供必需的信息。

一、保本点的概念和形式

所谓保本是指企业在一定时期内收支相等,即利润为零。保本分析又称盈亏平衡分析、损益两平分析或盈亏临界分析,它是专门研究当企业恰好处于不盈不亏时,在成本与业务量之间存在的特殊关系的定量分析方法,是本量利分析的基础内容。保本分析的关键是保本点的确定。

保本点是指企业达到保本状态时的销售水平,通常有两种表现形式:一种是用实物量表现,称为保本销售量,即销售多少数量的产品企业才能够保本;另一种是用金额表现,称为保本销售额,即产品销售额达到多少企业才能够保本。

保本点对于企业经营决策具有重要意义,它能帮助管理人员正确把握销售业务量与企业盈利之间的关系。只要销售业务量超过保本点,企业就会有盈利;反之,销售业务量低于保本点,就会导致亏损。因为全部固定成本已被保本点的销售业务量提供的边际贡献抵偿了、吸收了,使超过保本点的销售业务量所提供的边际贡献即成为利润。企业若能事先知道在一定价格和成本的条件下,销售业务量达到多少时就可以保本,而超过保本点就可能带来规模经济效益,则企业就能有目的、有针对性地挖掘生产能力,降低消耗,扩大产销量,使企业在规划目标利润、控制目标成本、确定销售价格、追求规模经济效益等各方面掌握主动权。

二、保本点的确定

产品保本点的确定可以按单一品种和多品种分别计算保本点的指标。

1. 单一品种保本点的计算

单一产品保本点的测定,是在企业只经营一种产品的条件下进行的,其保本点既可以按实物单位计算,也可以按货币单位计算。其测定一般有三种方法,即基本公式法、边际贡献法和图解法。

1)基本公式法

基本公式法又称方程式法,是指在本量利基本关系式的基础上,根据保本点的定义,先求出保本量,再推算保本额的一种方法。其原理是:当利润为零时,企业恰好保本。

假设利润为零,则:收入=成本

因此有:销售单价×保本销售量=固定成本+单位变动成本×保本销售量

即:
$$px = a + bx$$

由此式移项化简得:

$$\text{保本销售量} = \frac{\text{固定成本}}{\text{销售单价} - \text{单位变动成本}}$$

可表示为:
$$x_0 = \frac{a}{p-b}$$

则: 保本销售额 = 销售单价 × 保本销售量 = px_0

【例3】 根据例1所提供的资料,按基本等式法计算保本点。

解: 保本销售量 = 300 000 ÷ (200 - 120) = 3 750 (件)

保本销售额 = 200 × 3 750 = 750 000 (元)

计算结果说明: 当甲产品销售量达到 3 750 件时或销售额达到 750 000 元时, 企业刚好保本。

2) 边际贡献法

边际贡献法是指利用边际贡献与业务量、利润之间的关系计算保本量和保本额的一种方法。其原理是: 当边际贡献等于固定成本时, 企业恰好保本。有关公式如下:

保本销售量 = 固定成本/单位边际贡献

保本销售额 = 固定成本/边际贡献率

此法不受计算顺序的限制, 可以同时算出保本量和保本额。

【例4】 仍用例1所提供的资料, 按边际贡献法计算保本点。

解: 单位边际贡献 = 200 - 120 = 80 (元)

边际贡献率 = 80 ÷ 200 = 40%

保本销售量 = 300 000 ÷ 80 = 3 750 (件)

保本销售额 = 300 000 ÷ 40% = 750 000 (元)

3) 图解法

图解法是指通过绘制保本图来确定保本点位置的一种方法。其优点在于形象和全面, 容易理解, 一目了然, 因此很受管理人员的欢迎。但是图解法依靠目测绘制, 不可能十分精确, 所以一般不单独使用, 往往与公式法等其他方法结合运用。如在成本、业务量和利润的目标规划中如需要多次测算, 采用公式法则比较灵活, 而图解法则费事又不准确。

图解法的基本原理是当总收入等于总成本时, 企业恰好保本, 在平面直角坐标系内画出销售收入线 $y = px$ 和销售总成本线 $y = a + bx$, 若两条线相交, 其交点就是保本点。举例说明如下:

【例5】 某种产品单位售价为 1 000 元, 单位变动成本为 500 元, 固定成本为 20 000 元。相关范围在 10 ~ 80 件之间。现根据以上资料作图 3 - 1。

(1) 以横轴表示业务量 (可采用实物量, 也可采用货币量); 以纵轴表示收入、成本、利润。

(2) 在横轴上任选一点 (最好是一个整数便于制作), 并计算出该点的销售收入总额。如确定选择60件, 销售收入 1 000 × 60 = 60 000 (元), 把原点与该点用一条直线连接起来, 即做出销售收入线。

(3) 在纵轴上找到固定成本 20 000 元的点, 作一条与横轴平行的水平线为固定成

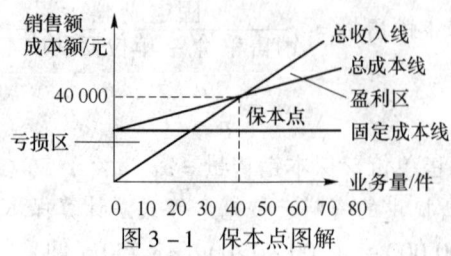

图 3-1 保本点图解

本线。另外,利用 $y = a + bx$ 公式,在横轴上选择一个整数点,并计算出该点的总成本,如选择 50 件,总成本 = 20 000 + 500 × 50 = 45 000(元)。把该点与固定成本在纵轴上的截点用一条直线连接起来,即做出总成本线。

(4)在总收入线与总成本线的相交处确定保本点,保本点向下垂直于横轴 40 件处为保本量;保本点向左画平行线与纵轴 40 000 元相交处为保本额。在相关范围内,从保本点向右介于总收入线与总成本线之间的区域为盈利区;从保本点向左介于总收入线与总成本线之间的区域为亏损区。

图 3-1 的特点是将固定成本置于变动成本之下,能清楚地看出固定成本不随产量变动的情况。

通过观察保本图,可以发现本量利之间联系的规律性。

(1)保本点不变。销售量越大,获得的边际贡献越多,即实现的利润越多或亏损越少;反之,销售量越小,获得的边际贡献越少,即实现的利润越少或亏损增加。

(2)销售量不变。保本点越低,盈利区扩大而亏损区缩小,它反映了能实现的利润就越多或亏损越少;反之,保本点越高,盈利区缩小而亏损区扩大,它反映了能实现的利润越少或亏损增加。

(3)在销售收入既定的情况下,保本点的高低取决于固定成本总额和单位变动成本多少。如果单位变动成本或固定成本总额越小,则保本点就越低;反之保本点越高。

明确上述三条规律,企业可以根据主、客观条件,采取相应措施扭亏增盈。

2. 多品种保本点的计算

以上所讨论的保本分析,都是假定在单一品种条件下进行的。但是在实际经济生活中大多数企业都不止生产经营一种产品。在这种情况下,前面介绍的本量利模型就无法运用。因为不同品种的销售量无法直接相加,所以就无法直接使用以单一品种为基础的保本公式;同时,以销售量为横轴的保本图也不能用于反映多品种的本量利关系。这就需要进一步研究适用于多品种条件下的本量利分析方法和模型。

多品种综合保本点计算确定的方法主要有:综合边际贡献率法、固定成本分算法、联合单位法、顺序法、主要品种法和综合保本图法等。下面主要介绍综合边际贡献率法。

1)综合边际贡献率法

综合边际贡献率法又称加权平均边际贡献率法,是指在掌握每种产品本身的边际贡献率(记作 cmRi)的基础上,按各种产品销售额占全部收入的比重(即产品销售结构,记作 Bi)作为权数进行加权平均,据以计算综合边际贡献率的一种方法。其计算

公式为:

$$综合边际贡献率 = \sum(某种产品的边际贡献率 \times 该种产品销售比重)$$
$$= \sum(cmRi \times Bi)$$

其中:

某产品的边际贡献率（cmRi）=（该产品的边际贡献÷该产品销售收入）×100%
= （该产品的单位边际贡献÷该产品单价）×100%

某产品的销售比重（Bi）=（该产品的销售收入÷全部产品的销售收入）×100%

综合保本销售额 = 固定成本总额÷综合边际贡献率

多品种产品的综合保本销售额确定后，可以根据各产品的销售比重、销售单价、销售额再进一步预测每一种产品的保本销售额及保本销售量，进行各产品的保本分析。

某种产品保本销售额 = 综合保本销售额×该产品的销售比重

某种产品保本销售量 = 该产品保本销售额÷该产品销售单价

【例6】 某企业组织E、F、G三种产品的生产和经营，有关计划资料如表3-1所示，固定成本总额300 000元，用加权平均法计算综合边际贡献率，并求出全厂综合保本额及各种产品的保本点。

表3-1 E、F、G三种产品的生产和经营资料

项目	E产品	F产品	G产品
产销量/件	100 000	25 000	10 000
单位价格/（元/件）	10	20	50
单位变动成本/（元/件）	8.5	16	25

解：根据表3-1中数据所计算的E、F、G三种产品的边际贡献率和销售比重如表3-2。

表3-2 E、F、G三种产品的边际贡献率和销售比重

项目	销售收入/元 ①	占总收入的比重 ②=①/∑①	单位边际贡献/元 ③	单价/元 ④	边际贡献率 ⑤=③/④
E产品	1 000 000	50%	1.5	10	15%
F产品	500 000	25%	4	20	20%
G产品	500 000	25%	25	50	50%
合计	2 000 000	100%			

由表3-2可知E、F、G三种产品的边际贡献率分别为15%、20%和50%。

E产品的销售比重 =（1 000 000÷2 000 000）×100% = 50%

F产品的销售比重 =（500 000÷2 000 000）×100% = 25%

G产品的销售比重 =（500 000÷2 000 000）×100% = 25%

综合边际贡献率 = 15%×50% + 20%×25% + 50%×25% = 25%

综合保本销售额 = 300 000 ÷ 25% = 1 200 000（元）
E 产品：
保本销售额 = 1 200 000 × 50% = 600 000（元）
保本销售量 = 600 000 ÷ 10 = 60 000（件）
F 产品：
保本销售额 = 1 200 000 × 25% = 300 000（元）
保本销售量 = 300 000 ÷ 20 = 15 000（台）
G 产品：
保本销售额 = 1 200 000 × 25% = 300 000（元）
保本销售量 = 300 000 ÷ 50 = 6 000（套）

上述关于综合边际贡献率法的应用，是基于企业各品种产品的销售比重（结构）可以预计，且保持不变的基础之上的。但在实际销售过程中，由于市场竞争激烈，供需状况瞬息万变，各产品的销售比重也一定会发生变化。此时，综合保本销售额即保本点也会随之变化。因为各产品的边际贡献率不相同，当销售比重改变时，综合边际贡献率也会随之改变。变化的规律是：当边际贡献率比较高的产品销售比重上升时，综合边际贡献率也随之上升，则实际的保本点就会低于原预计的保本点；反之，当边际贡献率比较低的产品销售比重上升时，综合边际贡献率会随之下降，则实际的保本点就会高于原预计的保本点。这就是销售比重（结构）的变动对保本点的影响。

2) 顺序法

顺序法是指按照事先规定的品种顺序，依次用各种产品的边际贡献补偿全厂的固定成本，进而完成多品种条件下本量利分析的一种方法。

在顺序法下，可以采用列表法和图示法计算保本额和保利额。

3) 联合单位法

联合单位法是指在事先掌握多品种之间客观存在的相对稳定产销实物量比例的基础上，确定每一联合单位的单价和单位变动成本，进行多品种条件下本量利分析的一种方法。

4) 分算法

分算法是指在一定条件下，将全厂固定成本按一定标准在各种产品之间进行分配，然后再对每一个品种分别进行本量利分析的方法。

5) 主要品种法

主要品种法是指在特定条件下，通过在多种产品中确定的一种主要品种，完成多品种条件下本量利分析任务的一种方法。一般以边际贡献额为标志确定主要品种。

6) 综合保本图法

综合保本图法是通过各产品利润线画出总利润线，进而确定综合保本点的方法。以横轴表示组合销售收入，以纵轴表示利润，总利润线与横轴的交点即为综合保本点，总利润线与纵轴的交点为固定成本。

三、企业经营安全程度的评价

面对激烈的市场竞争,任何企业都十分重视自己生存的安全性,因此许多企业在计算保本点的基础上,还要考虑企业经营安全程度的指标。这些指标主要有安全边际、安全边际率和保本点作业率等。

1. 安全边际

安全边际是指企业实际或预计销售水平超过保本点销售水平的差额。它是衡量有关产品的经营活动处在何种安全程度或面临多大经营风险的重要指标之一。该指标可以用实物量表示即安全边际量;也可以用金额表示,即安全边际额。其计算公式如下:

$$安全边际量 = 实际或预计销售量 - 保本销售量$$
$$安全边际额 = 实际或预计销售额 - 保本销售额$$
$$= 安全边际量 \times 销售单价$$

安全边际可以表明从实际或预计销售量(额)到保本销售量(额)之间的差距,说明企业达不到预计销售目标而又不至于亏损的范围有多大,这个范围越大,企业亏损的可能性就越小,经营的安全程度就越高。同时,只有安全边际内的销售量(额)才能给企业提供利润,因为全部固定成本已被保本点所弥补,所以安全边际内的销售额减去其自身的变动成本后即为企业的利润。换句话说,安全边际范围内的边际贡献就是企业的盈利额。即:

$$营业利润 = 安全边际量 \times 单位边际贡献$$
$$= 安全边际额 \times 边际贡献率$$

【例7】 A公司只产销一种产品,该产品单位售价为15元,单位变动成本为7元,全年固定成本为104 000元,预计下年度销售量将达到20 000件。

要求:计算安全边际。

解:保本销售量 = 104 000 ÷ (15 - 7) = 13 000(件)

安全边际量 = 20 000 - 13 000 = 7 000(件)

安全边际额 = 15 × 7 000 = 105 000(元)

2. 安全边际率

安全边际是绝对量指标,其相对量指标是安全边际率。它是指安全边际量(额)与实际或预计销售量(额)的比率,即:

$$安全边际率 = \frac{现有(或预计可达到)的销售量 - 保本销售量}{现有或预计可达到的销售量}$$

$$= \frac{安全边际额}{现有(或预计)可达到的销售额} = \frac{x - x_0}{x} = \frac{px - px_0}{px}$$

安全边际与安全边际率都是评价企业经营安全程度的正指标,即指标数值越大,说明企业经营越安全。

3. 保本点作业率

企业经营的安全程度,不仅可以用安全边际、安全边际率等正指标来评价,也可以用逆指标——保本点作业率来反映。所谓保本点作业率,是指保本销售量(额)占正常销售量(额)的百分比。其指标数值越小,说明企业经营越安全;其指标数值越大,则说明越不安全、越危险,故保本点作业率又称"危险率"。其计算公式为:

$$保本点作业率 = \frac{保本销售量}{正常销售量} = \frac{保本销售额}{正常销售额} = \frac{x_0}{x} = \frac{px_0}{px}$$

由于一般情况下,企业的生产经营能力是按正常销售量(额)来规划的,所以保本点作业率还可以说明企业在保本状态下的生产经营能力的利用程度。

逆指标保本点作业率与正指标安全边际率具有互补关系:

$$保本点作业率 + 安全边际率 = \frac{x - x_0}{x} + \frac{x_0}{x} = 1$$

【例8】 A公司只产销一种K产品,该产品单位售价为15元,保本销售量为6 000台,保本销售额为90 000元,年产量为13 000台。

要求:计算该公司反映经营安全程度的有关指标,验证正、逆指标之间的关系,并评价该公司的经营安全性。

安全边际量 = 13 000 - 6 000 = 7 000(台)
安全边际额 = 15 × 7 000 = 105 000(元)
安全边际率 = 7 000 ÷ 13 000 × 100% = 53.8%
保本点作业率 = 6 000 ÷ 13 000 × 100% = 46.2%
安全边际率 + 保本点作业率 = 53.8% + 46.2% = 1

由于该公司的安全边际率达到53.8%,该公司目前的经营是很安全的。

第三节 目标利润分析

在市场经济中,企业经营的目标是盈利,在不断盈利中求生存、求发展。因此,很显然企业不会满足于利润为零的保本分析,而更注重在确保实现目标利润条件下的本量利分析。

一、目标利润分析的概念

所谓目标利润分析,也称保利分析,就是指将目标利润引进本量利分析的基本数学模式,在单价和成本水平既定的情况下,在确保企业目标利润实现的正常条件下,充分揭示成本、业务量、利润三者之间关系的本量利分析。

将目标利润引进本量利分析模式,在以目标管理为基本特征的现代企业管理中具有重要意义。通过保利分析,可以首先确定为实现目标利润而应达到的目标销售量和目标销售额,从而以销定产,确定目标生产量、目标生产成本及目标资金需要量等,为企业实现目标控制奠定了基础,从而为企业短期经营明确了方向。

二、保利点的确定

1. 保利点

所谓保利点，是指在单价和成本水平确定的情况下，为确保预先确定的目标利润（记作 TP）能够实现，而应达到的销售量和销售额的统称。为此，保利点也称实现目标利润的业务量，具体包括实现目标利润销售量（简称为保利量，记作 x'）和实现目标利润销售额（简称为保利额，记作 y'）两项指标。

根据本量利分析的基本公式，保利点的计算公式如下：

$$y' = 单价 \times 保利量 = \frac{目标利润 + 固定成本}{边际贡献率}$$

$$x' = \frac{目标利润 + 固定成本}{单位边际贡献}$$

【例9】 A 公司生产产品 L，单位售价 10 元，单位变动成本 6 元，年固定成本总额为 50 000 元，计划年度的目标利润为 30 000 元。

要求：计算计划年度的保利点。

解：保利量（x'）＝（50 000＋30 000）／（10－6）＝20 000（件）

　　保利额（y'）＝10×20 000＝200 000（元）

2. 保净利点

保净利点又称实现目标净利润的业务量。目标净利润也称税后目标利润（记作 TTP），是企业在一定时期缴纳所得税后实现的利润目标。它是利润规划中的一个重要指标，代表着所有者的权益，只有税后利润，才是企业可能实现支配的利润，可以用于分红、发放股利、增加盈余公积和形成企业留存收益。企业管理者应重视这一指标的计算和分析。

保净利点也包括实现目标净利润销售量（简称保净利量，记作 x''）和实现目标净利润销售额（简称保净利额，记作 y''）两种形式。在计算保净利点过程中，除了需要考虑目标净利润外，还必须考虑所得税因素（记作 tR）。则：

$$y'' = 单价 \times 保利量 = \frac{\dfrac{目标净利润}{1 - 所得税率} + 固定成本}{边际贡献率}$$

$$x'' = \frac{\dfrac{目标净利润}{1 - 所得税率} + 固定成本}{单位边际贡献}$$

【例10】 仍用例 9 所提供的资料，假定 20×1 年目标净利润为 30 000 元，所得税率为 25%，价格和成本水平保持不变。

要求：计算该年保净利点。

$$y'' = \frac{\dfrac{目标净利润}{1 - 所得税率} + 固定成本}{边际贡献率} = \frac{\dfrac{30\,000}{1 - 25\%} + 50\,000}{\dfrac{10 - 6}{6}} = 225\,000（元）$$

$$x'' = \frac{\dfrac{\text{目标净利润}}{1-\text{所得税率}} + \text{固定成本}}{\text{单位边际贡献}} = \frac{\dfrac{30\,000}{1-25\%} + 50\,000}{10-6} = 22\,500 \text{（件）}$$

第四节 因素变动对相关指标的影响

前面关于保本点、保利点的本量利分析，都是假定在相关范围内除业务量以外的销售单价、单位变动成本、固定成本、品种结构等诸因素保持不变的条件下讨论的，业务量的变动是影响销售收入和总成本的唯一因素。然而在实际的经营活动中，每个因素都会发生变动，那么，当各因素发生变动时，对保本点和保利点等本量利分析的相关指标会带来什么影响，把握其中的规律，对于指导实际的经营活动是非常有益的。

一、因素变动对保本点和保利点的影响

在现实的经营活动中，既有单项因素的变动，也有多项因素的变动；既有确定型的因素变动，也有风险型或不确定型的多因素变动。这些变动都会对保本点和保利点带来影响。

1. 单项因素变动

为了简化因素变动分析，在研究某一项因素变动所带来的影响时，假定其他因素不变。

1）销售单价变动

由于保本点和保利点的计算公式中的分母是单位边际贡献或边际贡献率（加权平均边际贡献率），因此在其他因素不变的情况下，当销售单价发生变动时，会引起单位边际贡献或边际贡献率的同方向变动，从而使保本点和保利点随之反方向变动。

由此可知，提高销售单价，会使单位边际贡献和边际贡献率上升，相应会降低保本点和保利点，增强企业的获利能力，促使企业经营状况向好的方向发展；反之，降低销售单价，会使保本点和保利点上升，从而削弱企业的盈利能力。如图3-2所示。

【例11】 仍用例9资料，计算该公司L产品的保本点。

保本销售量 = 50 000 ÷ （10 - 6） = 12 500（件）

保本销售额 = 12 500 × 10 = 125 000（元）

保利销售量 = （50 000 + 30 000） ÷ （10 - 6） = 20 000（件）

保利销售额 = 20 000 × 10 = 200 000（元）

若在其他因素不变的情况下，销售单价提高至11元，

保本销售量 = 50 000 ÷ （11 - 6） = 10 000（件）

保本销售额 = 10 000 × 11 = 110 000（元）

保利销售量 = （50 000 + 30 000） ÷ （11 - 6） = 16 000（件）

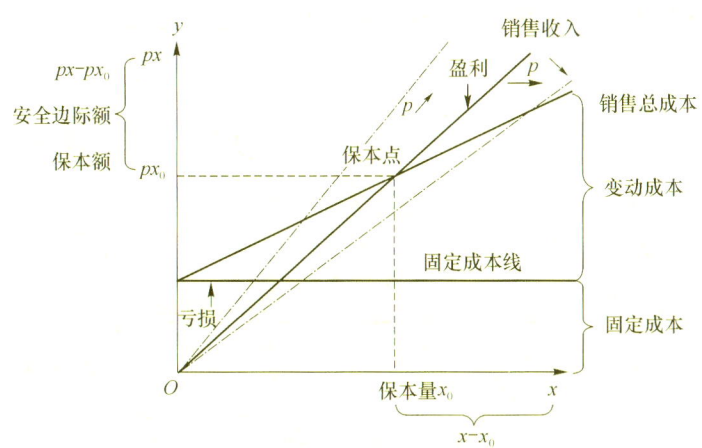

图 3-2 单价提高或降低时对保本点的影响

保利销售额 = 16 000 × 11 = 176 000（元）

即销售单价上升，保本点、保利点均随之下降。

2）单位变动成本变动

在其他因素不变的情况下，单位变动成本的变动会使单位边际贡献和边际贡献率向相反的方向变动，从而使保本点和保利点的变动趋势恰好同单位变动成本的变动方向一致，即单位变动成本下降，保本点和保利点也随之下降，从而提高企业的盈利能力；单位变动成本上升，保本点和保利点就会提高，使企业的盈利能力下降。这说明，单位变动成本的变动对保本点和保利点的影响与销售单价变动的影响正好相反。如图 3-3 所示。

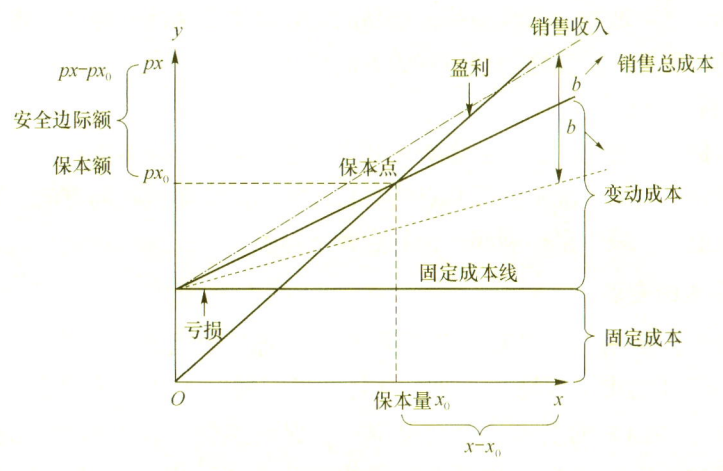

图 3-3 单位成本提高或降低时对保本点的影响

3）固定成本总额变动

由于固定成本总额是保本点和保利点计算公式中的分子或分子的组成部分，所以固定成本总额的变动将会使保本点和保利点随之发生同方向变动。即在其他因素不变的情况下，增加固定成本总额，就会使保本点和保利点上升，削弱企业的获利能力；而减少固定成本总额，保本点和保利点就下降，从而增强企业的盈利能力，如图3-4所示。

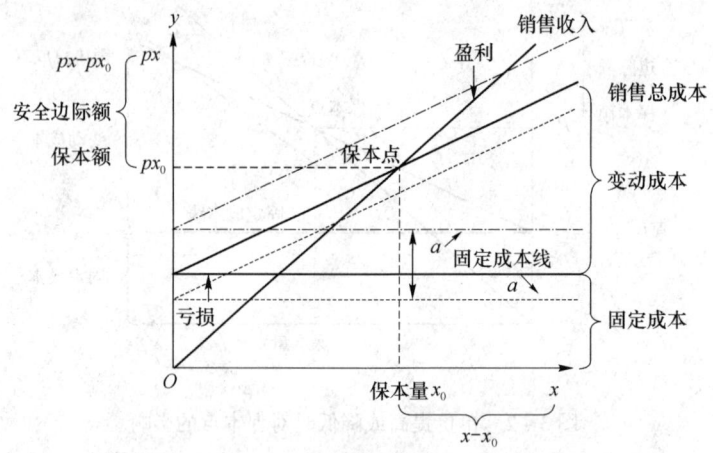

图3-4　固定成本提高或降低时对保本点的影响

4）销售量的变动

在其他因素不变的情况下，销售量的变动不会影响单一品种产品保本点和保利点的确定。企业生产多品种产品时，如果销售量的变动不改变各产品原有的销售比重，那么其变动也不会影响多品种产品保本点和保利点的确定。

5）品种结构的变动

由于加权平均边际贡献率是各产品边际贡献率与销售比重的乘积之和，因此反映品种结构的销售比重的变动将直接影响加权平均边际贡献率指标数值，从而影响多品种的综合保本销售额和综合保利销售额。在固定成本不变的情况下，如果品种结构的变动使加权平均边际贡献率增加，那么多品种产品的综合保本点和综合保利点将下降，从而提高企业整体的盈利能力；反之，向不利的方向变动。

6）目标利润的变动

显然，目标利润的变动，只会影响保利点，但不会改变保本点。

在其他因素不变的情况下，保利点将与目标利润的变动呈相同方向，即提高目标利润，保利点就上升；减少目标利润，保利点就下降。

2. 多项因素的变动

在现实的经济活动中，只有一项因素变动，而其他因素都不变，仅仅是一种假定。而对瞬息万变的市场环境，企业有时会不得不同时改变售价和成本水平。那么，售价和成本水平多因素的变动，会对保本点、保利点带来什么影响？这对于企业做出正确的经营决策非常重要。如果多因素的变动是有计划的、可预知的，则可通过保本点和保利点的基本计算公式进行推算。如果客观上某些不受企业控制的因素已经发生变动，那么企业可以根据上述各因素变动对保本点、保利点的不同影响，有目的地使另一些因素发生变动，以抵消因素变动对企业带来的不利影响，而促使其向有利于企业的方向变动。

【例12】 按例9资料，面对市场上的"价格大战"，该公司为了扩大市场占有份额，提高企业的竞争能力，采用"薄利多销"、降价减成本的经营策略，决定将L产品的销售单价降低10%，同时企业内部加强经营管理，计划缩减单位变动成本4%，压缩固定成本总额2%，同时力争目标利润上升5%，则该产品的保本点、保利点计算如下。

解：保本销售量 = 50 000 × （1 - 2%） ÷ [10 × （1 - 10%） - 6 × （1 - 4%）]
    = 15 124（件）

保本销售额 = 10 × （1 - 10%） × 15 124 = 136 116（元）

保利销售量 = $\dfrac{50\,000 \times (1-2\%) + 30\,000 \times (1+5\%)}{10 \times (1-10\%) - 6 \times (1-4\%)}$ = 24 846（件）

保利销售额 = 10 × （1 - 10%） × 24 846 = 223 614（元）

由此可知，利用保本点和保利点的基本公式，可以推算多因素同时变动后的新的保本点和保利点。

二、本量利关系中的敏感性分析

敏感性分析是一种应用广泛的分析方法，这一方法研究的是，当一个系统的周围条件发生变化时，导致这个系统的状态发生了怎样的变化，是敏感（变化大）还是不敏感（变化小）。

而在一个确定的模型有了最优解后，敏感性分析研究的是，该模型中的某个或某几个参数允许变化到怎样的数值（最大或最小），原最优解仍能保持不变；或者当某个参数的变化已经超出允许范围、原有的最优解不再"最优"时，怎样用简捷的方法重新求得最优解。

本量利关系中的敏感性分析主要是研究两方面的问题：一是有关因素发生多大变化时会使企业由盈利变为亏损；二是有关因素变化对利润变化的影响程度。

1. 因素变动对利润的影响

利润指标是综合反映企业经营成果和经营业绩的重要指标，为了对利润进行科学规划，制定最优利润目标，控制利润的变动，有必要深入研究利润指标同其构成因素：销售量、售价、单位变动成本、固定成本等之间的内在联系，了解各因素变动对利润指标的影响，以及对利润影响的敏感程度。

1）各因素变动影响利润变动的方向

首先必须了解每一因素单独变动时，使利润随之发生同方向变动还是反方向变动有利于控制利润变动的方向，使利润朝有利于企业发展的方向变动。

根据本量利分析的基本模式：利润 = 销售量 × （销售单价 - 单位变动成本） - 固定成本，可知销售量与销售单价的变动将使利润发生同方向变动，即销售量或销售单价的提高都会使利润上升，给企业带来有利的影响；反之，利润就会下降。而单位变动成本和固定成本总额的变动将使利润发生相反方向的变动。

2) 影响利润的各因素变化的临界值

利润大于零或利润小于零,即盈利或亏损,对企业来说是两种性质不同的经营成果。因此,分析因素发生何种程度的变动将使企业由盈利转为亏损,或由亏损转为盈利,也就是分析使企业经营成果发生质变的各因素变动的极限值,从而控制因素变动的范围、防止亏损出现,无疑是十分重要的。

(1) 销售量临界值(最小值),利润将随销售量的变动而同方向变动,扩大销售量,可以提高利润,利润越高越好,因此销售量的上限一般不予考虑。但是销售量的下降将使企业利润减少,可能会危及企业生存。所谓销售量临界值,是指在其他因素不变的情况下,使企业利润为零的销售量变动极限值,即保本点销售量,是销售量变动的下限。即:

$$销售量临界值 = \frac{固定成本}{单价 - 单位变动成本}$$

若实际销售量低于此最小极限值,企业就会发生亏损。

(2) 单价临界值(最小值),所谓单价临界值是指在其他因素不变的情况下,使企业利润为零时的单价的变动极限值,是销售单价变动的下限。即:

$$单价临界值 = \frac{固定成本}{销售量} + 单位变动成本$$

若企业不能控制价格的下降,使销售单价低于其最小临界值,则企业将发生亏损。

(3) 单位变动成本临界值(最大值),所谓单位变动成本临界值是指在其他因素不变的情况下,使企业利润为零时的单位变动成本的变动极限值,是单位变动成本的上限。即:

$$单位变动成本临界值 = 单价 - \frac{固定成本}{销售量}$$

(4) 固定成本临界值(最大值),所谓固定成本临界值是指在其他因素不变的情况下,使企业利润为零时的固定成本的变动极限值,是固定成本的上限。

$$固定成本临界值 = 销售量 \times (单价 - 单位变动成本)$$

【例13】 假定 A 企业只生产和销售一种产品,产品计划年度内预计售价为每件 20 元,单位变动成本为 16 元,固定成本总额为 24 000 元。预计销售量为 10 000 件,全年利润为 16 000 元,试求影响利润的各因素变化的临界值。

解:(1) 销售量的临界值(最小值)。

$$x = a/(p - b) = 24\,000 \div (20 - 16) = 6\,000 \text{(件)}$$

销售量的最小允许值为 6 000 件,这说明,销量只要达到预计销量的 60%,企业就可以保本。

(2) 销售单价的临界值(最小值)。

$$p = a/x + b = 24\,000 \div 10\,000 + 16 = 18.4 \text{(元)}$$

这说明,单价不能低于 18.4 元这个最小值,否则便会亏损,或者说,单价下降幅度不能低于 8%,否则企业就会亏损。

(3) 单位变动成本的临界值(最大值)。

$$b = p - a/x = 20 - 24\,000 \div 10\,000 = 17.6 \text{ (元)}$$

这就是说,单位变动成本达到17.6元时,也就是比16元高出10%时,企业的利润就为零。

(4) 固定成本的临界值(最大值)。

$$a = (p - b)x = (20 - 16) \times 10\,000 = 40\,000 \text{ (元)}$$

这就是说,固定成本的最大允许值为40 000元,如果超过这个值,企业就会发生亏损,此时的固定成本总额增长了66.67%。

2. 因素变动对利润变化的影响程度

销售量、单价、单位变动成本和固定成本的变化,都会对利润产生影响,但在影响程度上存在差别。有的因素虽然只有微小的变动,却导致利润发生了很大的变化,也就是说,利润对这些因素的变化敏感,这些因素被称为敏感因素;而有的因素却相反,这些因素被称为非敏感因素。

反映敏感程度的指标称为敏感系数,其计算公式为:

$$\text{敏感系数} = \frac{\text{目标值变动百分比}}{\text{因素值变动百分比}}$$

式中:敏感系数为正数,表明它与利润同方向增减;敏感系数为负数,表明它与利润反方向增减。在进行敏感分析时,敏感系数是正值或负值无关紧要,关键是数值的大小,越大则敏感程度越高。

各因素的敏感系数公式如下:

$$L_1 = \text{单价敏感系数} = \frac{\text{销售量} \times \text{单价}}{\text{利润}}$$

$$L_2 = \text{单位变动成本敏感系数} = \frac{\text{销售量} \times \text{单位变动成本}}{\text{利润}}$$

$$L_3 = \text{销售量敏感系数} = \frac{\text{销售量} \times (\text{单价} - \text{单位变动成本})}{\text{利润}}$$

$$L_4 = \text{固定成本敏感系数} = \frac{\text{固定成本}}{\text{利润}}$$

从上述公式中可以看出,由于各因素敏感系数的分母均为"利润",所以其相互间大小取决于各分子数值的大小。通过比较我们可以得到以下结论。

(1) 敏感系数的大小。由于销售量×单价>销售量×(单价-单位变动成本),所以单价的敏感系数肯定大于销售量敏感系数。

(2) 通常情况下,销售量×单价既大于固定成本,又大于销售量×单位变动成本,所以单价的敏感系数一般应该是最大的。也就是说,涨价是企业提高盈利最直接、最有效的手段,而价格下跌是企业最大的威胁。

【例14】 设A企业为生产和销售单一产品企业。计划年度内预计有关数据如下:销售量为5 000件,单价为50元,单位变动成本为20元,固定成本为60 000元。现假定销售量、单价、单位变动成本和固定成本均分别增长20%，则各因素的敏感系数分别计算如下：

销售量 $x=5\,000$ 件；$p=50$ 元；$b=20$ 元；$a=60\,000$ 元；

$P=x(p-b)-a=5\,000\times(50-20)-60\,000=90\,000$（元）

单价的敏感系数 $=5\,000\times50\div90\,000=2.78$

单位变动成本的敏感系数 $=5\,000\times20\div90\,000=1.11$

销售量的敏感系数 $=5\,000\times(50-20)\div90\,000=1.67$

固定成本的敏感系数 $=60\,000\div90\,000=0.67$

敏感性分析应注意的问题如下。

（1）敏感性分析中的临界值问题与敏感系数问题，实际上是一个问题的两个方面，某一项因素达到临界值前的允许或者说容忍的程度越高，则利润对这项因素就越不敏感；反之，容忍度越低，则表明利润对该因素越敏感。

（2）关于经营杠杆。经营杠杆（也称为营业杠杆）系指利润对销售量的敏感系数，即销售量的一个较小的变动可以导致利润的较大变动。（用经营杠杆预测利润）

【复习思考题】

1. 什么是边际贡献？
2. 什么是本量利分析？它具有哪些用途？其基本公式是什么？
3. 如何判定企业经营的安全性？
4. 试用敏感性分析原理确定因素变动对盈亏平衡点的影响。

【练习题】

1. 已知：某企业只生产 A 产品，单价 p 为 10 万元/件，单位变动成本 b 为 6 万元/件，固定成本 a 为 40 000 万元。2013 年生产经营能力为 12 500 件。

要求：（1）计算全部贡献边际指标、计算营业利润、计算变动成本率、验证贡献边际率与变动成本率的关系。

（2）按基本等式法计算该企业的保本点指标。

（3）计算该企业的安全边际指标、计算该企业的保本作业率。

（4）验证安全边际率与保本作业率的关系。

（5）评价该企业的经营安全程度。

2. 某企业生产和销售甲产品，其单位变动成本为 27 元，变动成本总额为 324 000 元，获得净利润 36 000 元，单位变动成本与销售价格之比为 60%。

要求：（1）确定该企业的盈亏临界点的销售量和销售额。

（2）确定该企业的安全边际量和安全边际额

3. 假设 A 公司的成本资料如下：

销售单价 40 元

单位变动成本 28 元

固定成本总额 1 584 000 元

要求：（1）计算盈亏临界点销售量（分别以实物量和金额表示）。

（2）该公司为达到税前目标利润 120 000 元，其销售量应为多少？

（3）该公司如达到税后目标利润 180 000 元（税率40%），其销售量应为多少？

（4）假设变动成本中有 50% 为人工成本，固定成本中有 20% 为人工成本，此时，人工成本已上升 10%，求盈亏临界点销售量（以实物量表示）。

4. 某企业计划年度生产 A、B、C、D 四种产品，固定成本总额为 40 000 元，各种产品有关数据如下表所示：

项目	A 产品	B 产品	C 产品	D 产品
产品销售数量	32	80	32	40
产品销售价格/元	900	2 000	1 000	3 000
单位变动成本/元	720	1 800	600	2 100
单位贡献毛益/元	180	200	400	900
贡献毛益率/%	20	10	40	30
产品销售收入/元	28 800	160 000	32 000	120 000

要求：（1）确定各种产品的销售比重。

（2）确定企业综合加权边际贡献率。

（3）确定企业综合盈亏临界点销售额。

5. 资料：某企业产销一种产品，有关资料如下：

实际产销量 10 000 件

最大生产能力 11 000 件

售价 20 元

单位变动成本 12 元

固定成本总额 60 000 元

目标利润 40 000 元

要求：要实现目标利润，如果其他因素不变：

（1）销售量应增加多少？

（2）固定成本应降低多少？

6. 设 A 公司计划年度产销甲产品 40 000 件，若该产品的变动成本率为 80%，全年固定成本总额为 60 000 元，销售单价为 20 元。

要求：（1）预测该公司甲产品的保本额与安全边际额。

（2）预测该公司计划年度的税前利润。

【案例】

卡莱是一家小型工程公司，其下属的一个部门专门替另一家企业生产一种特别的零

管理会计

部件。此零部件现时的每年需求量为 10 000 件,每件为 72 元。零部件的年度预算成本列示如下:

原材料	240 000 元
人工成本	120 000 元
机器租赁费用	100 000 元
其他固定成本	180 000 元
成本总额	640 000 元

人工工资为雇用两名机器操作员的固定成本。不论零部件的生产数量是多少,此两名工人的工资仍按月固定计算。最近,卡莱正在考虑租用另外一台机器的可能性,如果租用新的机器,则可使用较便宜的原材料,每件成本只有 12 元。新机器的每年租赁费用为 220 000 元。此外,不论使用现有的机器还是建议的新机器,在上述的产品需求量范围内人工成本维持不变。

要求:

1. 假设公司使用现有的机器和按照现时的需求量,计算其保本点和安全边际。请以生产件数作答。

2. 试评论租赁新机器的建议,并以数据来支持你的观点。

3. 卡莱获悉在短期内该零部件的每年需求量可能增加至 14 000 件。如果生产量超过 12 000 件,公司便需要再额外雇用一名固定员工,其每年的成本为 60 000 元。试评述使用现有的机器和建议的新机器来生产 14 000 件零部件的财务结果。[1]

---

[1] 谢琨. 管理会计 [M]. 北京:北京交通大学出版社,2008:75-76.

第四章

变动成本法

【学习目标】

了解变动成本法的含义及理论依据。
掌握变动成本法与传统的完全成本法的区别。
理解变动成本法的优缺点。

【引导案例】

张星是某公司家居部门的经理，该部门负责生产和销售室内家居用品，包括高档沙发、木质床、写字台和书柜等产品。其中高档沙发是部门的主要获利产品，沙发销售的利润占到部门利润的90%以上。近年来，高档沙发市场竞争十分激烈，新厂商不断进入，产品也不断更新。张星作为部门经理面对激烈的竞争感到极大的压力。

面对激烈的竞争，公司去年对各部门经理的业绩考核方法进行了改革。由原来按照销售额考核调整为按各部门的营业利润进行考核。如果部门的营业利润上升10%，则该部门经理就可以获得年度业绩奖金。上升越多，奖励也就越高。如果没有达到10%，则只给予基本奖金。如果下降，则不给任何奖金。

针对这项考核方案，张星对产品的销售不敢有任何懈怠，一方面，加大促销力度，增加销售渠道，通过了解客户需求的变化灵活调整生产，取得了非常好的效果，当年销售增加了20%。库存量从年初的10 000件下降到2 000件；另一方面，张星通过对产品成本的积极控制，使得在产品不断变化的同时，单位产品的用料和人工成本及固定成本总额（主要是折旧成本和生产设备的维护成本）基本保持不变。面对这样喜人的业绩，张星自信能够获得该年度的业绩奖金。但是，当会计人员将当年的利润表呈现给张星时，他几乎不敢相信自己的眼睛，当年利润出现了大幅度的下滑。作为一名管理会计人员，你认为引起这种现象的可能原因是什么呢？以这种利润作为业绩考核的指标是否合适呢？[①]

[①] 吕长江. 管理会计学 [M]. 上海：复旦大学出版社，2006：64.

第一节　变动成本法概述

一、变动成本法的含义

财务会计中计算产品成本的主要方法是完全成本法,它是在计算产品成本时,将产品的全部生产成本,即直接材料、直接人工和制造费用都包括在内的一种成本计算方法。为了适应企业生产经营决策的需要,管理会计采用变动成本法计算产品成本。即在进行产品成本计算时,以成本性态分析为基础,其成本只包括产品生产过程中直接消耗的直接材料、直接人工和变动制造费用,固定制造费用作为期间成本在发生的当期全额从当期收入中扣除的一种产品成本计算方法。这种方法在 20 世纪 30 年代起源于美国,最早是由美国会计学家哈里斯于 1936 年提出的,它是与财务会计中的完全成本法相对应的一个新概念。

二、变动成本法和完全成本法的理论依据

1. 变动成本法

变动成本法在计算产品成本时仅将变动成本包括进去,而将固定成本作为期间成本处理,主要基于以下理由。

（1）变动生产成本是构成产品成本的直接基础。在管理会计中,产品成本是指那些随产品实体的流动而流动,只有当产品实现销售时才能与相关收入实现配比,得以补偿的成本。在产品生产过程中消耗的直接材料、直接人工和变动制造费用三方面的开支具有两个特点:一是它们构成产品的实体,在产品中是不可避免的支出;二是它们在产品完工后不会再度出现或发生,所以它们是真正用于生产产品的成本。而固定制造费用虽然是生产产品的有关开支,但它不构成产品的实体,显然,只有变动生产成本才是构成产品成本的直接基础。

（2）固定制造费用应当作为期间成本处理,从收入中扣减。管理会计中,期间成本是指那些不随产品实体的流动而流动,而是随企业生产经营持续期间长短而增减,其效益随期间的推移而消逝,不能递延到下期,只能于发生的当期计入损益表,由当期收入补偿的成本。固定制造费用主要是为企业提供一定的生产经营条件而发生的。这些条件一旦形成,不管其实际利用程度如何,有关费用照样发生,同产品的实际生产量没有直接联系,只是与会计期间相联系。其效益不应当递延到下一个会计期间,而应当在费用发生的当期,全额从销售收入中扣减,因此,期末企业的产成品存货计价中不应含有固定制造费用。固定制造费用应当与非生产成本同样作为期间成本处理。

2. 完全成本法

完全成本法是传统的成本归集方法,是在组织常规的产品成本计算中,把一定期间所发生的直接材料、直接人工、变动制造费用和固定制造费用的全部成本,都计入成本而将非生产成本作为期间费用的一种成本计算方法。

完全成本法是从成本补偿的角度出发的，无论是变动成本还是固定成本，都是生产过程中必须支出的费用，变动成本支出反映了产品本身的直接消耗，固定制造费用是形成一定生产能力所发生的支出，任何产品生产总是要消耗一定的生产经营能力的。因此，必须把固定制造费用计入产品成本，构成产品成本的一个重要组成部分，并用当期产品收入来补偿。

第二节　变动成本法与完全成本法的区别

为了深刻认识变动成本法的特点，应将其与传统的完全成本法加以比较，以提示两者间的区别。变动成本法与完全成本法的主要区别概括为以下几个方面。

一、应用的前提条件不同

应用变动成本法要进行成本性态分析。应把全部成本分为变动成本和固定成本两大部分。对于生产成本要按与生产量的关系划分为变动生产成本和固定生产成本（即固定制造费用）；对于管理及销售费用（即非生产成本）要按与销售量的关系划分为变动管理及销售费用和固定管理及销售费用。

应用完全成本法要把全部成本按其发生的领域或经济用途分为生产成本和非生产成本。其中发生在生产领域中为生产产品发生的成本就归属于生产成本，发生在流通领域和服务领域的成本则归属于非生产成本。

二、产品成本和期间成本的构成内容不同

在变动成本法下，将全部成本按其与业务量的关系划分为变动成本和固定成本两类。在这种成本法下，产品成本只包括产品生产过程中直接发生的各种耗费，如直接材料、直接人工、变动性制造费用。为开展生产经营活动、维护正常生产经营能力而发生的有关耗费，如厂房的折旧费、维护费、保险费等固定成本和非生产成本则全部作为期间成本处理，并认为这类费用只能在某一特定会计期间内发挥作用，其效益不会随时间推移而延到相邻的下一会计期间。

在完全成本法下，产品成本包括全部生产成本，只有非生产成本如管理费用和销售费用、财务费用作为期间成本，全部计入当期损益而列入损益表的减项，可通过表4-1来反映。

表4-1　两种计算方法的前提条件和成本内容方面的区别

项　　目	变动成本法	完全成本法
应用的前提条件	以成本性态分析为基础	以成本按用途分类为基础
成本划分的类别	变动成本、固定成本	生产成本、非生产成本
产品生产成本的构成	直接材料、直接人工、变动制造费用	基本生产成本、辅助生产成本、制造费用

续表

项　　目	变动成本法	完全成本法
期间成本的构成	变动非生产成本 　变动销售费用 　变动管理费用 固定成本 　固定制造费用 　固定销售费用 　固定管理费用 　财务费用	销售费用 管理费用 财务费用

【例1】　某纺织厂生产围巾所需的直接材料为18元/条，直接人工为4元/条，固定制造费用每月12 000元，变动制造费用1元/条，固定销售费用每月5 000元，变动销售费用2元/条，固定管理费用每月4 000元，变动管理费用1元/条，围巾售价40元/条，假设20×1年10月份生产2 000条围巾。

要求：分别用变动成本法和完全成本法计算该厂10月份的产品单位成本。

解：依据资料分别按变动成本法和完全成本法计算的产品单位成本，如表4-2所示。

表4-2　产品单位成本计算表　　　　　　　　　　　　　单位：元

成本项目	完全成本法	变动成本法
直接材料	18	18
直接人工	4	4
变动制造费用	1	1
固定制造费用	6（12 000÷2 000）	
单位产品成本	29	23

三、对存货成本的估价水平不同

完全成本法和变动成本法的成本构成内容不同，因此，产品成本不同，期末存货的成本也不同。在完全成本法下，各会计期间所发生的固定制造费用被按一定方法计入生产成本。这样，已销产品、库存产品、在产品中均包含了固定制造费用，也就是说，各会计期末的产成品和已销产品都是按全部生产成本（即全部制造成本）计价，既包括变动成本，又包括一部分固定制造费用。在变动成本法下，产品成本只包括变动生产成本，无论是在产品、库存产成品还是已销产品，其成本均只包含变动生产成本。这样，期末存货是按变动成本计价的，并不包括固定制造费用。

【例2】　仍以上例资料为例。假设10月份生产2 000条围巾，销售1 500条，分别按变动成本法和完全成本法计算确定期末存货成本。

在完全成本法下，500条围巾的存货反映在资产负债表上为14 500元（500×29），而变动成本法下为11 500元（500×23）。两者之间的差异3 000元，就是完全成本法下存货中包含的部分固定制造费用 3 000 元（500×6），这部分固定制造费用将会随着存货流转到下一个期间。

由此可见，变动成本法和完全成本法对存货的估价不同，且完全成本法的存货计价必然高于变动成本法的存货计价。

四、损益确定的程序和分期损益不同

变动成本法和完全成本法相比，在很多方面存在着明显的差别。变动成本法下的产品成本中只包括变动生产成本，而把固定生产成本（即固定制造费用）当作期间成本，直接在发生的当期全额列入损益表，从当期销售收入中扣减，期末资产负债表中的在产品、产成品均按变动生产成本计价。其中核心问题是计算一定期间的边际贡献；而完全成本法则把变动生产成本和固定生产成本（两者统称为生产成本或制造成本）都计入产品成本，并使本期已销的产品和期末的在产品、产成品具有相同的成本构成，其中核心的问题是计算一定期间的净利润。主要表现在当产销不平衡时，以这两种成本计算方法为基础税前净利的计算程序不同，确定的分期损益不同。损益不同表现出三种关系：一是当产量与销量相等时，两种计算方法所得净利润也相等；二是当生产量大于销售量时，以完全成本计算为基础所确定的净利润大于以变动成本计算为基础所确定的净利润；三是当生产量小于销售量时，以完全成本计算为基础所确定的净利润小于以变动成本计算为基础所确定的净利润。这是变动成本法和完全成本法最大的区别，并且影响企业财务状况和经营成果这两个最敏感的问题，即产品的存货的估价和损益的确定。

1. 变动成本法下计算营业利润

变动成本法下计算营业利润按以下两步计算。

第一步，计算边际贡献总额：

$$边际贡献总额 = 销售收入 - 变动成本总额$$

$$变动成本总额 = 变动生产成本 + 变动非生产成本$$

$$变动生产成本 = 按变动成本法计算的本期销货成本$$

$$= 期初存货成本 + 本期变动生产成本 - 期末存货成本$$

假定前后各期单位产品的变动成本不变，则：

$$变动生产成本 = 单位变动生产成本 \times 销售量$$

$$变动非生产成本 = 单位变动非生产成本 \times 销售量$$

第二步，确定营业利润：

$$营业利润 = 边际贡献总额 - 固定成本总额$$

$$固定成本总额 = 固定生产成本 + 固定销售费用 + 固定管理费用 + 固定财务费用$$

2. 完全成本法下营业利润的计算

在完全成本法下，存货计价采用先进先出法情况下营业利润按下列步骤计算。

第一步，计算销售毛利额：

$$销售毛利额 = 销售收入 - 已销产品的销售成本$$

$$已销产品的销售成本 = 按完全成本法计算的本期销售成本$$

$$= 期初存货成本 + 本期生产成本 - 期末存货成本$$

第二步，确定营业利润：

营业利润 = 销售毛利额 – 期间成本总额

期间成本总额 = 非生产成本 = 销售费用 + 管理费用 + 财务费用

3. 损益表的编制

在变动成本法下，要按照上述两式两步编制"贡献式"的损益表，而在完全成本法下，按上述两式两步编制"职能式"损益表。

【例3】 同例1，某纺织厂生产围巾所需的直接材料为18元/条，直接人工为4元/条，固定制造费用每月12 000元，变动制造费用1元/条，固定销售费用每月5 000元，变动销售费用2元/条，固定管理费用每月4 000元，变动管理费用1元/条，围巾售价40元/条，假设20×1年第四季度的有关业务量资料如表4-3所示，假定该季度全部为完工产品。

表4-3　20×1年第四季度产销情况表

单位：条

项目	10月份	11月份	12月份
期初存货	0	0	900
本期产量	2 000	3 000	1 600
本期销量	2 000	2 100	2 400
期末存货	0	900	100

首先，按表4-3资料分别计算完全成本法下每个月的单位产品成本，如表4-4所示。

表4-4　完全成本法下每个月的单位产品成本

单位：元

项目	10月份	11月份	12月份
直接材料	18	18	18
直接人工	4	4	4
变动制造费用	1	1	1
固定制造费用	6（12 000÷2 000）	4（12 000÷3 000）	7.5（12 000÷1 600）
单位产品成本	29	27	30.5

其次，计算变动成本法下每个月的单位产品成本。

变动成本法下每个月的单位产品成本 = 单位直接材料 + 单位直接人工 + 单位变动制造费用 = 18 + 4 + 1 = 23（元）

最后，分别按完全成本法和变动成本法编制损益表，如表4-5和表4-6所示。

我们首先观察完全成本法下的损益表。在第四季度产品销售量连续增长，在其他各种因素不变的情况下，直觉上会认为销量的不断增长应该带来利润的增长，可是从损益表上看，虽然12月份销量比11月份有了14%的增长，可是利润却下降了约19%。是我们的直觉出错了吗？

第四章 变动成本法

表4-5 第四季度完全成本法编制的损益表

单位：元

项目	10月份	11月份	12月份
销售收入	80 000	84 000	96 000
减：销售成本			
期初存货	0	0	24 300
本期产品生产成本	58 000	81 000	48 800
可供销售产品成本	58 000	81 000	73 100
期末存货	0	24 300	3 050
销售成本合计	58 000	56 700	70 050
销售毛利	22 000	27 300	25 950
减：销售费用	9 000	9 200	9 800
管理费用	6 000	6 100	6 400
营业利润	7 000	12 000	9 750

表4-6 第四季度变动成本法编制的损益表

单位：元

项目	10月份	11月份	12月份
销售收入（@40）	80 000	84 000	96 000
减：变动制造成本			
直接材料（@18）	36 000	37 800	43 200
直接人工（@4）	8 000	8 400	9 600
变动制造费用（@1）	2 000	2 100	2 400
变动制造成本合计	46 000	48 300	55 200
边际贡献（生产环节）	34 000	35 700	40 800
减：变动销售费用（@2）	4 000	4 200	4 800
变动管理费用（@1）	2 000	2 100	2 400
边际贡献	28 000	29 400	33 600
减：固定成本			
固定制造费用	12 000	12 000	12 000
固定销售费用	5 000	5 000	5 000
固定管理费用	4 000	4 000	4 000
营业利润	7 000	8 400	12 600

让我们一起分析销量增长而利润下降的原因。观察产销量统计表，除了销售量之外，11月份数据与12月份数据存在明显差异的地方是生产量，11月份产量3 000条，远大于当月销售量2 100条，这样期末就有存货900条，在完全成本法下，期末存货吸收了11月份的固定制造费用3 600元（900×4），这些固定制造费用随着存货的流转也积累至12月份。12月份由于削减生产量，因此产量仅为1 600条，远小于销售量2 400条。因此，销售出去的产品中必然有一部分是11月份的期末存货。由于存货采取先进

先出法，因此 11 月份的期末存货吸收的固定制造费用 3 600 元就在 12 月份得到了释放。这样 12 月份的销货成本中就含有了一部分从 11 月份流转下来的固定制造费用，由此减少了营业利润。由此可见，完全成本法下，利润的确定不仅与销售量有关，而且还与生产量有关。

这是完全成本法的一个重大缺陷，即利润不完全与销量有关，还受到产量的影响。变动成本法可以弥补完全成本法这方面的缺陷。观察变动成本法下的利润数据，可以发现随着销售量的不断增长，营业利润也稳步增长，而且利润的变化也完全反映了销量的变化。

第三节　对变动成本法的评价

一、变动成本法的优缺点

1. 变动成本法的优点

变动成本法实际上是针对传统的完全成本法所进行的一种改革。它的基本特点是，对单位产品成本和存货成本的确定，只考虑变动成本而不考虑固定成本。在适应企业内部管理方面，它有着完全成本法不可比拟的优势，是管理会计的一个创新。它的优点是由其自身的特点和与传统的完全成本法相比较而体现出来的。

1）简化部分成本核算步骤

由于变动成本法中的产品成本不包括固定制造费用，而将其直接列为期间损益，因此，成本会计人员可以省略将固定制造费用在不同产品中分摊的步骤，也避免了产品的间接费用分摊不准确所引起的产品成本信息扭曲问题。

2）提供有用的管理信息

采用变动成本法能提供单位变动成本、固定成本总额、边际贡献等信息，这些信息能使企业深入地进行本量利分析和产品的盈利能力分析，帮助管理者预测前景、规划未来，便于分清各部门的经济责任。这是因为产品的变动生产成本最能显示出各部门的工作业绩。例如，直接材料、直接人工或变动制造费用节约或超支，就会立即通过产品的变动成本反映出来。至于固定成本的大小，可以是管理部门通过制定费用预算的办法进行控制，因而可以作为期间成本，从当期边际贡献中扣除。这样，可以通过期间成本的大小和利润总额来考核固定资产投资的经济效果。因此变动成本法较客观地反映了企业在经营过程中，成本、销售量和利润三者之间的实际联系。它提供了各种产品盈利能力的重要资料，能直接帮助企业内部管理部门进行预测、决策和控制，从而强化了企业的内部管理工作，改善经营管理，提高企业经济效益。

3）重视销售，防止盲目生产

采用完全成本计算法，很容易出现三种反常情况。特别是在销量下降、利润反而有所增长的情况下，更容易助长只重视生产、忽视销售这种不良倾向。反之按变动成本计算法，利润与销售成正比，这样就促使管理当局必须扩展销路，才能增加利润。

2. 变动成本法的缺点

1）成本计算不精确

采用变动成本法的前提是按成本性态分析将成本划分为变动成本和固定成本，但由于企业大部分成本费用都是混合成本，这样就必须按一定的分解方法分解混合成本。对混合成本进行分解是一种粗略的计算，据此所计算的产品成本自然是不完全准确的。而且，尽管变动成本法减轻了成本分解的工作量，但同时也加重了混合成本分解的工作量和主观性。

2）不符合传统成本概念要求

按照传统的成本概念，产品成本不仅包括变动生产成本，也应包括固定生产成本，因为它们都是生产产品所必须发生的。它们都必须从销售收入中得到补偿，这种观点长期以来被广泛认可，并被吸收入会计准则中，作为对外报告的标准。而变动成本法计算的产品成本仅含变动生产成本，显然按变动成本法不符合传统成本概念的要求，故变动成本法目前还不能用于对外编制财务报表。

3）不适应长期决策需要

变动成本法计算的单位变动生产成本和固定生产成本总额仅在短期和相关业务量范围内保持稳定。而企业长期生产必然发生变化，变动成本不可能始终同产量保持正比例关系，单位产品变动成本也不可能保持在某一特定的常数水平上，固定成本等资料只能在现有生产经营能力没有改变，现有经济资源没有扩充或缩减的条件下，用来对利润、销售、成本、资金等进行短期性预测，对产品生产和定价等进行短期性决策，而不能用变动成本法所提供的资料开展长期性预测和分析。因此不适应长期决策的需要。

企业成本核算如何既满足内部管理需要，又兼顾对外报告的要求呢？答案是既要通过各种各样的方法和手段，为企业内部的经营管理提供决策、规划、控制等方面的有用信息，又要通过定期提供财务报表，为企业有关各方面提供信息。对此，要两种方法结合运用，平时采用变动成本法组织日常核算，期末在变动成本法计算成本的基础上，把固定制造费用经过调整，计入期末存货成本和销售成本内，使变动成本转化为完全成本，据以编制对外的财务报表。

二、新制造环境下对成本计算的思考

1. 成本构成发生重大变化，变动成本计算法的缺陷越发突出

新制造环境下，产品成本中变动成本的比重越来越小，原因如下。第一，建立在高度自动化基础上的现代化生产，是一种高度技术密集型的生产。生产技术密集的程度越高，从成本构成上看，制造费用所占的比重越大，这是一种必然的发展趋势。第二，一个实现自动化的"制造单元"必须由多技能的工人来进行操作。在此条件下，直接人工与间接人工的界限趋于消失，从而使人工成本也大部分转化为固定成本。由此，新制造环境下，变动成本计算的产品成本构成将仅剩直接材料一项，而且该项成本在产品成本中所占的比重将越来越小。在这种情况下，把固定制造费用作为期间费用归集处理，并不能为日益增长的固定费用提供良策，从而，变动成本计算将由于不能反映产品生产耗费的基本面貌而失去其存在的实际意义。

2. 新制造环境下，完全成本计算法的缺陷将被克服

完全成本计算法的缺陷主要表现在两个方面：一是确定的分期损益难以适应企业内部管理的需要；二是固定成本分配具有主观随意性。

新制造环境下，完全成本计算法的缺陷将被克服，首先，完全成本计算难以适应企业内部管理需要的主要原因在于：期初、期末产成品存货成本结转的影响导致利润的实现与产品销售的实现在一定程度上相互脱节。而"适时生产系统"的采用，可使产成品实现"零存货"，也就自然消除了利润的实现与产品销售的实现之间的不相关性。其次，作业成本计算法的使用将克服固定成本分配的主观随意性。作业成本计算法通过分别设置多样化的成本库并按多样化的成本动因进行制造费用分配，使成本计算过程中制造费用按产品对象化的过程大大明细化，从而可以提高成本的可归属性，降低按照人为的标准间接分配的主观随意性，提高成本的客观性。

3. 作业成本法可以提高管理当局决策的科学性

在成本会计发展史上，先有完全成本法，后才有变动成本法。用变动成本法取代完全成本法曾经是成本会计的进步。在变动成本法下，成本性态、变动成本、半变动成本和固定成本等概念的出现，丰富了成本管理会计的内容。但是，在新制造环境下，人们对成本管理会计进行分析之后，却又对完全成本法产生了兴趣，并有用完全成本法取代变动成本法的想法。可以说这是成本计算方法的第二次否定——否定之否定，它为作业成本计算的产生提供了现实的土壤。

在传统的以交易或数量为基础的成本系统下，短期变动成本在短期内随产品产量的变动而变动。管理人员以产品数量为基础划分固定成本和变动成本。这就使得管理当局难以确认该项成本到底是如何变动的，从而其决策就无法考虑它所定义的固定成本，难以达到决策的科学化。作业成本法则不同，它试图用成本动因来解释成本性态。根据成本和成本动因的关系，将成本分为：短期变动成本、长期变动成本和固定成本三类，并且，分别以数量基础如直接人工小时、机器小时、原材料耗用量等和作业基础如检验小时、订购次数、整备次数等来归属短期变动成本和长期变动成本。这样在作业成本计算法下，管理当局的决策就应考虑短期变动成本和长期变动成本的数量，从而提高决策的科学性。

由此可见，用完全成本法取代变动成本法的客观需要成为作业成本法产生的现实基础。关于作业成本法将在本书第六章详细阐述。

【复习思考题】

1. 什么是变动成本法？它的理论依据是什么？
2. 试举例说明变动成本法和完全成本法在计算营业利润方面的差异。
3. 采用完全成本法有哪些优缺点？
4. 同完全成本法相比，采用变动成本法有哪些优势，又有哪些局限性？

【练习题】

1. 某企业 20×3 年的有关资料如下：

生产量 24 000 件

销售量 20 000 件

单位售价 9 元

直接材料 48 000 元

直接人工 19 200 元

变动制造费用 4 800 元

固定制造费用 12 000 元

推销及管理费用：变动费用 8 000 元，固定费用 4 000 元

现假定该企业无期初存货。

要求：分别按完全成本法和变动成本法计算税前利润。

2. 某公司生产销售甲产品，10 月份的产量为 150 000 件，销售比率为 82%，销售价格为 6 元，单位变动生产成本为 3.5 元，变动性销售及管理费用为销售收入的 5%，当月固定生产成本总额为 160 000 元，固定性销售及管理费用为 63 100 元。期初无存货。

要求：（1）分别按变动成本法和完全成本法确定该企业 10 月份的税前利润。

（2）说明按两种不同方法计算的税前利润差异的原因。

3. 某商品经销商店，20×2 年 6 月份的各项资料如下：

（1）当月仅销售 A 商品 1 680 台，平均进货成本 344 元/台，售价为 500 元/台。已售商品全部为当月进货，月末库存为零。

（2）管理费用：职工工资每月 8 800 元；办公设备折旧费每月 240 元，办公费每月 240 元。

（3）推销费用：每台运费 16 元；每台保险费 8 元；推销佣金为售价的 5%；每月支付广告费 300 元，水电费 180 元，推销设备折旧费 480 元。

要求：分别采用完全成本法和变动成本法计算该商店 20×2 年 6 月份的税前净利。

4. 某公司今年只产销 A 产品，产销平衡，期初、期末无存货。该公司本年度按完全成本法编制的收益表中的有关数据如下：

销售收入 168 000 元　销售成本 80 000 元

销售费用 40 000 元　　管理费用 32 000 元

该公司销售成本中变动成本占 60%；销售费用中变动成本占 80%；管理费用中变动成本占 40%。

要求：根据上述资料按变动成本法为该公司编制收益表。

【案例】

华达工艺制品有限公司宣布业绩考核报告后，二车间负责人李杰情绪低落。原来他任职以来积极开展降低成本活动，严格监控成本支出，考核时却没有完成责任任务，严重挫伤了工作积极性。财务负责人了解情况后，召集了有关成本核算人员，寻求原因，将采取进一步行动。

华达公司自 1997 年成立并从事工艺品加工销售以来，一直以"重质量、守信用"

管理会计

在同行中经营效果及管理较好。近期，公司决定实行全员责任制，寻求更佳的效益。企业根据3年来实际成本资料，制定了较详尽的费用控制方法。

材料消耗实行定额管理，产品耗用优质木材，单件定额6元，人工工资实行计件工资，计件单价3元，在制作过程中需用专用刻刀，每件工艺品限领1把，单价1.30元，劳保手套每生产10件工艺品领用1副，单价1元。当月固定资产折旧费8 200元，摊销办公费800元，保险费500，租赁仓库费500元，当期计划产量5 000件。

车间实际组织生产时，根据当月订单组织生产2 500件，车间负责人李杰充分调动生产人员的工作积极性，改善加工工艺，严把质量关，杜绝了废品，最终使材料消耗定额每件降到4.5元，领用专用工具刻刀2 400把，价值3 120元。但是，在业绩考核中，却没有完成任务，出现了令人困惑的结果。

要求：运用管理会计的相关内容分析出现这一考核结果的原因。[①]

[①] 吴大军. 管理会计习题与案例 [M]. 大连：东北财经大学出版社，2010：50-51.

第五章

标准成本控制

【学习目标】

了解标准成本的概念、种类及特点。

理解标准成本的制定。

掌握标准成本差异的计算分析及处理。

【引导案例】

宏运公司主要生产经营各种办公家具，公司成立以来销量持续增长，因此并不注重成本控制，但近年来随着市场竞争的加剧，价格不断下降，业绩下滑。通过内部讨论及咨询发现公司虽已建立预算制度，但成本预算基本是根据以往历史成本再考虑通货膨胀物价上涨因素而制定，并没有制定标准成本。公司意识到了问题的严重性，召集各部门主管商讨对策。经过研究，一致认为公司应削减成本，改善质量，扩大销售。对此，财务主管分析认为，为了控制产品成本，企业应适时采取标准成本法。公司产品成本构成以原材料和人工成本为主，占整个产品成本的50%以上，通过制定成本标准，将实际成本与标准成本对比，分析成本差异，寻找差异产生的原因，进行改进，从而达到控制成本，提高企业经济效益的目的，通过一系列标准成本的制定，宏运公司努力寻求各种降低产品成本的渠道，产品成本降低了，利润增加了，标准成本制度的成功实施使宏运公司得以生存和发展。

第一节 标准成本概述

标准成本控制，就是通过比较实际成本和预先制订的标准成本，揭露实际成本脱离标准成本的差异，分析并追踪产生差异的原因和责任，据以采取有效措施，实现标准成本。

标准成本控制是由标准成本的制订、差异的计算和分析以及差异的账务处理三个部分组成。其显著特点是融成本计划、成本核算、成本控制和成本分析于一体，并突出了成本控制在标准成本控制中的核心地位。

一、标准成本的概念

标准成本是通过精确的调查、分析与技术测定而制定的，用来评价实际成本、衡量工作效率的一种预计成本。在标准成本中，基本上排除了不应该发生的"浪费"，因此被认为是一种"应该成本"。标准成本和估计成本同属于预计成本，但后者不具有衡量工作效率的尺度性，主要体现可能性，供确定产品销售价格使用。标准成本要体现企业的目标和要求，主要用于衡量产品制造过程的工作效率和控制成本，也可用于存货和销货成本计价。

"标准成本"一词在实际工作中有两种含义。

一种是指单位产品的标准成本，它是根据单位产品的标准消耗量和标准单价计算出来的，准确地说来应称为"成本标准"。

$$成本标准 = 单位产品标准成本 = 单位产品标准消耗量 \times 标准单价$$

另一种指实际产量的标准成本，是根据实际产品产量和单位产品成本标准计算出来的。

$$标准成本 = 实际产量 \times 单位产品标准成本$$

二、标准成本的种类

西方会计学界对应制定怎样的标准成本这一问题，众说纷纭。标准成本一般有以下几种：理想标准成本、正常标准成本和现实标准成本三种。

1. 理想标准成本

理想标准成本是以现有生产经营条件处于最优状态为基础确定的最低水平的成本。它通常是根据理论上的生产要素耗用量、最理想的生产要素价格和可能实现的最高生产经营能力利用程度来制定的。由于这种标准成本未考虑客观存在的实际情况，提出的要求过高，很难实现，故在实际工作中较少采用。

2. 正常标准成本

正常标准成本是根据正常的耗用水平、正常的价格和正常的生产经营能力利用程度制定的标准成本。这种标准成本，是依据过去较长时期实际成本的平均值，剔除其中生产经营活动中的异常情况，并考虑未来的变动趋势来制定的。因这种标准成本是一种经过努力可达到的成本，且在生产技术和经营管理条件无较大变化的情况下，不必修订，因此，在经济形势稳定的条件下，得到广泛的应用。

3. 现实标准成本

亦称可达到标准成本，是在现有生产技术条件下进行有效经营的基础上，根据下一期最可能发生的各种生产要素的耗用量、预计价格和预计的生产经营能力利用程度而制定的标准成本。这种标准成本可以包含管理当局认为短期内还不能完全避免的某些不应有的低效、失误和超量消耗。因其最切实可行，最接近实际成本，因此不仅可用于成本控制，也可以用于存货计价。这种标准成本最适于在经济形势变化多端的情况下使用。

三、标准成本的特点

标准成本的特点主要体现在以目标成本（标准成本）为基础，把实际发生的成本与标准成本进行对比，揭示出成本差异，使差异成为向人们发出的一种"信号"，以此为线索，企业可以进一步查明形成差异的原因和责任，并据以采取相应的措施，巩固成绩，克服缺点，实现对成本的有效控制。期终，既可通过一定方法将标准成本和成本差异结合起来，又可确定产品的实际成本。

由此可见，以标准成本为基础形成的标准成本制度，把成本的事先规则、日常控制和产品实际成本的计算有机地结合起来，从而成为加强成本管理、全面提高企业经济效益的重要工具。

第二节 标准成本的制订

标准成本应由会计部门会同采购部门、劳动工资部门、行政管理部门、技术部门以及具体生产经营部门等有关责任部门，在对企业生产经营的具体条件进行认真分析研究的基础上共同研究确定。

标准成本通常按制造成本制订，即分别制订直接材料、直接人工和制造费用的标准成本。对于非制造成本一般采取编制预算的方法实行预算控制。

标准成本的基本形式是：

单位产品标准成本 = 单位产品耗用数量标准 × 单位价格标准

数量标准包括直接材料、直接工资和制造费用的用量标准；价格标准包括材料价格标准、工资率标准和制造费用分配率标准。

一、直接材料标准成本的制订

直接材料标准成本是直接材料的标准用量和标准价格之乘积。直接材料的标准用量是由生产技术部门，根据设计图纸和工艺特点并参照实际生产情况，通过分析研究，采用工程标准确定的单位产品需耗用的材料数量，它包括有效材料用量和生产中的废料和损失。

直接材料的标准价格，是由采购部门和财会部门共同根据材料供货单位价格和运输等因素而确定的材料单价，它包括买价和采购费等。

【例1】 假定某企业生产 A 产品仅需一种甲材料。经过工程技术人员测定，生产 1 件 A 产品正常耗用甲材料 2.1 千克，生产过程允许损耗 0.2 千克，允许报废 0.2 千克。甲材料系外购取得，外购单价预计为每千克 9 元，运输费为每千克 0.7 元，装卸及搬运费为每千克 0.3 元。

根据所给资料，每件 A 产品耗用甲材料的标准成本制订如下：

单位产品标准用料 = 2.1 + 0.2 + 0.2 = 2.5（千克/件）
材料的标准单价 = 9 + 0.7 + 0.3 = 10（元/千克）
A 产品直接材料标准成本 = 2.5 × 10 = 25（元/件）

二、直接人工标准成本的制订

直接人工标准成本是直接人工数量标准和价格标准的乘积。

直接人工数量标准是生产技术部门根据历史资料或技术测定来确定的单位产品必须消耗的时间。它包括产品直接加工时间、必要的间歇和停工时间以及必要的废品工时。

直接人工价格标准，就是工资率标准，它是以当时实际支付的工资率或预计支付的工资率为依据，并结合工资形式来制订的。在计时工资形式下，就是每一标准工时应分配的工资，在计件工资形式下，就是单位产品直接支付的工资。

直接人工标准成本 = 单位产品标准工时 × 标准工资率

【例2】 假定某企业生产每件A产品所需标准作业时间为4.5小时，调整设备时间为0.3小时，其他必要时间为0.2小时。每小时平均基本工资为6元。

按所给资料，生产A产品的人工标准成本制订如下。

单位产品标准工时 = 4.5 + 0.3 + 0.2 = 5（小时/件）

标准工资率 = 6（元/小时）

A产品直接人工标准成本 = 5 × 6 = 30（元/件）

三、制造费用标准成本的制订

制造费用标准成本就是制造费用数量标准和价格标准的乘积。

制造费用数量标准是指生产单位产品所需要的直接人工小时或机器小时。

制造费用价格标准是指制造费用分配率标准，即单位"生产能量"应负担的制造费用。在制订制造费用价格标准时，应注意两点：一是根据制造费用与生产能量的关系，将全部制造费用分解为变动制造费用和固定制造费用两个部分，并分别制订变动制造费用分配率标准和固定制造费用分配率标准；二是生产能量应该是实用生产能量，即指企业在充分利用现有生产能力后可以达到的生产能量。由于企业一般生产多种产品，因此，为了便于汇总，生产能量一般用直接人工小时或机器小时表示。

1. 变动性制造费用标准成本的确定

变动性制造费用的标准成本与直接材料标准成本、直接人工标准成本相同，应分别确定数量标准和价格标准。变动性制造费用的标准成本是数量标准和价格标准的乘积。

数量标准通常采用单位产品直接人工标准工时，也可采用机器工时或其他数量标准。价格标准是变动性制造费用的标准分配率，用变动性制造费用预算总额除以标准总工时，即每一标准工时应负担的变动性制造费用标准。计算公式如下：

变动性制造费用的标准成本 = 单位产品直接人工标准工时 × 变动性制造费用标准分配率

【例3】 假定某企业在现有生产能力充分发挥的条件下，A产品预计产量为1 000件，生产每件A产品所需直接人工标准工时为5小时，预计全年将发生变动性制造费用总额为7 500元，生产A产品的变动性制造费用标准成本制定如下。

单位产品标准工时 = 5（小时/件）

变动性制造费用标准分配率 = $\dfrac{7\ 500}{5 \times 1\ 000}$ = 1.5（元/小时）

A产品变动性制造费用标准成本 = 1.5 × 5 = 7.5（元/件）

2. 固定性制造费用标准成本的确定

固定性制造费用标准成本的确定，应根据采用的成本计算方法来确定。

如果采用变动成本计算法，则固定性制造费用以"期间成本"的形式，全额直接列入利润表，作为本期销售收入的一个扣减项目，因而不必在各产品之间进行分配。单位产品的标准成本中当然就不包括固定性制造费用。

如果采用完全成本计算法，固定性制造费用要通过分配计入单位产品的标准成本中，其分配方法与变动性制造费用基本相同。数量标准通常也采用单位产品直接人工标准工时。价格标准是固定性制造费用标准分配率，用固定性制造费用预算总额除以标准总工时，即每一标准工时应负担的固定性制造费用标准。根据固定性制造费用的数量标准和价格标准，就可以确定固定性制造费用的标准成本。计算公式如下。

固定性制造费用的标准成本 = 单位产品直接人工标准工时 × 固定性制造费用标准分配率

【例4】 假定某企业在现有生产能力充分发挥的条件下，A 产品预计产量为 1 000 件，生产每件 A 产品所需直接人工标准工时为 5 小时，预计全年将发生固定性制造费用总额为 10 000 元，制定生产 A 产品的固定性制造费用标准成本。

单位产品标准工时 = 5（小时/件）

固定性制造费用标准分配率 = $\dfrac{10\ 000}{5 \times 1\ 000}$ = 2（元/小时）

A 产品固定性制造费用标准成本 = 5 × 2 = 10（元/件）

单位产品的标准成本就是单位产品的直接材料标准成本、直接人工标准成本和制造费用标准成本的总计。

【例5】 承接例 1~例 4，计算 A 产品标准成本。

A 产品标准成本 = 直接材料标准成本 + 直接人工标准成本 + 制造费用标准成本
= 25 + 30 + 7.5 + 10
= 72.5（元/件）

第三节 标准成本差异的计算和分析

标准成本制订以后，在实际生产过程中就要按照标准成本实施控制。实际成本与标准成本之间的差异称为标准成本差异。成本差异是反映实际成本脱离预定目标程度的信息。当实际成本大于标准成本，称为不利差异（或逆差），当实际成本小于标准成本，称为有利差异（或顺差）。标准成本控制就在于对产生的成本差异进行分析，找出原因和对策，努力扩大有利差异，缩小不利差异，降低产品成本。

标准成本差异的计算和分析一般通过因素分析法进行。所谓因素分析法，是确定引起某个经济指标变动的各个因素影响程度的一种计算方法。它在计算某一因素对一个经济指标的影响时，假定只有这个因素在变动而其他因素不变；同时确定各个因素替代顺序，然后按照这一顺序替代计算，把这个指标与该因素替代前的指标相比较，确定该因素变动所造成的影响。

在前面标准成本制订中，我们已经知道标准成本受数量和价格两个因素的影响。因此，对于标准成本差异的计算和分析就针对这两个因素进行。在确定替代顺序时，一般是假定数量因素优先。于是，数量差异按标准价格计算，价格差异按实际数量计算。标准成本差异的通用计量模型为：

数量差异 =（实际数量 – 标准数量）×标准价格

价格差异 = 实际数量×（实际价格 – 标准价格）

下面分别就各个成本项目的差异进行计算和分析。

一、直接材料成本差异

直接材料成本差异是指一定产量的直接材料实际成本与标准成本之间的差异。它应按不同材料，从用量差异和价格差异两方面计算：

材料用量差异 =（实际用量 – 标准用量）×标准价格

材料价格差异 = 实际用量×（实际价格 – 标准价格）

价格差异的计算可采取两种处理方法：一种是在购入材料时计算购入材料的价格差异。即将材料的标准成本记入"材料"账户，价格差异记入"材料价格差异"账户。其优点是材料价格差异在购入时就可算出；同时，材料按标准价格记账，简化了账务工作。另一种是在领用材料时计算领用材料的价格差异，即材料账户按实际成本记账，领用材料时才计算材料价格差异，领用材料的标准成本由"材料"账户转入"在产品"账户。然后把价格差异由"材料"账户转入"材料价格差异"账户。其优点是材料价格差异和用量差异都采用实际耗用量，在计算产品成本总差异时，各种差异之间能互相衔接，但其账务处理工作繁杂。

材料差异确定以后，应进一步查明差异产生的原因和责任。一般说来，直接材料价格差异应由采购部门负责。因为材料购买价格的高低、采购费用的高低，采购部门大体上是可以控制的。但是，决定材料价格的因素是多方面的，有些引起材料价格变动因素，会超出采购部门的控制范围。例如，因市场供求关系变化所引起的价格变动，就是采购部门所不能控制的。又如，因临时性需要进行紧急采购时，由于改变运输方式（如由陆运改为空运）而引起的价格差异，也不应由采购部门负责，而应由造成这种情况的有关部门负责。

直接材料的用量差异一般应由控制用料的生产部门负责。因为在正常情况下，产品耗用某种材料数量的多少、加工过程中必不可少的材料损耗的大小，生产部门大体上是可以控制的。但是，影响材料耗用量的因素也是多方面的。除生产部门有关人员的原因（如是否注意合理用料、是否遵守操作规程、技术的熟练程度等）会对材料用量差异的形成产生影响外，其他部门的原因，也可能对材料用量差异的形成产生影响。例如，因材料质量低劣而增加了废品、因材料不符合要求而大材小用等原因引起的过量用料，就应该由采购部门负责。

二、直接人工成本差异

直接人工成本差异是一定产量的直接人工实际成本与标准成本之间的差额。它要从人工效率差异和工资率差异两个方面计算：

人工效率差异 =（实际工时 – 标准工时）×标准工资率

工资率差异 = 实际工时 ×（实际工资率 – 标准工资率）

人工效率差异形成的原因主要有工人技术的熟练程度和责任感、加工设备的完好程度、作业计划安排得是否周密、工作环境是否良好、动力供应情况等。人工效率差异的责任基本上应由生产部门负责，但也可能有一部分应由其他部门负责，例如，因材料质量不好而影响生产效率，从而产生的人工效率差异，就应该由供应部门负责。

工资率差异的形成原因主要有工资的调整、直接生产工人升级或降级使用、出勤率的变化等。其成因较为复杂，其责任一般应由劳动人事部门或生产部门负责。

三、变动制造费用成本差异

变动制造费用成本差异，是一定产量的实际变动制造费用与标准变动制造费用之间的差额。它需要分别按变动制造费用效率差异和分配率差异计算。变动制造费用效率差异是一种数量差异。它类似于直接材料的数量差异和直接人工效率差异；变动制造费用分配率差异是一种价格差异，它类似于直接材料的价格差异和直接人工的工资率差异，又称为开支差异。计算公式是：

变动制造费用效率差异 =（实际工时数 – 标准工时数）×变动制造费标准分配率

变动制造费用开支差异 = 实际工时数 ×（变动制造费实际分配率 – 变动制造费标准分配率）

变动制造费用效率差异与变动制造费用的耗用并无关系，它实际上反映的是产品制造过程中的工时利用率，因此应结合人工效率差异进行分析。至于变动制造费用的开支差异，其发生的原因主要是费用预算控制不当，或者是多耗用了间接材料和间接人工，或者是由于制造费用超支，它主要应由生产部门负责。

四、固定制造费用成本差异

固定制造费用成本差异是一定期间的实际固定制造费用与标准固定制造费用之间的差额。其中标准固定制造费用是标准工时数与固定制造费用标准分配率之乘积。固定制造费用差异具体包括三种：

1. 效率差异

即实际工时数同标准工时数相比所引起的固定制造费用差异。实际工时数和标准工时数之间的关系反映了工人的操作效率。生产同样多的产品，实际工时比标准工时越少，说明操作效率越高；反之，说明操作效率越低。

2. 能量差异

它说明即使固定制造费用的实际数和预算数相等，只要实际和预算的生产工作总时数不同，也会产生固定制造费用分配率不同的差异。

3. 开支差异

它反映了固定制造费用实际支出数与预算数之间的差额，体现了制造费用预算执行的结果。

固定制造费用三种差异的计算公式是：

固定制造费开支差异 = 实际固定制造费用 − 预算固定制造费用

固定制造费能量差异 = （预算工时数 − 实际工时数）× 固定制造费用标准分配率

固定制造费效率差异 = （实际工时数 − 标准工时数）× 固定制造费用标准分配率

固定制造费用能量差异的发生，主要原因是：产品销路不好，订货减少，原有生产能力过剩，利用不充分，原材料供应不足，设备损坏或出现故障，人工不足等，这些因素应由企业管理部门负责。如果由于产品质量问题而引起订货减少，则应由生产部门负责。至于固定制造费用开支差异和效率差异发生的原因与变动制造费用相同。

第四节 标准成本差异的处理

各种成本差异在账务上的处理有三种方法可供选择。

第一种方法：各种成本差异按月进行结转，为了均衡各期产品成本负担，应把本期生产产品的各种差异在销货成本、产成品和在产品成本之间按比例进行分配。在这种情况下，销货成本、产成品和在产品等账户中将按实际成本结转。

第二种方法：各种成本差异在每月月末，不办理结转手续，而是在成本差异账户中积累下来，直到年底，才将当年积累的各种成本差异一次结转。在这种情况下，如果成本差异数量较大，可按比例分配到销货成本、产成品和在产品上去，这时，产品的实际成本等于标准成本加上该产品应负担的差异。如果数量较少，可全部转到销货成本账户上去，这时，产品的标准成本就是产品的实际成本。

第三种方法：各种成本差异按月全部结转到销货成本账户，不再分配给产成品和在产品负担。在这种情况下，产成品和在产品都按标准成本记账，产品的标准成本就是产品的实际成本，账务处理简单，同时，本期发生的各种差异属于本期成本控制的业绩，将它反映在本期利润中，这也合乎情理。因此，这种处理方法在西方国家广泛采用。

【例6】 某公司用 A 材料生产甲产品。其标准成本如表 5−1 所示。

表 5−1 产品标准成本卡

产品名称：甲　　　　　　　　　　　　　　　　　　　　　　　　　　　　　单位：元

项　　目	标准用量	标准单价	金　额
直接材料	2 公斤	4	8
直接工资	3 小时	5	15
制造费用			
其中：变动制造费用	3 小时	1.50	4.50
固定制造费用	3 小时	1.80	5.40
单位产品标准成本			32.90

本期固定制造费用预算为 6 840 元,编制预算所依据的计划生产能量工时为 3 800 小时。该公司本期生产产品 1 000 件,期初、期末均无在产品。其实际成本资料如下:直接材料用量 2 300 公斤,材料实际成本为 9 200 元;直接人工工时 3 200 小时,实际工资总额为 16 800 元,制造费用总计 10 400 元,其中,变动制造费用 3 200 元,固定制造费用 7 200 元。每件产品售价 50 元,管理费用、财务费用等期间费用为 4 000 元。

根据以上资料:

(1) 计算分析有关成本差异;(2) 进行标准成本及其差异的账务处理。

(1) 直接材料成本差异。

材料标准成本 = $1\,000 \times 2 \times 4 = 8\,000$(元)

材料实际成本 = $9\,200$(元)

材料成本差异 = $9\,200 - 8\,000 = +1\,200$(元)(逆差)

其中:

材料用量差异 = $(2\,300 - 1\,000 \times 2) \times 4 = +1\,200$(元)(逆差)

材料价格差异 = $2\,300 \times (9\,200 \div 2\,300 - 4) = 0$(元)

现将以上算式列表 5-2 如下。

表 5-2 直接材料成本差异计算表

材料种类	标准		实际		差异		
	总用量	单价	总用量	单价	用量差异	价格差异	总差异
	①	②	③	④	⑤=(③-①)×②	⑥=③×(④-②)	⑦=③×④-①×②
A	2 000	4	2 300	4	+1 200	0	+1 200

注:标准总用量 = 实际产量 × 单位产品标准用量 = $1\,000 \times 2 = 2\,000$(公斤)

(2) 直接人工成本差异。

人工标准成本 = $1\,000 \times 3 \times 5 = 15\,000$(元)

人工实际成本 = $16\,800$(元)

人工成本差异 = $16\,800 - 15\,000 = +1\,800$(元)(逆差)

其中:

人工效率差异 = $(3\,200 - 1\,000 \times 3) \times 5 = +1\,000$(元)(逆差)

人工工资率差异 = $3\,200 \times (16\,800 \div 3\,200 - 5) = +800$(元)(逆差)

现将以上算式列表 5-3 如下。

表 5-3 直接人工成本差异计算表

标准				实际			差异		
每件工时	总时数	小时工资率	总成本	总时数	小时工资率	总成本	效率差异	工资率差异	总差异
①	②	③	④=②×③	⑤	⑥	⑦	⑧=(⑤-②)×③	⑨=⑤×(⑥-③)	⑩=⑦-④
3	3 000	5	15 000	3 200	5.25	16 800	+1 000	+800	+1 800

注:实际小时工资率 = 实际工资总额 ÷ 实际总时数 = $16\,800 \div 3\,200 = 5.25$(元)

(3) 变动制造费用差异。

变动制造费用实际分配率 = 3 200 ÷ 3 200 = 1（元/小时）

标准变动制造费用 = 1 000 × 3 × 1.50 = 4 500（元）

实际变动制造费用 = 3 200 × 1 = 3 200（元）

变动制造费用差异 = 3 200 − 4 500 = −1 300（元）（顺差）

其中：

变动制造费效率差异 =（3 200 − 1 000 × 3）× 1.50 = +300（元）（逆差）

变动制造费开支差异 = 3 200 ×（1 − 1.50）= −1 600（元）（顺差）

现将以上算式列表 5 − 4 如下。

表 5 − 4　变动制造费用差异计算表

变动制造费用标准分配率	标准		实际		差异		
	总时数	总成本	总时数	总成本	效率差异	预算差异	总差异
①	②	③=②×①	④	⑤	⑥=(④−②)×①	⑦=⑤−④×①	⑧=⑤−③
1.50	3 000	4 500	3 200	3 200	300	−1 600	−1 300

(4) 固定制造费用差异。

固定制造费用标准分配率 = 6 840 ÷ 3 800 = 1.80（元/小时）

固定制造费用实际分配率 = 7 200 ÷ 3 200 = 2.25（元/小时）

按实际产量和标准工时计算的标准固定制造费用 = 1 000 × 3 × 1.80 = 5 400（元）

实际固定制造费用 = 7 200（元）

固定制造费用差异 = 7 200 − 5 400 = +1 800（元）（逆差）

其中：

开支差异 = 3 200 × 2.25 − 3 800 × 1.80 = +360（元）（逆差）

能量差异 = 3 800 × 1.80 − 3 200 × 1.80 = +1 080（元）（逆差）

效率差异 = 3 200 × 1.80 − 3 000 × 1.80 = +360（元）（逆差）

开支差异又称为耗费差异，能量差异又称为生产能力利用差异。

现将以上算式列表 5 − 5 如下。

表 5 − 5　固定制造费用差异计算表

预算			标准		实际		差异			
总时数	分配率	总成本	总时数	总成本	总时数	总成本	开支差异	能量差异	效率差异	总差异
①	②	③	④	⑤=④×②	⑥	⑦	⑧=⑦−③	⑨=(①−⑥)×②	⑩=(⑥−④)×②	⑪=⑦−⑤
3 800	1.80	6 840	3 000	5 400	3 200	7 200	+360	+1 080	+360	+1 800

(5) 汇总标准成本各项差异。

根据以上计算，编制标准成本差异汇总表如表 5 − 6 所示。

表 5-6 标准成本差异分析汇总表

产品：甲　　　　　　　　　　　产量：1 000 件　　　　　　　　　　金额单位：元

项　目	标准成本	实际成本	差　异	差异分析
直接材料成本	8 000	9 200	1 200	用量差异　+1 200 价格差异　　　0
直接人工成本	15 000	16 800	1 800	效率差异　+1 000 工资率差异　+800
变动制造费用	4 500	3 200	-1 300	效率差异　　+300 开支差异　-1 600
固定制造费用	5 400	7 200	1 800	开支差异　　+360 能量差异　+1 080 效率差异　　+360
总成本	32 900	36 400	3 500	3 500

从表 5-6 可知，甲产品全部成本按标准成本计算为 32 900 元，实际为 36 400 元，实际比计划超支了 3 500 元。其中直接材料成本超支 1 200 元，直接人工成本超支 1 800 元，变动制造费节约了 1 300 元，固定制造费用超支了 1 800 元。

【复习思考题】

1. 什么是标准成本？标准成本如何制定？
2. 直接人工成本差异产生的原因是什么？
3. 举例说明原材料价格差异与数量差异？
4. 标准成本是如何改进企业的计划与控制职能的？

【练习题】

某公司生产 B 产品，其标准成本如下表所示。

产品标准成本单

项　目	标准用量	标准单价	标准成本
直接材料	2.5 千克/件	10 元/件	25 元
直接工资	5 小时/件	4 元/小时	20 元
制造费用			
其中：变动制造费用	5 小时/件	1.2 元/小时	6 元
固定制造费用	5 小时/件	1 元/小时	5 元
单位产品标准成本	—	—	56 元

B 产品预计产量 1 000 件，实际生产 800 件，实际的单位成本如下表所示。

管理会计

产品实际成本单

项　　目	实际用量	实际单价	实际成本
直接材料	2.8 千克/件	9 元/件	25.2 元
直接工资	5.5 小时/件	3.9 元/小时	21.45 元
制造费用			
其中：变动制造费用	5.5 小时/件	0.8 元/小时	4.4 元
固定制造费用	5.5 小时/件	1.2 元/小时	6.6 元
单位产品标准成本	—	—	57.65 元

要求：计算各项成本差异。

第六章

作业成本计算

【学习目标】

了解作业成本计算法的基本概念和基本理论。

掌握作业成本计算法。

了解作业成本法的主要特点。

【导入案例】

PPC 公司的作业成本法①

PPC 公司为公用事业公司,其开单部为两类主要客户——居民户和商业户提供账户查询和账单打印服务,目前有 120 000 个居民户和 20 000 个商业户。

两个因素正影响公司的获利能力:

一是行业竞争加剧,收费更低,要想获利必须降低成本;

二是市场规模扩大,预计居民户上升 50%,商业户上升 10%。

而公司正在满负荷运转,需有良策对应。现有一地方劳务局愿按每户 3.5 元(不分账户类型)提供公司的账户查询和账单打印服务。

为此,PPC 公司对两类客户单位成本进行测试,发现公司目前按统一分配率为基础进行成本计算,有关计算如图 6-1 所示。

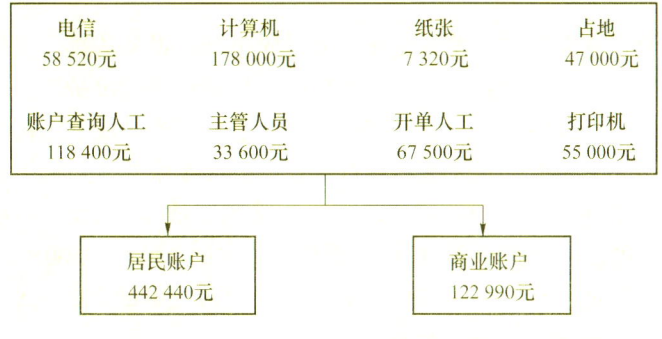

图 6-1 PPC 公司成本计算

---

① 亨格伦. 管理会计教程 [M]. 北京:华夏出版社,1999.

管理会计

以统一分配率为基础的当前成本计算：总成本 565 340 元

按统一分配率为基础进行当前两类客户单位成本的计算，结果如下。

单位：元

	成本/查询次数 565 340/23 000	查询	总成本	账户	成本/账户
居民户	24.58	18 000	442 440	120 000	3.69
商业户	24.58	5 000	122 900	20 000	6.15

对于上述计算结果管理当局认为存在问题。

一是按此结果进行决策，由于两类客户的单位成本均高于地方劳务局的出价，因而将两类客户全部移交地方劳务局将使公司获得最大利益，但公司经营将空心化；

二是管理局认为，由于业务的复杂性，商业户实际消耗的支持资源远远高于 21.74%。如商业户平均每张账单 50 行，而居民户平均每张只有 12 行。

问题：PPC 公司应如何决策？

第一节　作业成本计算法概述

一、作业成本计算产生的背景

1. 技术的发展对成本构成的影响

当代高新技术的发展对科技、经济、社会各个领域的影响都是巨大的，高新技术和计算机在生产过程的广泛应用，使得生产过程的自动化程度不断提高，主要表现为计算机辅助设计（Computer - Aided Design，CAD）、计算机辅助制造（Computer - Aided Manufacturing，CAM）、弹性制造系统（Flexible - Manufacturing System，FMS）及计算机整合制造（Computer - Integrated - Manufacturing System，CIMS）等在企业的广泛应用。

技术的进步使企业生产方式发生变化，大量先进制造设备的投入促使生产过程的资本密集程度大幅提高，机器设备的价值越来越高，机器设备的维护费用、折旧费用也越来越高，高技术环境的维持费等间接费用的增加，造成了产品成本结构的重大变化，直接人工成本的比例大大减少，而间接制造费用在全部成本中的比重极大提高。从西方的许多企业来看，1970 年以前制造费用比重仅为直接人工成本的 50%～60%，到了 1970 年以后，很多企业的制造费用已增加为直接人工成本的 400%～500%，而直接人工成本在产品成本中的比重仅为 10%～20% 左右，甚至仅占成本的 3%～5%。

2. 社会经济环境对成本构成的影响

随着社会化大生产和劳动生产率的迅速提高，竞争日趋激烈，买方市场逐步形成，经济发展和人们物质文化生活水平的提高，都促成了产品生产的多样化、个性化和不断追求新款式的竞争态势。在激烈的市场竞争中，迫使企业必须以顾客需求为导向，放弃大量大批生产产品以待销售的习惯做法，而是改为采用能对顾客多样化、个性化的需求迅速做出反应的弹性制造系统（FMS）。向多品种、小批量生产、满足顾客不同需求的范围经济方向发展，在这种制造系统中，不同产品要求的工艺过程不同，操作程序不同，生产程序经常根据顾客的需要进行调整，相对于传统的生产方式而言，这种生产方式要更多地组织、协调产品的生产工作，并为此发生资源耗费，增加企业的间接费用。

3. 传统成本计算法的主要缺陷

1）成本计算对象单一

传统成本计算方法下，成本计算对象一般为最终产品，产量被看作是产品成本的唯一动因，企业的全部成本分为变动成本和固定成本。

2）成本核算范围较窄

传统成本计算方法下，成本的核算范围是指产品的制造成本，包括与生产产品直接相关的费用，直接材料、直接人工、制造费用等，而用于管理和组织生产的支出及产品销售费用则作为期间费用处理。并认为其与当期生产的产品的成本无关。产品成本按费用的经济用途设置相关项目。没有考虑产品在成为成品的过程中一系列作业消耗的资源以及产生的价值，没有价值链分析。

3）核算粗放，间接成本分配方法单一

传统成本计算方法将不能直接归属于产品的间接制造费用在产品成本计算过程中要采用一定的分配方法分配到产品中去，在传统的成本计算过程中，制造费用通常是采用以业务量为基础的成本分配方式，按一个或少数几个分配基础分配制造费用，常用的分配基础如直接人工工时、直接人工成本、机器加工工时等。这种分配率的合理性取决于间接制造费用的比重及是否完全与生产数量相联系。传统生产工艺流程较为简单，间接制造费用所占的比重不大，产品品种较为单一，差别较小；采用单一的分配基础或少数几个分配基础对成本计算结果的正确性没有太大的影响。

然而，现代制造过程中，许多制造费用并不单一地与生产数量有关。单一基础分配间接费用的方法忽视了发生这些间接费用的多种原因。在现代企业制造过程中，资本的有机构成大幅度提高，最终产品和劳务吸纳的间接费用大增。因为在新制造环境下，机器和电脑辅助生产系统在某些工作上已经取代了人工，人工成本比重大大降低，同时制造费用剧增并呈多样化、复杂化，这种情况下，按传统成本计算方法只用单一的标准分配，无法在生产过程中正确反映不同产品、不同技术因素对费用产生的不同影响，不能正确反映各种产品的成本，必须改为按多种基础来分配各相关间接费用。

4）缺少成本管理方法

传统的成本管理方法主要还是停留在成本核算阶段，成本管理对象局限于财务成本，成本控制主要靠减少支出、降低成本来实现。忽视了管理成本，不能提供管理所需的资源、作业、产品、客户、销售市场和销售渠道等非财务方面的信息，无法提供企业战略管理所需的信息。

4. 成本管理理念的创新

成本信息的准确性对于企业的经营决策、产品的价格制定等有着重大的影响，需要采用合适的成本管理方法对成本进行合理的分配，传统成本管理会计与变化的环境不适应，所提供的信息逐渐与企业的管理决策失去了相关性。作业成本法（Activity Based Costing）是一种比传统成本核算方法更加精细和准确的成本核算方法，是西方国家于20世纪80年代末开始研究、90年代以来在先进制造企业首先应用起来的一种全新的企业管理理论和方法。作业成本法认为企业使用和耗费经济资源产出或提供满足客户需求的产品或劳务，这一经营活动过程实际上是由一系列的作业（活动）构成的，称之为作业链。在生产技术水平不够发达的条件下，生产工艺简单，企业规模不大，经营活动过程的作业链较少，按作业进行管理和控制并无太大必要。然而在科学技术高度发展的今天，尤其是计算机在生产过程广泛应用，企业规模不断扩大，经营领域不断拓展，企业经营活动的作业链越来越长，作业链的关系越来越复杂，增值（Added Value）和非增值作业（Non-added Value Activity）并非显而易见的情况下，对错综复杂的企业组织和经营活动进行分解，提出作业链分析，实施作业管理，成为深化和改革管理的必然。

作业成本法（Activity Based Costing）是以作业（Activity）为核心，根据作业对资源耗费的情况将资源的成本分配到作业中，然后选择成本动因，根据产品和服务所耗用的作业量，最终将成本分配到成本计算对象（产品或服务）评价作业业绩和资源的利用情况的成本计算和管理方法。作业成本计算是一个以作业为基础的管理信息系统。它以作业为中心，而作业的划分是从产品设计开始，到物料供应，从生产工艺流程（各车间）的各个环节、质量检验、总装，到发运销售的全过程。通过对作业及作业成本的确认、计量，最终计算出相对真实的产品成本。同时，通过对所有与产品相关联作业活动的追踪分析，为尽可能消除"不增值作业"，改进"增值作业"，优化"作业链"和"价值链"，增加"顾客价值"，提供有用信息，促使损失、浪费减少到最低限度，提高决策、计划、控制的科学性和有效性，最终达到提高企业的市场竞争能力和盈利能力，增加企业价值的目的。

二、作业成本法的提出

作业成本计算法（Activity Based Costing，ABC）最早产生于20世纪30年代末、40年代初，由美国会计学家埃里克·科勒教授在对水力发电企业进行成本分摊和成本分析时提出，他在相关论著中首次提出作业、作业账户、作业会计等概念，科勒虽然注意到作业成为成本计算对象的可能性，但在理论上并不系统。1971年，美国会计学者乔治·斯托布斯教授在其论文《收益的会计概念》中揭开了全面研究"决策有用性目标"的序幕，并以此作为其理论研究的基点去研究作业成本计算法，他出版了具有重大影响的《作业成本计算和投入产出会计》一书，对作业、成本、作业会计、作业投入产出系统等概念进行了全面系统的讨论，此后许多学者开始关注并研究这一新的成本计算方法。但是直到20世纪80年代中期以前，这些研究并未引起会计界的广泛关注。20世纪80年代后期开始，美国实业界普遍感到企业的成本信息与现实脱节。美国芝加哥大学的学者罗宾·库伯与哈佛大学的罗伯特·卡普兰合作在《哈佛商业论坛》上发表《正确计量成本才能做出正确决策》的论文。他们的研究奠定了作业成本计算法的理论基础，并带来了成本会计的革命。作业成本计算法的突破在于：

它不仅仅关注成本结果本身，还同时追踪成本发生的原因——成本动因；作业成本计算法通过作业确定分配间接费用的合理基础，对作业成本实施有效控制，从而使传统成本会计中的许多不可控间接费用变得可控。20世纪90年代，作业成本计算法在实务界得到了较为广泛的应用。作业成本计算法的应用由最初的美国、加拿大、英国迅速向澳洲、亚洲、美洲以及欧洲国家扩展。在行业领域方面，也由最初的制造业扩展到商品批发、零售、金融、保险机构，以及医疗卫生等公用事业部门。

三、作业成本法的基本概念

作业成本法（Activity Based Costing）是以作业（Activity）为核心，根据作业对资源耗费的情况将资源的成本分配到作业中，然后选择成本动因，根据产品和服务所耗用的作业量，最终将成本分配到成本计算对象（产品或服务）评价作业业绩和资源的利用情况的成本计算和管理方法。

1. 作业、作业中心、作业成本库

作业就是指企业生产过程中的各工序和环节，是一个组织为了实现某一目的而进行的耗费资源的工作，也是作业成本计算系统中的最小成本归集单元。可以把企业制造过程按照每一部分工作的特定目的区分为若干作业，每个作业负责该作业职权范围内的每一项工作，这些作业互补并且互斥，构成了完整的经营过程。

作业中心是将一系列相互关联、能够实现某种特定功能的作业集合，例如设备维修部门、质量检验部门都是一个作业中心。

作业成本库是作业中心的货币表现形式，即将作业消耗的资源费用归集到作业中心，进而形成作业成本库。

2. 制造中心

制造中心作为成本计算对象，实质上是指计算制造中心产出的产品的成本。企业划分制造中心的依据是各制造中心只生产某一种产品或某个系列的多种产品；多生产步骤的大型制造企业可以按生产步骤划定制造中心，这些制造中心前后相接共同构成完整的制造过程，前面的制造中心为后面的制造中心提供进一步加工的半成品。

3. 资源、资源动因

资源是指支持作业的成本、费用来源，是一定时期内为了生产或提供服务而发生的各类成本费用项目。资源是企业生产耗费的最原始形态。如果把整个制造中心（即作业系统）看成一个与外界进行物质交换的投入—产出系统，则所有进入该系统的人力、物力、财力等都属于资源范畴。资源一般分为货币资源、材料资源（对象资源）、人力资源、动力资源（手段资源）等。有关各类资源耗费的信息可从企业的各级会计分类账得到。

所谓资源动因是将资源分解分配到各作业的合适的量化依据。资源进入该作业系统，要区别消耗资源的作业状况，看资源是如何被消耗的，按资源动因把资源耗费价值分别分解计入吸纳这些资源的不同作业中去。

4. 增值作业与非增值作业

资源进入作业系统，并非都被消耗，即使被消耗，也不一定都是对形成最终产出有意义的消耗。因此，作业成本计算法把资源作为成本计算对象，是要在价值形成的最初形态上反映被最终产品吸纳的有意义的资源耗费价值。也就是说，在这个环节，成本计算要处理两个方面的问题：一是区分有用消耗和无用消耗，把无用消耗价值单独汇集为不增值作业价值，而只把有用消耗的资源价值分解到作业中去。其次才是上面所述的按资源动因把资源耗费价值分别分解计入吸纳这些资源的不同作业中去。

企业可以通过流程价值分析来确认主要作业，也就是对生产经营活动中一切消耗资源的活动进行分析，并分解为增值作业和非增值作业。增值作业通常是指在顾客看来可以增加价值或提高产出的作业，也就是说，这类作业的增减变动会导致顾客价值的相应变化，通常以顾客满意度为判断标准。生产工艺流程中的各项作业一般都是增值作业；反之，则为非增值作业。非增值作业的判断标准是：企业把该作业消除后仍能为顾客提供与以前同样的产品或服务。典型的非增值作业有制订生产计划，存货的搬运、等待和存储，因产品质量问题所进行的返修、重复检测等。

5. 作业链和价值链

作业链（Activity Chain）是指企业为了满足顾客需要而设立的一系列前后有序的作业的集合体。作业链的设计与建立以顾客为出发点，通过作业链分析有助于消除不增加企业价值的作业，从而达到降低产品成本的目的。

价值链（Value Chain）是指企业作业链的价值表现。生产经营中的各项作业有序进行，各项作业的转移同时伴随着价值的转移，最终产品是全部作业的集合，同时也表现为全部作业的价值集合。从这点来看，作业链的形成过程，就是价值链的形成过程，要想提高价值链，必须改进作业链；而作业链的完善，是从分析价值链开始的。

6. 成本动因

所谓成本动因，是决定执行作业所需的工作量和工作耗费的因素，是解释发生成本的作业特性的计量指标，成本动因解释了作业发生的原因。成本动因是作业成本法实施的关键因素，成本动因选择的合理与否直接关系到资源费用能否准确地分配到最后的成本标的。

共同消耗作业是为多种产品生产提供服务的作业。共同消耗作业又可按其为产品服务的方式和原因分为如下几小类：

1）批别动因作业

服务于每批产品并使每一批产品都受益的作业。例如，分批获取订单的订单作业，分批送运原材料或产品的搬运作业等。

2）产品数量动因作业

使每种产品的每个单位都受益的作业。例如，包装作业等，每件产品都均衡地受益。

3）工时动因作业

工时动因作业是指资源耗费与工时成比例变动的作业，每种产品按其所耗工时吸纳作业成本。例如，机加工作业等。

4）价值管理作业

价值管理作业是指那些负责综合管理工作的部门作业。例如，作业中心总部作为一项作业就是价值管理作业。

从中选择一个成本动因作为计算成本分配率的基准，计算成本库分配率。成本动因和消耗资源之间相关程度越高，现有的成本被歪曲的可能性就会越小。

四、作业成本法的计算程序

1. 定义、识别和确定主要作业

作业是一个组织为了实现其经营目的而从事的一系列活动。作业是作业成本计算系统中的最小成本归集单元。分析和确认作业的方法主要有业务职能活动分解法、过程定位法、价值链分析法和生产经营活动或作业流程图分析法。设定作业往往基于某一特定企业的生产状况，既可以作粗略的划分，又可以把作业区分得很细，这要视管理的要求而定。一个企业往往有数以百计的作业，管理层为了防止迷失在数据堆里，通常都会采用一些有效的分类方法。作业根据服务的层次和范围可以分为单位作业、批别作业、产品作业和能量作业。

1）单位作业

单位作业是使单位产品或服务受益的作业，它对资源的消耗量一般与产品的产量或销量或某种属性（产品重量、长度等）成正比，如直接材料、直接人工等。

2）批别作业

批别作业是使每一批或每一个计划产品受益的作业，它对资源的消耗量往往与产品的批量成比例变动，而与批内所包含的产品产量无关。例如：每批产品的检验、机器调整准备、原料处理、订单处理及生产规划等所发生的成本。

3）产品作业

产品作业也称顾客作业，是指为了生产产品或提供服务而执行的作业。这类作业的成本与产品的单位数量或批量无关，但与生产产品的品种成比例变动。比如：对一种产品编制材料清单、工艺设计、产品品种规格的更新、技术支持的作业等。如果把这一概念扩展到工厂以外则有顾客作业，诸如顾客市场调查作业之类。

4）能量作业

能量作业是为支持产品的生产经营而发生的，支持一般管理流程的作业。这类作业的成本是全部产品的共同成本，与产品的产量、批次和种类无关，取决于组织规模和结构，在短期经营决策中常常被当作非相关成本。

作业确定以后，可以以作业清单的形式列示出来，也可以流程图的形式列示，具体做法是，先绘制一张流程图，反映从材料入库到产品完工检验的全部流程，记下该过程的全部步骤和所耗费的时间。接着，分析流程图上的各类作业，并判断是否为增值作业。这样，就可以清楚地找出生产产品所需要的各类作业，也有助于管理部门控制作业，正确地评估业绩。

2. 将资源耗费价值归集到各作业中心

资源是企业生产耗费的最原始形态。在实务操作中，对某制造中心的每一作业中心都按资源类别设立资源库,把该制造中心所耗资源价值归集到各资源库中去。

作业成本计算法并不改变企业所耗资源的总额,作业成本法改变的只是资源总额在各种产品之间的分配额以及资源总额在存货和销售成本之间的分配额。在将各项费用归集到各个作业成本库时,要确定合适的资源动因。一般采取以下原则:

第一,某一项资源耗费能直观地确定其为某一特定产品所消耗,则直接计入特定产品成本,此时资源动因也就是作业动因,该动因可以认为是"终结耗费"。

第二,如果某项资源耗费可以从发生的领域上区分出为各作业所耗,则可以直接计入各作业成本库,此时资源动因可以认为是"作业专属耗费"。

第三,如果某项资源耗费不满足以上两种情形,耗费形式较复杂,则需要选择合适的量化依据将资源分解分配到各作业,这个量化依据就是资源动因。

3. 确定成本动因,计算成本库分配率

成本动因是作业成本法实施的关键因素,成本动因选择的合理与否直接关系到资源费用能否准确地分配到最后的成本标的。因此,选择成本动因必须慎重。成本动因的选择应该找到最重要的、与主要成本花费相关的、作业中与主要的成本消耗相关性较大的成本动因。为了正确识别、选择、利用成本动因以服务于现代成本管理,应把握以下几点:

1) 多样化

在现代生产条件下,企业产品的多元化,制造费用的构成日益复杂,生产工艺的繁简程度也各不相同,引起成本核算方法的变革。作业成本法下,成本动因的数量多少取决于产品的多样化程度。成本动因反映了成本发生的原因,不同的产品工艺流程会使成本发生的原因多样化,为了将资源耗费准确地分配到产品成本中,就必须选择多样化的成本动因。

2) 相关性

成本动因与成本发生和变动的价值活动高度相关,只有分析作业之间的相关性,才能正确选择成本动因。作业成本法的核心观念是根据产品消耗的某一作业成本动因量将作业成本分配给相关产品。成本动因是成本分配的标准,只有该标准能够正确地解释成本发生的原因,才能实现成本核算的准确、合理。因此,在寻找动因时,必须找出那些真正与成本发生密切相关的因素作为成本核算的基准。因而,成本分配的准确性取决于作业消耗量与成本动因的相关程度。

3) 成本效益

作业成本法下要求成本动因多样化,动因越多,成本核算的精度就越高。但这将导致更高的系统执行和保持成本。设计任何信息系统都必须考虑成本效益原则。因此,必须对作业成本动因进行选择。根据成本效益原则,获得成本动因数据越方便,成本动因信息资源的加工处理越简单,则执行作业成本系统的成本就越低,这样的成本动因就越容易被选中。因此,在既定要求下,为了实现成本的最小化,必须将成本动因的数量控制在一定范围内。巴拜德和巴拉钱德兰调研的公司曾选择 6~9 个成本动因,而卡普兰和阿特金森(Atkinson)则认为应选择不超过 30~50 个成本动因。

在确定了作业及动因后,需计算成本动因分配率:

成本动因分配率 = 资源耗费 ÷ 动因总量

4. 把作业库中的费用分配到产品中去，计算产品成本

作业成本计算法是把企业消耗的资源按成本动因分配到作业以及把作业收集的作业成本分配到成本对象（产品）的核算方法。

具体可以用回归分析法或分析判断法。

1）回归分析法

这种方法是对每一备选项进行统计回归分析，把作业动因视为独立变量、成本作为非独立变量进行回归。当某项作业动因与作业成本库成本的相关系数值较大时（如大于0.9）可以用该作业动因作为该作业成本库的代表成本动因。回归分析中得到了常数项，说明成本在某种程度上是固定的，不管成本动因如何变动，该部分成本始终不变。回归分析可以用几个月的数据进行，以确保作业和成本的时间相关性。应用回归分析法的一个主要问题是所需的数据不一定都能取得，另外一个是实施成本较高。

2）分析判断法

这种方法是通过分析，把相关资源价值量大、具有典型代表性的作业动因选出来，作为成本库的代表成本动因。向次级作业的管理者征求意见可以提高所选成本动因的可靠性。如果不止一个作业动因显示出长期有效且相关资源金额较大，也不妨把作业成本库分为几个次级作业成本库，分别选择不同的成本动因用于各个次级作业成本库。确定计算成本动因率。

某产品某成本动因成本 = 某成本库分配率 × 成本动因数量

作业成本计算的目标最终要计算出产品的成本。直接成本可单独作为一个作业成本库处理。将产品分摊的制造费用，加上产品直接成本，为产品成本。

$$某产品成本 = \sum 成本动因成本 + 直接成本$$

第二节 作业成本法的应用

一、作业成本计算举例

【例】 W公司主要生产甲、乙两种产品，甲产品是公司的主营产品，生产技术已相当成熟，乙产品是一种生产工序较为复杂的产品，目前生产的批量较小。W公司上年甲产品产量为75 000件，耗用50 000机器小时，乙产品产量为20 000件，耗用15 000机器小时，成本资料如表6-1所示。

表6-1　　　　　　　　　　　　　　　　　　　　单位：元

项目	甲产品	乙产品
直接材料	600 000	200 000
直接人工	250 000	50 000
制造费用	1 275 000	

1. 传统成本计算法

在传统成本计算方法中,间接费用的分配主要是以直接人工、直接材料和直接工时为标准进行分配。这种分配方法我们称之为传统成本法的成本分摊。它的特点是比较简便。

W 公司对制造费用按机器制造工时进行分配,计算过程如下:

制造费用分配率 = 1 275 000 ÷ (50 000 + 15 000) = 19.62(元/小时)

甲产品分摊的制造费用 = 50 000 × 19.62 = 981 000(元)

乙产品分摊的制造费用 = 1 275 000 - 981 000 = 294 000(元)

具体情况如表 6-2 所示。

表 6-2 传统成本计算法下的成本计算表 单位:元

项目	甲产品	乙产品
直接材料	600 000	200 000
直接人工	250 000	50 000
制造费用	981 000	294 000
总成本	1 831 000	544 000
产销量	75 000	20 000
单位产品成本	24.41	27.2

注:计算结果保留两位小数。

2. 作业成本计算法

1)作业成本分析

按作业成本计算法的要求,对企业进行作业分析,设立了生产订单处理、机器调整准备、原材料处理、机器加工、质量检验等作业环节。生产作业资料如表 6-3、表 6-4、表 6-5 所示。

表 6-3 资源耗费计算表 单位:元

资源项目	材料费用	工资费用	动力费用	折旧费用	办公费	合计
金额	800 000	460 000	205 000	850 000	60 000	2 375 000

表 6-4 主要参数及专属费用表

参数或费用 \ 作业	生产订单	机器调整准备	原材料处理	机器加工	质量检验	合计
人工支出/元	10 000	60 000	40 000	20 000	30 000	160 000
耗电度数/度	0	1 000	2 000	200 000	2 000	205 000
机器折旧/元			50 000	750 000	50 000	850 000
办公费/元	20 000	10 000	5 000	5 000	20 000	60 000

表 6-5　作业衡量参数表　　　　　　　　　　　　　　　　　　　单位：元

作业名称	量化单位 （作业动因）	衡量参数	产品消耗	
			甲产品	乙产品
生产订单处理	生产订单次数	200	120	80
机器调整准备	机器调试次数	20	8	12
原材料处理	批数	20	8	12
机器加工	机器工时	65 000	50 000	15 000
质量检验	检验次数	300	200	100

2）作业成本法成本计算

将各资源户归集的价值按资源动因分配记入各作业户。

（1）直接成本

直接成本包括直接材料和直接人工工资，均发生于机器加工作业，计算如表6-6所示。

表 6-6　直接成本计算表　　　　　　　　　　　　　　　　　　　单位：元

项目	甲产品	乙产品	合计
直接材料费用	600 000	200 000	800 000
直接人工工资	250 000	50 000	300 000

（2）其他费用

其他费用按资源动因分配记入各作业户，其中动力费用按各作业耗电度数计算，每度1元，机器加工作业的直接材料和直接人工工资已按直接成本分配，其他费用计算如表6-7所示。

表 6-7　间接费用计算表　　　　　　　　　　　　　　　　　　　单位：元

资源项目	生产订单	机器调整准备	原材料处理	机器加工	质量检验	合计
间接工资费用	10 000	60 000	40 000	20 000	30 000	160 000
动力费用	0	1 000	2 000	200 000	2 000	205 000
折旧费用			50 000	750 000	50 000	850 000
办公费	20 000	10 000	5 000	5 000	20 000	60 000
合计	30 000	71 000	97 000	975 000	102 000	1 275 000

根据成本动因计算各作业成本库的分配率如表6-8所示。

表6-8 成本库分配率计算表　　　　　　　　　　　　　　　　　　　　单位：元

作业成本库	可追踪成本	成本动因	成本动因数			分配率
			甲耗用	乙耗用	合计	
生产订单处理	30 000	生产订单次数	120	80	200	150
机器调整准备成本	71 000	机器调试次数	8	12	20	3 550
原材料处理成本	97 000	批数	8	12	20	4 850
机器加工	975 000	机器工时	50 000	15 000	65 000	15
质量检验成本	102 000	检验次数	200	100	300	340
合计	1 275 000					

根据成本库分配率和甲、乙产品耗用的成本动因数将作业成本库成本分配给甲、乙产品，如表6-9所示。

表6-9 作业成本库成本分配表　　　　　　　　　　　　　　　　　　　单位：元

作业成本库	分配率	甲产品		乙产品	
		耗用动因数	分配的费用	耗用动因数	分配的费用
生产订单处理	150	120	18 000	80	12 000
机器调整准备成本	3 550	8	28 400	12	42 600
原材料处理成本	4 850	8	38 800	12	58 200
机器加工	15	50 000	750 000	15 000	225 000
质量检验成本	340	200	68 000	100	34 000
合计			903 200		371 800

根据表6-6和表6-9的计算结果，计算甲、乙产品成本，如表6-10所示。

表6-10 产品成本计算表　　　　　　　　　　　　　　　　　　　　　　单位：元

项目	甲产品		乙产品	
	总成本	单位成本	总成本	单位成本
直接材料	600 000		200 000	
直接人工	250 000		50 000	
制造费用	903 200		371 800	
合计	1 753 200	23.38	621 800	31.09

注：计算结果保留两位小数。

比较两种方法的计算结果，甲产品传统成本计算法下的单位产品成本为24.41元，作业成本计算法下为23.38元，乙产品传统成本计算法下的单位产品成本为27.2元，作业成本计算法下为31.09元。在传统成本计算方法中，间接费用的分配主要是以直接人工、直接材料和直接工时为标准进行分配。这种分配方法我们称之为传统成本法的成本分摊。它的特点是比较简便，使用单一的成本动因；但缺点是产品成本核算可能不是非常准确。在企业的实际运作中，对于不同的产品和服务，成本分摊应该采用不同的分配方式和不同的动因。单一的成本分摊可能导致企业成本核算和决策上的失误。

W公司上年成本总额为2 375 000元，其中直接费用1 100 000元，间接制造费用1 275 000元，占成本总额的53.68%，甲产品是公司的主营产品，生产技术已相当成熟，乙产品是一种生产工序较为复杂的产品，目前生产的批量较小。因此，乙产品所耗用的生产订单处理成本、机器调整准备成本、质量检验成本等间接支出会较高，传统的成本计算方法忽略了这些特点，仅以机器工时作为分配标准有可能低估乙产品的实际成本，而高估甲产品成本。

成本分配的准确性取决于作业消耗量与成本动因的相关程度。作业成本计算法能够较客观、真实地反映先进制造环境下的产品成本。

二、作业成本法的评价

作业成本法是一个复杂的成本核算系统，需要对错综复杂的企业组织和经营活动进行分解，提出作业链分析，实施作业管理，实施的过程工作量较大，需要财务人员和其他管理人员有较高的素质以及多方的共同协作。

1. 作业成本理念先进

作业成本计算是一个以作业为基础的管理信息系统。它以作业为中心，而作业的划分是从产品设计开始，到物料供应，从生产工艺流程（各车间）的各个环节、质量检验、总装，到发运销售的全过程。通过对作业及作业成本的确认、计量，最终计算出相对真实的产品成本。这与传统的制造成本法中产品耗用成本的理念是不同的，作业成本法认为作业是成本管理的重点。

2. 作业成本计算对象是多层次的

在作业成本计算法下，人们不仅关注产品成本结果本身，更关注产品成本产生的原因及其形成的全过程。作业会计的成本计算思路是：产品消耗作业，作业消耗资源，生产费用应根据其发生的原因，汇集到作业，并计算出作业成本，再按产品生产所消耗的作业量，将作业成本计入产品成本。因而作业成本计算对象是多层次的，不仅包括最终产品，而且还把资源、作业、作业中心、劳务、顾客和市场等作为成本计算对象。

3. 作业成本计算法核算范围扩大

在作业成本计算法下，重新界定期间费用，就一个制造中心而言，该制造中心所有的费用支出只要是合理有效的，都是对最终产品有益的支出，就应计入产品成本，如采购人员工资、广告费、质量检验费、物料搬运费等。即作业成本观强调费用支出的合理有效性，而不论其是否与产出直接相关。期间费用所汇集的是所有无效的、不合理的支出，而不是与生产无直接关系的支出。企业将它们计入期间费用，是希望通过改进相关作业以消除这些耗费。另外，作业观念下成本项目是按作业类别设置的。

这种成本和期间费用的重新界定，是对管理内涵深层次认识的体现，有助于考核企业的管理效益，同时也完善了产品的成本概念。

4. 作业成本法对间接成本采用多标准、多步骤的分配方法

由于生产成本中的直接材料和直接人工属于直接成本，因而作业成本计算法对直接材料和直接人工成本的核算方法与传统成本计算方法相同，它们之间的差异主要体现在制造费用的分配上。作业成本法首先依据资源动因将制造费用分配到各作业中心,并计算出各作业中心所归集的成本。然后依据作业动因将作业中心的成本分配到最终产品上去。特别强调产品的零部件数量、调整准备次数、运输距离和质量检测时间等非财务变量,因为它们与产品实际成本耗费也有极强的相关性,从而避免了对实际成本的扭曲。因此,作业成本计算法能够较客观、真实地反映先进制造环境下的产品成本。

5. 加强了成本管理,提高企业的市场竞争能力

作业成本法以作业成本的核算追踪了产品形成和成本积累的过程,由于成本由作业引起,对成本的分析应该是对价值链的分析,而价值链贯穿于企业经营的所有环节,所以成本分析首先从市场需求和产品设计环节开始;作业的完成实际耗费了多少资源,这些资源是如何实现价值转移的,最终向客户(即市场)转移了多少价值、收取了多少价值得到准确的计量,作业成本计算法使成本的研究更加深入,成本信息更加详细化、更具有可控性。同时,通过对所有与产品相关联作业活动的追踪分析,为尽可能消除"不增值作业",改进"增值作业",优化"作业链"和"价值链",增加"顾客价值",提供有用信息,促使损失、浪费减少到最低限度,提高决策、计划、控制的科学性和有效性,最终达到提高企业的市场竞争能力和盈利能力,增加企业价值的目的。

【复习思考题】

1. 作业成本法的概念及特征。
2. 作业成本法的基本原理。
3. 作业成本核算的实施步骤。

【案例】

华实厂是一家制造业企业,主要生产 A 产品和 B 产品。其中,A 产品是华实厂两年前才开始引进投产的。当时由于考虑到本厂生产能力有剩余,而且生产 A 产品与生产 B 产品可以使用同样的产品线,所以开始投入生产 A 产品。并且由于 A 产品的市场价格较高,所以在引进 A 产品后,华实厂甚至放弃了一部分 B 产品的生产,将更多生产能力用于满足 A 产品的生产供应。但是两年下来,华实厂的领导发现,他们不仅没有获取更多的利润,经营状况反而开始恶化。尤其令他们疑惑的是自投产 A 产品以来,B 产品的成本较以往有所提高,其成本水平已经接近市场售价。他们开始怀疑成本分配的合理性,并请某咨询公司帮他们一起解决问题。

该咨询公司专家实地调研后发现:虽然两种产品由同一条产品线生产,但生产 A 产品的工艺相对要比较复杂,在正式投产前需要进行大量的生产准备工作,而且生产 A 产品需要投入的原材料规格多,数量大。生产 B 产品的工艺相对比较简单。但是按照传统成本法,由于制造费用是按机器工时进行分配的,两种产品分摊的制造费用相差不大。于是他们协助华实厂设计并实施了作业成本法。

经过观察和分析,专家为华实厂确定了如下作业和相应的作业动因(见表1)。

第六章 作业成本计算

表1 华实厂作业和作业动因

作业中心	作业	作业动因
原材料处理中心	购货	购货数量
	收货	收货数量
	验货	验货报告数量
	存储	存储数量
生产中心	机制	机器工时
	生产准备	生产准备小时数

实施作业成本法后华实厂的成本数据资料如表2、表3所示。

表2 资源分配数据 单位：元

作业中心	作业动因	总费用
存储	存储体积	600 000
购货	购货数量	300 000
收货	收货数量	270 000
验货	验货报告数量	150 000
机制	机器工时	298 800
生产准备	生产准备小时数	332 000
合计		4 640 000

表3 各产品动因数量统计表 单位：元

作业	A产品	B产品	合计
购货	4 000	1 000	5 000
收货	2 500	500	3 000
验货	2 500	500	3 000
存储	20 000	10 000	300 000
机制	1 000	700	1 700
生产准备	90	10	100

其中，本会计期间 A 产品的生产数量是 5 000 件，B 产品的生产数量是 4 000 件。

要求：（1）根据上面的资料计算，在作业成本法下本期分配给 A 产品和 B 产品的制造费用，并分别计算单位产品制造费用率。

（2）华实厂原来制造费用是按照机器工时进行分配的，请按其原来的制造费用分配方法重新分配本期 A 产品承担的制造费用和 B 产品承担的制造费用，并分别计算单位产品所分摊的制造费用率。

（3）比较（1）、（2）的计算结果，并说明差异原因。

（4）请结合你的分析，向华实厂领导指出其引进 A 产品后经营状况恶化的原因，并提出合理的改进建议。[①]

---

① 潘飞. 管理会计 [M]. 北京：清华大学出版社，2007.

第七章

经营预测

【学习目标】

了解经营预测的基本概念与预测程序。
理解经营预测中的定量分析与定性分析方法。
掌握成本、销售、利润、资金需求量的预测。

【引导案例】

华海公司是一家新成立的高科技企业,成立以来各方面发展良好,最近公司自主研发的一种高科技产品要投入生产,公司通过聘请专家学者对产品的市场发展和销售情况进行充分的评估,了解新产品销售和发展前景;根据公司现有能力,预计销售情况及成本收支情况;新业务的发展需要更多的资金,但公司目前资金不足,需要融资,影响资金需求总量的因素很多,华海公司应如何预测未来期间的资金需要总量,以提前做好融资安排呢?

萨缪尔森曾经说过:"良好的预测就像汽车明亮的前灯一样,展示了经济的前景,并有助于使决策者根据经济条件来采取行动。"企业如果想在市场竞争中取胜,有效的预测信息与方法是十分重要的。正确合适的经验预测将影响企业在激烈的市场中的地位和生存。

第一节 经营预测概述

一、经营预测及其内容

预测是一门科学,也是一门艺术。预测主要是通过数据采集及数据分析,对未来事物发展的可行性或必然性进行主观或直观表达。经营预测是企业制定发展规划的进行决策的依据,是企业根据历史数据和现有信息,运用科学的方法对未来的经济活动进行科学的预计和推测。

按照预测时间的长短,经济预测可分为短期预测、中期预测和长期预测。对1年以内经济发展前景的预测为短期预测;2~5年为中期预测;5年以上为长期预测。预测时间越短影响预测分析结果的因素变化就越小,预测分析结果的误差也就越小;反之,预测分析误差越大。按照预测范围的大小，经济预测可分为宏观预测、中观预测和微观预测。宏观预测是对整个国民经济所作的各种预测，中观预测是对一个部门或地区经济发展所作的预测，而企业范围内所有各种经济预测均称为微观预测或经营预测，比如企业的利润、销售、成本、资金预测等。

经营预测是企业决策科学化的前提条件。客观的预测和最优的决策是企业制定最终决策的基础。同时，规范的经营预测也是企业编制预算的基础。最后，经营预测是准确评估未来经济环境的前提，也是适应经济变化的保障。因此，经营预测是企业正常运营和管理不可或缺的重要职能和环节。

企业经营预测的对象主要包括对产品销售市场、产品生产成本、利润以及资金需要量等方面的预测。因此，经营预测的基本内容主要包括销售预测、利润预测、成本预测和资金预测等方面。

1. 销售预测

销售预测是指通过掌握一定区域和一定时期内与特定产品相关的供销环境和各种市场情况，分析产品有无现有和潜在市场，以及产品市场的规模，并根据对相关数据或因素的分析研究，预测特定产品在未来销售的数量及其变化趋势，从而预测企业产品未来销售量的过程。

2. 利润预测

利润预测是指根据企业未来发展目标，通过对影响利润变动的单价、成本、销售量等因素的综合分析，预测企业未来应达到或可望达到的利润水平及其变动趋势的过程。

3. 成本预测

成本预测是指根据企业未来发展目标和有关资料，运用一系列专门方法分析影响成本的各种相关因素，预测未来成本水平及其发展趋势的过程。

4. 资金预测

资金预测是指在销售预测、利润预测和成本预测的基础上，根据企业未来经营发展的目标，并考虑各种有关因素，运用一定的方法预测未来一定时期内或特定时期内项目所需的资金数额、来源渠道、运用方法及其效果的过程。

二、经营预测的一般程序

企业对市场销售、利润、成本及其所需资金的预测分析是按一定的程序进行的，经营预测一般的程序如下。

1. 确定预测目标

预测目标是根据企业情况，制订预测工作计划、确定资料来源、选择预测方法及配备预测人力的重要依据，所以进行经营预测，应首先明确预测目标。预测目标一般应根据企业生产经营的总体目标来设计和选择，避免盲目确定或面面俱到，还应根据预测的具体对象和内容确定预测的期限和范围。

2. 收集整理资料

根据已确定的预测目标，围绕预测目标有针对性地收集必要的信息资料，并采用一定方法对所收集的历史资料进行加工、整理、归纳和分析，找出与预测对象有关的各因素之间的相互依存关系。做到去粗取精、去伪存真，使经营预测建立在完整、准确信息的基础上。

3. 选择预测方法

经营预测方法的选择，必须从预测对象的实际出发，应根据预测对象的不同而有所不同。对于那些信息资料收集齐全，可以建立数学模型的预测对象，应根据预测目标与有关影响因素之间的关系，以及经过分析整理的有关预测信息资料，确定恰当的定量预测法；而对于那些缺乏大量信息资料、无法进行定量分析的预测对象，应当结合以往经验选择最佳的定性预测方法。为了保证企业预测分析的质量，应将定量预测法与定性预测法结合起来使用。

4. 进行预测分析

运用选定的预测方法，根据建立的预测分析模型及相关信息资料，对影响预测目标的各方面进行具体的计算分析和比较，以揭示预测分析对象的变化趋势，得出预测分析结果。

5. 评价预测结果并修正误差

通过检查预测结论是否符合当前实际，分析产生差异的原因，来验证预测方法是否科学有效，以便在以后的预测过程中及时地加以改进。同时，由于企业面对的市场复杂多变，存在许多不确定因素，根据数学模型计算出来的预测值可能没有将非计量因素考虑进去，这就需要结合定性分析的结论对其进行修正和补充，说明预测结果可能的变化幅度和预测误差，使其更接近于实际，为决策者在使用预测信息时留有充分的余地。

6. 提出预测报告

对于预测所揭示的客观事物发展变化的内在必然性，最终应以一定形式，按照一定程序向企业的有关管理者提出预测分析报告，以便于制订正确的计划，进行科学的决策。

三、预测分析的基本方法

预测分析方法种类繁多，但具体方法的选定受分析对象、目的、时间以及精确程度等因素的影响，大体上可归纳为定量分析和定性分析两大类。

1. 定量分析法

定量分析法也称数量预测法或统计预测法。定量分析法是根据已掌握的比较完备的历史统计数据，运用一定的数学方法，对有关的各种经济信息进行科学的加工处理，并进行相应的数学建模，充分揭示相关变量间的规律性联系，对预测对象未来的发展趋势进行评估和推测的方法。定量分析法可以有效地避免人为主观性对预测带来的误差，精确度较高。按照其依据的不同，又分为以下两种类型。

1）趋势分析法

趋势分析法也称时间序列预测法或历史资料引申法，它是运用一定的数学方法对按时间顺序排列的企业历年的资料进行加工处理，据此推测预测对象在未来一定时期内的变化趋势的一种方法。运用这种方法进行预测的前提是预测对象的历年发展变化具有明显的连续性，通过趋势分析法能体现企业未来发展的趋势。具体包括算术平均法、移动平均法、趋势平均法、加权平均法、平滑指数法和修正的时间序列回归法等。

2）因果分析法

因果分析法是依据变量之间相互依存、相互制约的因果函数关系，通过建立相应的经济数学模型进行的预测分析方法，如盈亏平衡分析法、回归分析法、投入产出法和经济计量法等。

2. 定性分析法

定性分析法又称非数量分析法，是由有关专业人员根据个人经验和专业知识，结合预测对象的特点进行综合分析，在考虑当前政治和经济形势、经济政策、消费倾向、市场前景等因素，以调查研究为基础，对预测对象的未来状况及发展趋势做出预测的一种分析方法。定性分析法适用于对预测对象的数据资料掌握不充分，或影响因素复杂，难以用定量分析方法加以描述的情况，或对主要影响因素难以进行数量分析等情况。定性预测法主要有市场调查法、集合意见法、特尔菲法等。

在企业实际预测中，经营预测一般为定量和定性分析法结合使用。定量分析法虽然较精确，但许多非计量因素无法考虑。例如，国家方针政策及政治和经济形势的变动，消费者心理及习惯的改变，投资者意向及职工情绪的变动等。而定性分析法虽然可以将非计量因素考虑进去，但估计的准确性在很大程度上受预测人员经验和素质的影响，带有一定的主观随意性。因此，定性分析法与定量分析法相互补充，结合企业现有条件，使预测结果更为可靠和准确，从而为企业决策服务。

第二节　销售预测

销售预测是企业通过历史数据和现有市场需求变化情况，运用科学方法对未来一定时期内产品销售趋势进行的预测和评估。销售预测是企业进行生产经营活动的起点，是企业制定经营决策的基础，也是企业开展其他经营预测的前提条件。企业的生产经营需要以市场为导向，同时，重视和加强企业的销售预测，使企业在激烈的市场竞争中求得生存和发展。

企业通过销售预测可以科学掌握产品在市场中需求动态和变化趋势，不仅为企业销售工作提供数据基础，也为企业未来生产进行有效、合理的组织和安排，做到以销定产、产销平衡。可以说，销售预测是企业制订经营决策的基础，是企业开展经营发展的先决条件。

一、销售预测的定性分析法

1. 市场调查法

市场调查法是运用理论和方法，通过对某种商品在市场上的供需情况的调查资料，以及企业本身商品的市场占有率，对未来一定时期内该种商品的销售趋势和可能性进行预测的方法。市场调查一般从以下四个方面进行。

1）对产品本身的调查

任何工业产品都有其产生、发展、衰亡的过程，经济学家通常把这个过程称为产品的"寿命周期"。它一般可分为试销、成长、成熟、饱和、衰退五个阶段，不同阶段的销售量（销售额）是不相同的，其发展呈抛物线趋势。

2）对消费者情况进行调查

摸清消费者的经济情况和经营发展前景，掌握消费者的消费心理和个人爱好，消费的风俗习惯，对产品及供应者的要求等。

3）对市场竞争情况的调查

市场经济离不开竞争，要能在市场竞争中求得生存和发展，既要充分了解同行业中同类产品在质量、包装、价格、运输、售后服务等方面的新举措，又要掌握本企业的市场占有率，以取得主动权。

4）对经济发展趋势的调查

充分了解国内外和本地区经济发展的趋势对本企业产品的影响，便于对产品的市场需求作出正确的判断。

最后，将以上四个方面的调查资料进行综合、整理、加工、计算，就可对产品的销售预测作出判断。

在销售预测中，市场调查法通常采取四种方式：一是全面调查法，即对涉及企业同一商品的所有销售对象进行逐个调查，经综合整理后，分析该商品在未来一定时期内销售量的增减变动趋势；二是重点调查法，即通过对有关商品在某些重点销售单位历史销售情况的调查，经综合分析后，基本上掌握未来一定时期内该商品销售变动的总体情况；三是典型调查法，即有意识地选择具有代表性的销售单位（或用户等有关因素），进行系统、周密的调查，经分析综合后，总结出有关商品供需变化的一般规律，借以全面了解它们的销售情况；四是抽样调查法，即按照随机原则，从有关商品的销售对象的总体中，抽出某个组成部分进行调查，经分析推断后，测算出有关商品的需求总量。这些方法的主要区别在于选取的调查样本不同。

2. 判断分析法

判断分析法是由对市场情况了解、经验丰富的专业人员或专家通过对未来销售状况进行综合分析研究，进而对企业未来时期，特定产品的销售量情况做出判断和预计的一种定性预测方法。判断分析法主要有专家意见法、专业人员意见法和主管人员意见法。

1）专家意见法

专家意见法在实际应用中常常采取以下两种形式：

(1) 专家调查法。

专家调查法也称特尔菲法,是由美国兰德公司在20世纪40年代创立的一种定性预测方法。它是预测机构或人员通过向见识广博、学有专长的有关专家发出调查表,由专家根据自己的业务专长和对预测对象的深入了解发表个人意见,经过多次反馈、综合、归纳各位专家的意见后,对有关产品在未来一定期间内的销售趋势做出预测判断。采用专家调查法进行销售预测时,应尽量保证使各位专家之间互不通气,以避免因彼此地位、观点的不同等原因而对他们产生干扰和影响,使每位专家都能够根据自己的观点、方法和经验进行预测,同时对不同专家意见的征询应反复进行。

专家调查法具有匿名性、费用不高的特点,其预测结果的可靠性也较高;但此法比较费时,有时信函的回收率不高,影响预测的顺利完成。总体看,专家调查法预测的结果可靠性要高于专家小组法。

【例1】 某公司准备开发一新产品,因该产品没有销售记录,公司特聘请七位专家采用特尔菲法预测其一定时期内的销售量。经过这些专家连续三次预测,对产品最乐观、最悲观和最有可能三种情况的销售量水平作出估计,预测所得数据如表7-1所示。

表7-1 特尔菲法专家意见汇总表　　　　　　　　　单位:件

专家编号	第一次判断情况			第二次判断情况			第三次判断情况		
	最高	最可能	最低	最高	最可能	最低	最高	最可能	最低
1	2 300	2 000	1 500	2 300	2 000	1 700	2 300	2 000	1 600
2	1 500	1 400	900	1 800	1 500	1 100	1 800	1 500	1 300
3	2 100	1 700	1 300	2 100	1 900	1 500	2 100	1 900	1 500
4	3 500	2 300	2 000	3 500	2 000	1 700	3 000	1 700	1 500
5	1 200	900	700	1 500	1 300	900	1 700	1 500	1 100
6	2 000	1 500	1 100	2 000	1 500	1 100	2 000	1 700	1 100
7	1 300	1 100	1 000	1 500	1 300	1 000	1 700	1 500	1 300
平均值	1 986	1 557	1 214	2 100	1 643	1 286	2 086	1 686	1 343

要求:根据上表第三次判断的资料,分别采用算术平均法、加权平均法(最高0.3,最可能0.5,最低0.2)作出计划期新产品预计销售量的判断。

在预测时,最终一次判断是综合前几次的反馈做出的,因此在预测时一般以最后一次判断为主。

算术平均法:预计销售量 $(x) = \dfrac{\sum x_i}{n} = (2\,086 + 1\,686 + 1\,343)/3 = 1\,705$(件)

加权平均法:预计销售量 $(x) = \sum x_i w_i$

式中 w_i——权数。

预计销售量 $(x) = (2\,086 \times 0.3) + (1\,686 \times 0.5) + (1\,343 \times 0.2)$
$= 625.80 + 843 + 268.60 = 1\,737$(件)

（2）专家小组法。

专家小组法也称为专家会议法，它是由企业将各有关专家集中起来，通过召开不同形式座谈会的方式，让专家针对预测对象交换意见并进行讨论，最后由企业综合各种意见做出预测的一种方法。

与特尔菲法各专家"背对背"的形式相反，这一方法是由专家小组"面对面"集体讨论和研究，相互启发和补充，因此对预测问题的分析研究更深入，预测结果较准确；但在专家会议中，有时易受心理因素影响，特别是权威人士意见对其他专家影响较大。

2）专业人员意见法

专业人员意见法是指由企业专门从事营销业务的人员根据自己的工作经验，对特定产品在未来一定时期的销售变动趋势做出分析判断，并据此做出销售预测的方法。

由于专业人员熟悉业务和销售市场，因此，专业人员意见法做出的预测结果代表性最强，并且所需时间短、费用低，比较实用。但是，专业人员的素质差异，往往只考虑本专业领域的因素，所作的预测又与本部门未来的销售任务相关，以至于在预测分析时可能有意识地为自己留有余地，从而干扰预测结论。

3）主管人员意见法

主管人员意见法是指由企业组织销售预测的主管人员召集销售管理、生产管理、财务管理等方面的负责人员参加专门会议，进行讨论，然后由主管人员在汇集各方面意见的基础上做出销售预测的方法。

这种方法的优点是能集思广益，简便易行，省时省力；但主观随意性较大，预测结果不太准确。

二、销售预测的定量分析法

在实际工作中采用的销售预测的定量分析法主要有算术平均法、移动平均法、指数平滑法、回归分析法等。

1. 算术平均法

该法又称简单平均法，是根据过去若干时期的销售量（或销售额）的算术平均数作为计划期的销售预测数的一种方法。

其计算公式为：

$$计划期销售预测数 = \frac{各期销售量总和}{期数}$$

【例2】 某公司上半年的销售资料如表7-2所示。试用简单平均法预测7月份公司的销售额。

表7-2 销售资料表

单位：万元

月份	1	2	3	4	5	6	合计
销售额	1 000	900	1 200	1 100	1 300	1 400	6 900

7月份销售预测值为：$S = 6\,900/6 = 1\,150$（万元）

这一方法计算简单，由于没有考虑远近期销售业务的变化对预测期销售状况的不同影响程度，从而使不同时期资料的差异简单平均化，其预测误差比较大，一般只适用于各期销售业务量比较稳定，没有季节性变动的产品的预测。

2. 移动平均法

移动平均法是计算某企业某产品过去若干时间的销售额的移动平均数，并以此为基础确定其销售预测值的预测方法。移动平均法可分为简单移动平均法和加权移动平均法。

1）简单移动平均法

根据表7-2数据资料，按该企业确定的移动平均周期为5期计算：

$$7月份的销售预测值 = \frac{900 + 1\,200 + 1\,100 + 1\,300 + 1\,400}{5} = \frac{5\,900}{5} = 1\,180（万元）$$

和简单平均法方法较相似，简单移动平均法较为简单易懂。不同的是，简单移动平均法预测时依靠数据资料更接近预测时期，从而使得预测值更接近实际值。

2）移动加权平均法

移动加权平均法是对过去若干时期的实际销售量（或销售额）按计算期逐期推移进行加权平均数计算，以作为计划期销售预测数的方法。其计算公式为：

$$计划期销售预测数 = \sum [某期销售量（或销售额）\times 该期权数]$$

其中权数的大小要根据实际销售值对计划期预测数的影响而定，一般接近计划期的实际销售值对计划期预测影响较大，故其权数要大；反之，要小。而且各权数之和为1。

上例若移动期为3，仅用4、5、6月份资料对7月份的销售额进行预测，权数分别为 $w_1 = 0.2$，$w_2 = 0.3$，$w_3 = 0.5$，则7月份的销售额预测数为：

$$S = 1\,100 \times 0.2 + 1\,300 \times 0.3 + 1\,400 \times 0.5 = 1\,310（万元）$$

由于加权平均法是按以往期间销售额距预测期的远近进行不同加权数的计算，可以消除历史资料差异的平均化，这样使得计算出的预测值与实际值更为接近。

3. 指数平滑法

指数平滑法也称指数移动平均法，它主要是利用平滑系数（加权因子）对本期的实际销售额（A）和本期预计销售额（F）进行加权平均计算后作为下期销售预计数的预测方法。采用该法预测计划期销售量或销售额时，需使用平滑系数 α 测算。α 的取值要求大于0、小于1，一般取值应在0.3~0.7之间。其计算公式为：

计划期销售预测值 =（平滑系数 × 上期实际销售数）+（1 - 平滑系数）× 上期预测销售数

即 $F_t = \alpha \cdot A_{t-1} + (1 - \alpha) \cdot F_{t-1}$

【例3】 假定某公司20×9年6月份生产某种产品实际销售量为1 200件，原来预测6月份的销售量为1 400件，平滑系数 α 若采用0.7，要求按指数平滑法预测7月份该产品的销售量。

预计 7 月份销售量 = （0.7×1 200）+ （1 - 0.7）×1 400 = 1 260（件）

该法可以排除在实际销售中所包含的偶然因素的影响，但平滑系数（加权因子）的取值决定预测值的计算结果，α 值越大，则下期的预测值就越接近本期的实际值；反之，下期的预测值就越接近本期的预测值。因此，选择平滑系数尤为重要，若销售表现为随机波动的变化，平滑系数应选择小一些（α<0.5），若销售表现有明显的变动趋势（增长或减少），则平滑系数应选择大一些（α>0.5）。

4. 时间序列回归法

1）直线回归分析法

回归分析法是根据 $y = a + bx$ 的直线方程式，按照数学上最小平方法的原理来确定一条能正确反映自变量 x 与因变量 y 之间具有误差平方和最小的直线的方法。其预测模型为：

$$y = a + bx$$

式中　a、b ——回归系数；
　　　y ——销售业务量（因变量函数）；
　　　x ——时间自变量。

按照直线回归法原理，回归系数 a、b 的计算公式为：

$$b = \frac{n\sum xy - \sum x \cdot \sum y}{n\sum x^2 - (\sum x)^2}$$

$$a = \frac{\sum y - b \cdot \sum x}{n}$$

由于观测值按时间顺序排列，间隔期相等，故可采用最简捷的办法，令 $\sum x = 0$ 来求回归直线。即对时间序列进行修正，然后利用回归分析原理进行预测。

具体做法是：若观测期（n）为奇数，则取 x 的间隔期为 1，即将 0 置于所有观测期的中央，其余上下均以绝对值 1 为等差递增（按…-3，-2，-1，0，1，2，3，…排列），若观测期为偶数，则取 x 的间隔期为 2，即将 -1 与 1 置于所有观测期当中的上下两期，其余上下均以绝对值 2 为等差递增（按…-5，-3，-1，1，3，5，…排列），以上这两种做法，均可使 $\sum x = 0$。

正因为 $\sum x = 0$，因而上述确定 a 与 b 值的公式就可简化为：

$$b = \frac{\sum xy}{\sum x^2}$$

$$a = \frac{\sum y}{n}$$

【例4】 某企业 20×1—20×5 年销售量分别为 20 万件、25 万件、30 万件、36 万件、40 万件，用修正的时间序列回归法预测 20×6 年的销售量。

用修正的时间序列回归法进行分析（见表 7-3）。

表7-3 修正的时间序列回归法相关数据

年份	时间序列	修正的时间序列 x	销量 y	xy	x^2
20×1	1	-2	20	-40	4
20×2	2	-1	25	-25	1
20×3	3	0	30	0	0
20×4	4	1	36	36	1
20×5	5	2	40	80	4
合计	15	0	151	51	10

将上表数据代入修正的时间序列回归公式，可得：

$$b = \frac{\sum xy}{\sum x^2} = \frac{51}{10} = 5.1$$

$$a = \frac{\sum y}{n} = \frac{151}{5} = 30.2$$

则 $y = 30.2 + 5.1x$

20×6年修正后的 $x = 3$，则20×6年的预测销售量：

$y = 30.2 + 5.1 \times 3 = 45.5$（万件）

2）曲线回归法

曲线回归法是运用二次或二次以上的回归方程进行销售预测。曲线回归法主要的计算公式如下：

$$y = ab^x$$

其中式中 y 表示某产品的销售额；x 表示影响销售趋势变动的主要因素；a 和 b 代表回归系数。

运用曲线回归法对销售额进行预测时，主要思路是二次或二次以上的回归方程转化成直线方程，然后根据直线回归方程进行销售预测。因此，对曲线回归法的计算首先对指数曲线两边取对数，然后根据直线回归原理，分别计算获得回归系数，最后将回归系数代入回归方程，并计算出预测值。主要的过程如下：

对曲线两边取对数得：

$$\lg y = \lg a + x \lg b$$

根据直线回归原理，计算回归系数

$$\lg a = \lg y - x \lg b = a'$$

$$\lg b = \frac{\lg y - \lg a}{x} = b'$$

将回归系数代入回归方程，计算预测值。

5. 因果分析法

因果分析法是依据企业销售量与其他（除时间）因素之间相互依存、相互制约的因果函数关系，通过建立相应的经济数学模型进行的预测分析方法，如盈亏平衡分析法、回归分析法、投入产出法等。盈亏平衡分析法可参考本书第三章内容。回归分析法是通过分析影响销售变动的主要因素，进而建立影响销售变动的主要因素与销售量之间的因果关系的回归方程，并根据回归方程推测未来销售变动趋势的预测方法。

第三节　成本预测

成本预测是企业根据其经营目标和预测时期内可能发生的变化因素，采用定量和定性分析方法，确定目标成本、预测成本水平和成本变动趋势的一种管理活动。做好企业成本预测的意义重大，具有导向意义的成本预测可以加强企业成本管理，降低企业成本，同时，对企业进行成本控制、成本分析和成本考核提供数据参考。

成本预测的方法主要有高低点法、回归分析法、加权平均法和因素分析法等。

一、高低点法

高低点法主要是选用一定时期内，计算历史数据中最高产量之差（Δy）和最低产量的产品成本之差（Δx）的比值，即单位变动成本（b），然后求出固定成本（a）的值，据此推算出预测期内该产品的总成本和单位成本。具体方法参照本书第二章成本性态分析。

运用高低点法对企业成本进行预测方法较为简便，主要适用于企业产品成本变动趋势较小或较为稳定时，但是如果企业产品的各个阶段的成本变动较大，使用高低点法进行预测会造成较大的误差，不宜采用此方法。

二、回归分析法

回归分析法是通过建立直线回归模型 $y = a + bx$，其中式中 x 表示预测某产品一定时期内的销售额；a 表示固定成本；b 表示单位变动成本。根据直线回归原理，计算出回归方程的系数，从而预测未来一定时期内某产品的总成本和单位成本。

【例5】　某企业生产某种产品近5年的销售产量和总成本数据见表7-4，预计下一年度该产品生产量为5 000台。请根据历史数据，预测下一年度该产品的总成本和单位成本。

表7-4　某企业近5年的销售产量和总成本数据

年份	产量/台	总成本/元
20×1	2 500	30 000
20×2	2 000	28 000
20×3	3 200	35 000
20×4	3 600	43 000
20×5	4 000	51 000

根据直线回归原理,分别计算出直线回归系数 a 和 b。

$$b = \frac{n\sum xy - \sum x \cdot \sum y}{n\sum x^2 - (\sum x)^2}$$

$$\approx 11.24 \text{ (元/台)}$$

$$a = \frac{\sum y - b \cdot \sum x}{n} = 3\,005.6 \text{ (元)}$$

将直线回归系数代回成本预测模型方程得:

$$y = 3\,005.6 + 11.24x$$

按生产产量为 5 000 台计算,某企业 20×6 年该产品的成本预测为:

$$y = 3\,005.6 + 11.24 \times 5\,000 = 59\,205.6 \text{ (元)}$$

20×6 年该产品的单位成本为:

$$\frac{59\,205.6}{5\,000} = 11.84 \text{ (元/台)}$$

回归分析法适用于当企业的历史成本数据中的产品单位成本不稳定、时高时低或变化幅度较大时采用。

三、加权平均法

加权平均法是根据企业若干时期的固定成本和单位变动成本的历史数据的分析,按其距离预测期的远近分别进行加权来计算加权平均成本水平的预测方法。运用加权平均法预测某产品的总成本和单位成本的计算公式为:

预测期产品的总成本为:

$$y_p = \sum a_i w_i + x_p \sum b_i w_i$$

其中式中 x_p 为预测期产品产量;w_i 为第 i 期历史数据资料的加权系数,且满足 $\sum w_i = 1$;a 为第 i 期历史数据资料的固定成本;b 为第 i 期历史数据资料的单位变动成本。

单位成本为预期产品总成本与预测期产品产量之比。

【例6】 某企业 20×1 年至 20×5 年生产某产品的产量、成本数及加权数据见下表(表7-5),若 20×6 年该企业预计生产该产品产量为 5 000 台时,运用加权平均法预测该企业 20×6 年产品总成本和单位成本。

表7-5 某企业 20×1 年至 20×5 年生产某产品的产量、成本数据及加权数据

年份	产量/台	单位变动成本/元	固定成本/元	加权数
20×1	300	500	15 000	0.10
20×2	900	480	27 000	0.15
20×3	1 200	450	32 000	0.20
20×4	2 800	520	43 000	0.25
20×5	3 600	470	50 000	0.30

根据表7-5历史数据资料,分别计算加权平均的固定成本和单位变动成本为:

$$\sum b_i w_i = 500 \times 0.10 + 480 \times 0.15 + 450 \times 0.20 + 520 \times 0.25 + 470 \times 0.30$$
$$= 483 \text{（元／台）}$$
$$\sum a_i w_i = 15\,000 \times 0.10 + 27\,000 \times 0.15 + 32\,000 \times 0.20 + 43\,000 \times 0.25 +$$
$$50\,000 \times 0.30 = 37\,700 \text{（元）}$$

将上述计算所得的加权平均的固定成本和单位变动成本代入预测期产品总成本公式，预测 20×6 年产品总成本和单位成本分别为：

产品总成本：
$$y_p = \sum a_i w_i + x_p \sum b_i w_i = 37\,700 + 483 \times 5\,000 = 2\,452\,700 \text{（元）}$$

单位成本：
$$\frac{2\,452\,700}{5\,000} = 490.54 \text{（元／台）}$$

加权平均法一般适用于企业具有详细的产品成本价格、单位变动成本等历史数据时采用。

四、因素分析法

因素分析法主要通过分析与产品成本相关的生产能力、劳动效率、生产技术及商品物价变动和宏观经济发展动向等影响成本的因素，以及预计采用相关措施对成本指标的影响程度来预测现有产品未来的成本水平的一种定量分析方法。

在测算各项措施对产品成本的影响程度时，一般要抓住主要影响因素，并对主要因素进行分析。企业一般从节约原材料成本及消耗、提高劳动生产效率、提升生产技术进步、有效利用资源配置、节约制造成本费用、减少废品损失等方面进行测算。

1. 预测材料费用对产品成本的影响

材料费用在成本中占有比重较大，因此，材料费用的高低直接影响到产品成本的大小。材料费主要受材料消耗定额和材料价格等因素的影响。材料消耗定额和材料价格降低影响的成本降低率的计算公式分别为：

材料消耗定额降低影响的成本降低率 =
　　材料费占产品成本的百分比 × 材料消耗定额降低率

材料价格降低影响的成本降低率 =
　　材料费占产品成本的百分比 ×（1 - 材料消耗定额降低率）×
　　材料价格降低率

综合材料消耗定额和材料价格因素的影响，计算材料费降低影响的成本降低率的计算公式为：

材料费降低影响的成本降低率 =
　　材料费占产品成本的百分比 ×［1 -（1 - 材料消耗定额降低率）×
　　（1 - 材料价格降低率）］

2. 预测工资费用对产品成本的影响

劳动生产率的变动与单位产品成本中工资费用的变动成反比关系，平均工资的增长与单位产品成本的工资费用的变动成正比关系。劳动生产率提高超过平均工资增长影响的成本降低率的计算公式为：

劳动生产率提高超过工资增长影响的成本降低率 =

生产工人工资占成本的百分比 $\times \left(1 - \dfrac{1+平均工资增长率}{1+劳动生产增长率}\right)$

其中劳动生产率可以用产量表示，也可以用工时表示。其计算公式为：

劳动生产率提高超过工资增长影响的成本降低率 =

生产工人工资占成本的百分比 $\times \left(1 - \dfrac{1+平均工资增长率}{1+工时定额降低率}\right)$

3. 预测生产增长超出变动费用增长对产品成本的影响

在企业生产经营过程中所产生的间接费用中，变动费用部分随产量的增长而增长，但其增幅一般低于生产增长速度，因此会减少单位产品中的间接费用，从而降低产品单位成本。生产增长超过变动费用增长引起成本的降低率的计算公式为：

生产增长超过费用增长影响的成本降低率 =

变动费用占产品成本的百分比 $\times \left(1 - \dfrac{1+费用增长率}{1+生产增长率}\right)$

4. 预测产量增长而固定费用不变对产品成本的影响

在企业生产经营过程中所发生的固定费用一般不随产量的增长而变化。因此，随着产量的增长，会使单位产品成本应分摊的固定性费用减少，从而降低单位产品的成本。具体的计算公式为：

产量增长而固定费用不变影响的成本降低率 =

固定费用占产品成本的百分比 $\times \left(1 - \dfrac{1}{1+生产增长率}\right)$

5. 预测废品率降低对产品成本的影响

企业生产中发生的废品损失也是企业成本构成项目之一，降低废品率可以减少废品损失，从而降低产品成本。废品率降低对产品成本的影响的计算公式为：

废品损失减少影响的成本降低率 =

废品损失占成本的百分比 × 废品损失减少率

【例7】 某企业上一年生产某产品10 000件，预计下一年生产该产品数量为12 000件，按上一年平均单位产品成本为85.50元，根据表7-6和表7-7该企业计划预测期产品成本项目及其各个影响变动因素相关资料，计算各因素变动对预测期产品总成本影响的降低幅度。

表7-6 某企业计划预测期某产品成本项目及其结构

项目	总成本/元
原材料和辅助材料费用	500 000
燃料和动力费用	100 200
职工薪酬	151 200
废品损失	40 000
制造费用	223 000
其中：固定部分	137 000
变动部分	86 000
合计	1 014 400

表7-7 预测期预计各影响因素变动的相关资料

影响因素	变动程度
计划年度生产增长	25%
劳动生产率提高	20%
工人平均工资增长	17%
材料消耗定额降低	9%
材料平均单价提高	5%
燃料和动力消耗定额降低	10%
燃料和动力平均单价提高	2%
变动制造费用增加	3%
废品损失降低	2%

①计算材料费用和燃料费用对成本的影响：

材料消额定额降低影响的成本降低率 = $\frac{500\ 000}{1\ 014\ 400} \times 9\% = 4.44\%$

材料价格降低影响的成本降低率 = $\frac{500\ 000}{1\ 014\ 400} \times (1-9\%) \times (-5\%) = -2.24\%$

综合计算：

材料费用降低影响的成本降低率 =

$\frac{500\ 000}{1\ 014\ 400} \times [1-(1-9\%) \times (1+5\%)] = 2.19\%$

材料成本降低额 =

预测期产品总成本 × 材料成本降低率 = $1\ 014\ 400 \times 2.19\% = 22\ 215.36$（元）

燃料和动力消耗定额降低而形成的成本降低率 = $\frac{100\ 200}{1\ 014\ 400} \times 10\% = 0.99\%$

燃料和动力平均单价提高形成的成本降低率 =

$\frac{100\ 200}{1\ 014\ 400} \times (1-10\%) \times (-2\%) = -0.18\%$

综合计算：

燃料和动力影响的成本降低率 =

$$\frac{100\ 200}{1\ 014\ 400} \times [1-(1-10\%) \times (1+2\%)] = 0.81\%$$

燃料成本降低额 =

预产期产品总成本 × 燃料成本降低率 = 1 014 400 × 0.81% = 8 216.64（元）

② 计算职工薪酬对成本的影响：

劳动生产率提高超过职工薪酬增长影响的成本降低率 =

$$\frac{151\ 200}{1\ 014\ 400} \times \left(1 - \frac{1+17\%}{1+20\%}\right) = 0.37\%$$

职工薪酬成本降低额 = 预测期产品总成本 × 职工薪酬成本降低率
$$= 1\ 014\ 400 \times 0.37\% = 3\ 753.28（元）$$

③ 计算产量增长超过变动费用增长对成本的影响：

产量增长超过费用增长影响的成本降低率 = $\frac{86\ 000}{1\ 014\ 400} \times \left(1 - \frac{1+3\%}{1+25\%}\right) = 1.49\%$

成本降低额 = 1 014 400 × 1.492% = 15 134.85（元）

④ 计算产量增长而固定费用不变对成本的影响：

产量增长而固定费用不变影响的成本降低率 = $\frac{137\ 000}{1\ 014\ 400} \times \left(1 - \frac{1}{1+25\%}\right) = 2.70\%$

成本降低额 = 1 014 400 × 2.70% = 27 388.84（元）

⑤ 计算废品率降低对成本的影响：

废品率降低而引起的成本降低率 = $\frac{40\ 000}{1\ 014\ 400} \times 2\% = 0.08\%$

成本降低额 = 1 014 400 × 0.08% = 811.52（元）

最后，综合上述各种影响变动因素，计算产品成本降低率和产品成本降低额：

产品成本降低率 = 2.19% + 0.81% + 0.37% + 1.49% + 2.70% + 0.08% = 7.64%

产品成本降低额 = 1 014 400 × 7.64% = 77 500.16（元）

第四节　利润预测

利润是企业在一定时期内的经营结果的统计，它主要是企业通过营业收入总额与营业成本总额的差值体现的。利润预测是在分析影响利润变化的各种因素的基础上，通过对企业不同时期的利润变化趋势进行分析、判断，对企业利润进行科学、有效地预测的方法。利润预测是与企业的销售预测和成本预测同步进行的，同时，利润预测也与企业在未来一定时期内努力达到的最优利润控制目标，即目标利润为预测目标。利润预测是企业经营中重要的预测目标之一。

企业的利润预测可以根据利润的不同构成部分及内容进行分析判断，主要可以分为预测营业利润、营业外收入、营业外支出金额等，然后将利润总额的各个构成部分进行汇总，即可计算出利润总额。利润预测的主要方法有直接预测法、杠杆系数法、因素分析预测法等。

一、直接预测法

直接预测法是指根据上一年企业利润及其构成和预测期影响利润的有关因素的变化情况，直接对企业利润进行推算的方法。企业进行推算时，根据利润构成内容，分别预测出营业利润、投资净收益、营业外收支额等，最后将各部分利润数进行相加，即可得出企业预测期内利润预测总额。主要的公式为：

预测期利润总额 = 预计营业收入 – 预计营业成本 – 预计营业税金及附加 – 预计销售费用 – 预计管理费用 – 预计财务费用 + 预计投资净收益额

其中式中：

预计营业收入 = 预计主营业务收入 + 预计其他业务收入

预计营业成本 = 预计主营业务成本 + 预计其他业务支出

其中预计其他业务支出包括其他业务成本与其他业务税金及附加。

企业预测的投资净收益额是根据企业预计对外投资收入减去预计投资损失后的数额所得。其公式为：

预计投资净收益额 = 预计投资收益 – 预计投资损失

预测净利润额是根据各项预测数额相加计算出预测利润总额减去预测的应交所得税计算得出的。其公式为：

预计利润总额 = 营业利润 + 营业外收入 – 营业外支出

预计净利润总额 = 预计利润总额 – 预计所得税数额

二、杠杆系数法

杠杆系数法是企业根据经营杠杆系数计算公式计算利润变动率进行利润预测的方法。经营杠杆系数（Degree of Operating Leverage，DOL）是指在一定产销额的基础上，利润变动率相当于产销额变动额的倍数。主要的公式为：

$$经营杠杆系数（DOL） = \frac{利润变动率}{销售额变动率}$$

即

$$经营杠杆系数（DOL） = \frac{（单价 - 单价变动成本）\times 预计销售量}{（单价 - 单价变动成本）\times 预计销售量 - 固定成本}$$

式中我们可以了解，由于固定成本存在，因此，经营杠杆系数大于1，即企业利润变动幅度总是大于销售量变动幅度，其主要原因是由于固定成本总额不随销售量总额的增加而变化。相反，销售总额增加会导致单位成本下降和利润的上升。因此，当销售量增加时，利润将以更高的增长率增长；当销售量减少时，利润将以更大的降低率下降，这就是第三章介绍的"杠杆"现象。杠杆系数法主要的计算公式为：

预测期利润 = 上一年度利润 ×（1 + 销售量增长率 × 经营杠杆系数）

【例8】 某企业上一年生产某产品1 000件,产品的销售单价为500元/件,单位变动成本为320元/件,固定成本总额为90 000元,预计下一年该产品销售量将增加20%,假设预测期销售利润水平和其他条件保持不变,请运用杠杆系数法预测下一年该产品的利润额。

首先计算该企业年度经营杠杆系数:

杠杆系数(DOL) = $\dfrac{(500-320) \times 1\,000}{(500-320) \times 1\,000 - 90\,000}$ = 2.0

预测利润总额:

预测期利润总额 =
 [(500-320)×1 000-90 000]×(1+20%×2.0)=126 000(元)

运用经营杠杆系数也能够预测实现目标利润应该达到的销售业务量增长率。其计算公式为:

实际目标利润的产销量变动率 = $\dfrac{预测期目标利润 - 上一年实际利润}{上一年实际利润 \times 经营杠杆系数}$

三、因素分析预测法

因素分析法是根据上一年实际的利润水平,充分考虑各种因素的增减对预测期销售利润的影响(例如产品销售量、产品品种结构、产品品质质量、产品销售成本、产品销售价格及产品销售税率等)来预测企业产品销售利润的方法。

在预测企业产品销售利润时,应先确定上一年的利润率水平,采用销售利润率或成本利润率指标,然后进一步预测各因素变动对企业预测期某产品的销售利润的影响程度。

1. 预测产品销售量变动对利润的影响

在其他因素不变的情况下,预测期产品销售数量增加,利润额会随之增加;反之,利润额则随预测期产品销售数量的减少而下降。在其他因素条件不变的情况下,销售量变动对利润的影响的计算公式为:

因产品销售量变动而影响的利润增加额 =
 上一年产品成本利润率×(预测期产品销售成本-上一年产品销售成本)

如果选择上一年的销售利润率水平,以及预测期的销售收入的变动值来预测预测期利润的增加数额,其计算公式为:

因产品销售量变动而影响的利润增加额 =
 预测期产品的销售量增加数×上一年产品的单位价格×上一年产品的销售利润率

2. 预测产品品种结构变动对利润的影响

由于各种产品的利润水平不同,当各种产品的品种结构发生变化时,根据产品的品种结构及其利润水平所计算的平均利润率就会随之发生变化,从而影响利润额的变化。产品品种结构变化对利润的影响的计算公式为:

因产品品种结构变动而影响的利润增加额 = 预测期产品销售收入×
 (预测期产品平均销售利润率-上一年产品平均销售利润率)

或

因产品品种结构变动而影响的利润增加额 = 预测期产品销售成本 ×
 （预测期产品平均利润率 – 上一年产品平均成本利润率）

其中

预测期产品平均利润率 = $\sum$（某产品上一年利润率 × 该产品预测期销售比重）

3. 预测产品销售成本对利润的影响

在产品价格不变的情况下，降低产品成本会增加利润额。产品成本降低对利润的影响的计算公式为：

因产品成本降低而影响的利润增加额 =
 预测期产品的销售数量 × 上一年产品单位成本 × 预测期产品成本降低率

4. 预测产品销售价格提高对利润的影响

产品销售价格提高会引起销售收入增加，从而引起利润增加。产品销售价格变动对利润的影响的计算公式为：

因产品销售价格提高而影响的利润增加额 =
 预测期产品销售数量 × 变动前产品销售价格 × 价格提高率 ×
 （1 – 综合销售税率）

5. 预测产品销售率调低对利润的影响

产品综合销售税率的变动直接影响利润的变化。产品综合销售税率调低对利润的影响的计算公式为：

因产品销售税率调低而影响的利润增加额 =
 预测期产品销售收入 ×（1 + 价格提高率）×
 （原综合销售税率 – 变动后综合销售税率）

第五节 资金预测

资金预测是指企业根据自身规模及其发展、资金利用效果为依据，在分析企业相关的历史数据、技术条件、发展前景和未来规划的基础上，运用科学方法，预测企业未来资金量的需求的方法。资金预测是企业发展的重要部分，是企业保证资金供应、合理组织企业运行、提高资金利用率、保证企业经营和发展的必要条件。

资金预测的主要方法包括：资金增长趋势预测法、预计资产负债表法、资金占用比率法和因素分析法。

一、资金增长趋势预测法

资金增长趋势预测法是运用回归分析的策略，分析企业过去的销售收入情况及其资金需要量，确定反映销售收入与资金需用量之间的回归直线，并据此预测出企业未来一定时期内对资金需要量的方法。

值得注意的是，由于影响资金总量变化的因素很多。因此，在企业预测资金需求量时，考虑的因素也很多。然而从短期经营决策角度上看，引起资金发生变动最直接、最有效和最重要的因素就是销售收入。因此，企业往往通过销售收入与资金需求量建立科学的关系，从而预测企业未来一定时期内对于资金需求的总额。

资金需求总额与销售收入之间的关系可以用下式表示：

$$y = a + bx$$

其中，y 表示资金需求总额；x 表示一定时期内的销售收入；a 表示资金需求总额中不受销售收入变动影响的部分；b 表示资金需求总额中与销售收入成正比变动的部分。

根据直线回归方程，可以求出回归系数 a 和 b 的值，从而确定直线回归方程，最后预测企业需求资金的总额。

【例9】 某企业20×1年至20×4年的资金总额和销售收入数据如表7-8所示，假设预计资金总额与销售收入呈线性关系，且回归方程为 $y = a + bx$。请根据表7-8数据，假设20×5年该企业销售收入预测值为380万元，预测该企业20×5年资金需求总额。

表7-8 某企业20×1年至20×4年资金总额和销售收入数据

年份	销售收入/万元	资金总额/万元
20×1	210	2 095
20×2	256	2 509
20×3	295	2 860
20×4	306	2 959

根据回归公式，分别求出回归系数 a 和 b，

$$b = \frac{n\sum xy - \sum x \sum y}{n\sum x^2 - (\sum x)^2} = \frac{4 \times 2\,831\,408 - 11\,121\,341}{4 \times 290\,297 - 1\,138\,489}$$

$$= \frac{11\,325\,632 - 11\,213\,416}{1\,161\,188 - 1\,138\,489} = \frac{204\,291}{22\,699} = 9$$

$$a = \frac{\sum y - b\sum x}{n} = \frac{10\,423 - 9 \times 1\,067}{4} = \frac{10\,423 - 9\,603}{4} = \frac{820}{4} = 205$$

因此，根据回归系数，该企业资金需求总额的预测方程为：

$$y = 205 + 9x = 205 + 9 \times 380 = 3\,625（万元）$$

二、预计资产负债表法

预测资产负债表法是企业通过编制资产负债表来预测企业未来资产情况、负债情况和利润情况，从而进一步预测外部资金需求量的一种方法。企业运用此法时，主要是按照销售量来预测未来资金总量，即以企业预测期销售收入变动的百分比为参数，预计销

售量的变化对资产负债项目及其他项目对资金的影响,从而预测企业未来资金需求量的一种定量分析方法。企业运用此法的主要步骤如下:

1. 确定资产负债表中项目

分析企业资产负债表,主要是分析负债表中敏感性项目。即确定随销售额变动的资产、上一年负债项目的金额。

2. 确定资产负债表中项目占有率

根据上一年企业的资产负债情况及销售相关资料,计算企业资产负债表中各个项目的销售占有率,进而确定企业资产负债表中的各个资产、负债项目的预期数据。

3. 预计企业预期的收益

企业按照预期销售额和上一年企业销售净利润率来计算预期的净利润,除去按预测期股利发放率预算的预计发放股利,剩余量可确定为预测期增加的收益额。

4. 编制企业预测期资产负债表

计算资产负债表中不随销售变动的各项资产额、负债情况及所有者权益项目的预测期数额,编制企业预计资产负债表和预计资金需求量。

5. 确定预测期企业外部资金需求量

企业根据预计资产负债表中的资产总额来确定预计资金需求总额,根据预计负债与预计所有者权益总额确定企业预期可用资金总额。

其公式主要为:

预测期外部资金需求量 = 预计资金需求总额 - 预测期可用资金总额

【例10】 某企业20×1年的实际销售收入为525 000元,扣除所得税后销售净利润率为8%,共计42 000元,其中24 360元用于发放股利。该企业的资产负债表见表7-9。

表7-9 某企业20×1年资产负债表

资产		负债与所有者权益	
现金	26 250	应付账款	99 750
应收账款	52 500	短期借款	99 250
存货	157 500	长期负债	63 000
预付费用	61 250	股票	120 000
固定资产	131 250	留存收益	46 750
合计	428 750	合计	428 750

经预测,该企业下一年将实现销售收入700 000元,且按照20×1年度股票股利进行发放,请根据上述数据资料运用资产负债法预测该企业下一年度资金需求量。

①根据20×1年销售变动情况确定该企业敏感性项目及所占销售份额,见表7-10。

第七章 经营预测

表7-10 企业资产负债表中敏感性项目占销售总额份额

资　产	销售百分比	负债与所有者权益	销售百分比
现金	5%	应付账款	19%
应收账款	10%	短期借款	未变动
存货	30%	长期负债	未变动
预付费用	未变动	股票	未变动
固定资产	25%	留存收益	变动
合　计	70%	合　计	19%

② 根据表7-10数据，预测下一年各个项目的预测值，见表7-11。

表7-11 资产负债表项目预测表

项　目	20×1年年末资产负债表	20×1年销售百分比	20×2年预计资产负债表
资产			
现金	26 250	5%	35 000
应付账款	52 500	10%	70 000
存货	157 500	30%	210 000
预付费用	61 250	未变动	61 250
固定资产	131 250	25%	175 000
资产总额	428 750	70%	551 250
负债与所有者权益			
应付账款	99 750	19%	133 000
短期负债	99 250	未变动	99 250
长期负债	63 000	未变动	63 000
负债总额	262 000	19%	295 250
股票	120 000	未变动	120 000
留存收益	46 750	变动	70 270 *
负债与所有者权益总额	428 750	19%	485 520
可用资金总额			485 520
需筹措资金总额			65 730
合计			551 250

* 留存收益 = $46\,750 + 700\,000 \times 8\% \times \left(1 - \dfrac{24\,360}{42\,000}\right) = 70\,270$（元）

上述计算表明，该企业下一年度需要资金总额为551 250元，与上一年，即20×1年相比需要增加资金 551 250 − 428 750 = 122 500（元），考虑资金来源随之增加 485 520 − 428 750 = 56 770（元）。因此，需要对外筹措资金 65 730 元。

三、资金占用比例法

资金占用比例法又称比例计算法，是企业根据预期确定的相关指标，如企业净产值、销售收入、成本费用、经营利润等，按上一年流动资金实际平均占用额与相关指标的比例关系，预测企业流动资金需求总额的一种方法。资金占用比例法主要适用于全部流动资金占用数额的预测。

其计算公式为：

预测期流动资金需求总额 = 预测期相关指标 × 上一年相关指标流动资金率 ×
　　（1 ± 预测期流动资金周转速度变动率）

其中式中相关指标资金率是指产值资金率、营业收入资金率及成本资金率等。

上一年相关指标流动资金率 = $\dfrac{（上一年流动资金平均占用额 - 不合理资金平均占用额）}{上一年相关指标} \times 100\%$

四、因素分析法

因素分析法又称分析计算法，是以上一年实际流动资金占用数额为基础，分析未来年度各因素的变动情况，加以调整后核定资金占用数额的一种方法。主要的公式为：

预测期流动资金需求额 = （上一年流动资金平均占用额 - 不合理资金占用额）×
　　（1 ± 预测年度生产变动率）×（1 ± 预测期流动资金周转速度变动率）

【复习思考题】

1. 经营预测的基本概念及其内容。
2. 经营预测的一般程序。
3. 销售预测中的定性分析有哪些方法？
4. 如何运用因素分析法预测各个因素变动影响成本的降低额和降低率。
5. 请分析及简述不同因素的变化对企业利润预测的影响程度。
6. 利润预测方法有哪些？
7. 资金需求总额的预测方法有哪些？
8. 企业资金需求总额是否会出现负增长？

【练习题】

1. 根据某企业的过去5年某产品的实际销售额（见下表），分别运用加权移动平均法和曲线回归法推算未来某产品的销售额。

某企业 2×08—2×12 年某产品销量数据统计

年份	2×08	2×09	2×10	2×11	2×12
销售量/件	1 800	1 740	1 860	1 920	1 980

2. 某企业上一年生产某种产品 5 000 件,预测期预计生产销售 7 000 件,按上一年平均单位成本 100 元计算,预计预测期的总成本为 700 000 元,根据表 1 和表 2 介绍的成本项目结构及预测期预计各影响因素变动的有关历史资料,请计算各影响因素变动对预测期产品总成本影响的降低率及降低额。

表 1 成本项目及其结构

项目	总成本/元
原材料和辅助材料费用	220 000
燃料和动力费用	132 000
职工薪酬	80 000
废品损失	45 000
制造费用	223 000
固定部分	147 000
变动部分	76 000
合计	700 000

表 2 预测期预计各影响因素变动的相关资料

影响因素	变动程度
计划年度生产增长	25%
劳动生产率提高	20%
工人平均工资增长	15%
材料消耗定额降低	9%
材料平均单价提高	6%
燃料和动力消耗定额降低	10%
燃料和动力平均单价提高	4%
制造费用增加	3%
废品损失降低	2%

3. 某企业生产某产品,当年生产产量为 2 500 件,该产品的单价为 800 元/件,单位变动成本为 500 元/件,固定成本总额为 500 000 元,预计下一年该产品销售量将增加 25%,预测期销售利润率水平和其他条件保持不变,请采用杠杆系数预测法和销售利润率法预测企业下一年该产品的利润额。

4. 某公司近 6 年的资金总额和销售收入数据见下表。经分析,该公司的资金需求总额与销售收入呈线性关系,该公司 2×13 年销售收入预计为 20 万元,请预测该公司 2×13 年的资金需要总额。

管理会计

某公司近6年的资金总额和销售收入数据

年份	销售收入/万元	资金总额/万元
2×07	4	20
2×08	8	38
2×09	11	49
2×10	13	67
2×11	15	80
2×12	17	87

第八章

短期经营决策

【学习目标】

了解决策的意义及一般程序。
理解与决策有关的成本概念。
掌握经营决策分析的基本方法。
掌握主要短期经营决策的内容。

【导入案例】

天地公司生产三种产品：A、B 和 C。A 产品单价 20 元，单位变动成本 15 元，月销售量 10 000 件，B 产品单价 15 元，单位变动成本 5 元，月销售量 2 000 件，C 产品单价 8 元，单位变动成本 6 元，月销售量 2 500 件。公司把每月 60 000 元的制造费用平均分配到每种产品，亏损的 C 产品被停产。由于制造费用 60 000 元是固定的，现在这些费用要在 A、B 两种产品之间分配。B 产品分配到的 30 000 元超过了 20 000 元的边际贡献，所以它也被停产。这样 A 产品要负担全部 60 000 元的制造费用，由于 A 产品显然无法负担，公司面临全面停产。公司的上述决策是否正确？

第一节 短期经营决策概述

一、决策的含义及分类

所谓决策，是指人们为了实现某一特定目标，在占有必要信息的基础上，借助于科学的理论和方法，进行必要的计算、分析和判断，从若干可供选择的方案中选择一个最优方案的过程。

按决策条件的确定程度可分为确定性决策、风险性决策和不确定性决策。确定性决策是指决策分析者确知环境条件，每一备选方案只有一种确定的执行结果的决策。风险性决策是指决策分析者不能预先确知环境条件，但有能力预测每一备选方案在可能状态下执行的可能结果的数目及概率的决策。不确定性决策是指决策分析者不但不能预先确知环境条件，甚至无从估计每一备选方案的可能结果及其概率，或者虽然有能力预测可能结果但无法预测其概率的决策。

按备选方案之间的关系可分为单一或独立方案决策、互斥方案决策和组合方案决策。单一或独立方案决策是指对各自独立存在而不受其他任何方案影响的方案,判断其可行与否的决策。互斥方案决策是指在相互排斥的多个可行备选方案中选出一个最满意方案的决策,它不但要判断备选方案的可行性,而且还要对可行方案择优。组合方案决策是指存在若干方案可同时实施,但在资源约束条件下又不能同时实施,因而需要在满足约束条件下构造出各种可能的方案组合,并在这些组合中选出一个满足决策目标的组合,这个组合称为"最优组合"方案。

按决策的时间长短分类可分为短期决策和长期决策。短期决策只涉及一年以内的有关经济活动,不涉及新的固定资产投资,又称"经营决策"。长期决策是涉及一年以上的决策,涉及改变或扩大企业的生产能力而进行的决策。如固定资产的购置,改建,更新,资源的开发和利用等。

二、短期决策的含义及特点

短期决策,也称为短期经营决策,是指对涉及较短时间的一些专门业务进行决策,其影响只限于近期收支盈亏。这类决策主要包括定价决策、生产决策和成本决策。同时,各类短期决策都包括一系列具体问题。例如,定价决策包括标准产品定价问题、新产品定价问题、特殊订货定价问题、配套产品定价问题等。生产和成本决策包括零部件自制或外购问题、半成品或联产品是否进一步加工后出售问题、亏损产品是否停产问题、有限资源最佳利用问题等。

短期决策同长期决策相比,具有如下特点:

(1) 短期决策一般不涉及新的固定资产投资,主要侧重于如何充分、合理地利用现有资源和现有经营环境来取得最佳的社会经济效益。

(2) 短期决策一般只涉及一年以内的一些专门业务,其决策结果影响期较短。

(3) 短期决策在方法上主要采用差量分析法、贡献毛益分析法、本—量—利分析法以及线性规划法等方法,一般不考虑货币时间价值因素和投资风险价值因素。

三、短期决策的一般过程

1. 明确短期决策目标

进行短期决策分析,首先选定决策目标,确定决策分析的具体问题。这一目标由企业相关部门根据实际情况提出来,然后向决策部门汇报。例如销售部门要决策销售价格应定在什么水平,特殊订货应否接受;生产部门要决策如何选择生产方式,分析亏损产品是否停产。根据具体问题,采取针对性的预测方法,做好以后阶段的短期决策分析。

2. 收集相关信息资料

确定决策目标以后,企业决策部门要针对性地收集有关数据信息资料,包括可计量信息和不可计量信息,并对此进行必要的检查、加工和整理。占有资料的准确与否决定着决策分析结果的精确性,占有资料的数量决定着提出更多解决方案的可能性。收集资料是短期决策分析中的重要一环。

3. 提出备选方案

企业决策部门根据短期决策目标，针对性地收集相关资料后，应根据企业的实际情况，提出技术上先进可靠、经济上合理有效的多项可能实行的备选方案。所提出的各备选方案必须是切实可行的，如果备选方案不可行，可能就会导致作出错误的决策。例如在作出产品零件自制或外购决策时，就可提出以下三个备选方案：本企业自行生产、委托其他单位加工和直接向外采购。

4. 选择最优方案

决策机构根据已提出的备选方案，采用一定的决策分析方法，对各方案进行综合评价，根据评价结果对方案进行排序，从中选出最优方案。决策分析方法多种多样，不同的决策目标可以采用不同的决策分析方法，同一决策目标也可采用不同的决策分析方法。根据不同的决策分析方法的不同要求，编制计算表、绘制有关图表，经过筛选确定最优方案。有一些备选方案虽然单独来看并没有优势，但却有利于企业整体效益的提高，尤其要加以注意。

四、短期决策需要考虑的成本概念

1. 差量成本

广义的差量成本，也称为"差别成本"或"差额成本"，是指可供选择的不同备选方案之间的预期成本的差异额。例如，某企业生产中需要 A 部件 100 件，现有自制与外购两个方案。若自制，单位成本（含直接材料、直接人工和制造费用）为 10 元；若外购，单位价格为 16 元，两方案预期总成本差额为 600 元，即为两者的差量成本。

狭义的差量成本，一般是指由于生产能力利用程度（或产量增减变化）的不同而形成的成本差异。在相关范围内，差量成本表现为变动成本。例如，某企业决定生产甲产品，单位变动成本为 10 元，固定成本总额为 5 000 元，有两个方案可供选择，生产 500 件或 700 件。两种产量下总成本分别为 10 000 元和 12 000 元，两方案之间的增量成本为 2 000 元。但是，当生产能力发生变动时，差量成本也可能包括固定成本。例如生产 700 件需要增加固定设备，因而增加固定成本 1 000 元，则两方案之间的增量成本为 3 000 元。

2. 机会成本

机会成本是指在经营决策中，从多种可供选择的方案中选取某个最优方案而放弃次优方案所丧失的潜在收益。机会成本是对有限资源的利用进行决策分析时而产生的概念。资源通常是稀缺的且具有排他性，很多时候一旦用于某一方面就不能同时用于另一方面。在进行决策分析时，要从各备选方案中选择最优方案。当选择了某一方案作为最优方案时，必然要放弃其他的次优方案。次优方案可能提供的收益，也即选择目前方案所付出的代价。机会成本并非企业实际支出，也不记入账册。但在决策时，应将其作为一个现实的因素加以考虑。在进行决策时，只有将落选方案的潜在收益作为机会成本计入相关总成本中，才能全面、合理地评价中选方案的经济效益。忽视机会成本，有可能造成决策失误。

例如，企业现有闲置的生产能力可用于生产 A 产品，每月可以获净利 10 000 元，但这个生产能力也可用于对外出租，每月可以获得 9 000 元的租金收入，如果企业选择用于生产 A 产品，那么就要放弃对外出租的方案，每月 9 000 元的租金就是选择生产 A 产品的机会成本。

3. 边际成本

经济学上的边际成本是指产品成本对产品产量无限小变化的变动部分，即成本随产量无限小变化的变动率。从数学上讲，边际成本就是总成本函数的一阶导数。在生产实践中，产量无限小的变化，最小只能小到一个单位，如果产量的变化低于一个单位，就没有什么实际意义。所以，边际成本的实质就是产量每增减一个单位而引起的成本变动。在相关范围内增加或减少一个单位产品所引起的成本变动，就是产品的单位变动成本。可见，管理会计中的单位变动成本和差量成本就是边际成本这个理论概念的具体表现形式。

边际成本在经营决策中的作用：一是当某产品的平均成本与边际成本相等时，其平均成本最低；二是当某产品的边际收入与边际成本相等时，可使企业的利润最大。根据这两条规律，用来判断增减产量在经济上是否有利将具有重要现实意义。

4. 重置成本

重置成本又称现时成本，重置成本是指目前从市场购买一项原有资产所需支付的成本。重置成本是相对于历史成本而言的。

例如，某企业库存商品购进时单价 200 元，数量 100 件，如果今年以 250 元价格全部销售，以历史成本计算可获毛利 5 000 元，但假如因物价上涨重新购进相同的库存商品，每件需花费 280 元，则按重置成本计算，企业会亏损 3 000 元。因此，在决策中应将重置成本作为重要因素来考虑。

5. 付现成本

付现成本是指那些由于未来某项决策所引起的需要在将来动用现金支付的成本。在经营决策中，特别是当企业的资金紧张，资金来源受到限制的情况下，管理当局在进行决策分析时必须综合考虑企业的付现能力、设备利用水平，以及货币时间价值等因素，往往会选择付现成本最小的方案来代替总成本最低的方案。选择这种方案也可能使企业尽快把握机会，提前获益，抵偿日后多支出的成本，甚至可以提前占领市场，获得货币时间价值的好处。

例如，企业生产中需租用一仓库三个月，一个备选方案是租金每月 2 000 元，但需全部预付，另一个备选方案是租金每月 2 500 元，每个月末支付，若企业资金不紧张的话，应选第一个方案，若企业资金紧张，不能提前支付现金的话，应选第二个方案，虽然成本相对高一些，但不用立即动用现金。

6. 专属成本与共同成本

专属成本是指明确可归属于某种、某批或某个部门的固定成本，也称"特定成本"。

例如，为生产某种产品而采用的固定资产的折旧费、保险费等都是专属成本。绝大多数变动成本属于专属成本，没有必要按此特性专门反映，所以专属成本一般专指固定成本或混合成本。专属成本在大多数情况下是决策分析中应该予以考虑的相关成本，但某些专属成本在特定的决策中也可能是无关成本。例如，多年前购置的某种产品专用设备的折旧费，并不会因该产品停产而消除，在分析是否停产该产品时应将其作为无关成本。

共同成本是指那些需由几种、几批或几个有关部门分担的固定成本。是与专属成本相反的概念。一般表现为固定成本。共同成本特点在于，无论选择哪一个决策方案，它都会发生而且发生的金额相同。例如，企业管理人员的工资、车间的照明费和共同使用的机器设备的折旧费都是共同成本。通常情况下，它是决策方案的无差量成本，不会导致决策差异。

7. 可避免成本与不可避免成本

可避免成本是指通过某项决策行动可以改变其数额的成本。可避免成本与特定方案相联系，管理当局通过某项决策行动可以改变其数额或决定其是否发生。例如，企业的广告费、新产品研究开发费、职工培训费等。某方案被采纳，某项支出就会发生；如果某方案没有被采纳，该支出就不会发生。

不可避免成本是指某项决策行动不能改变其数额的成本。是同可避免成本相对应的一个成本概念，例如，在维持企业一定生产能力的前提下一些固定资产折旧费即为不可避免成本。

一个方案的取舍，主要看可避免成本，因为它是有关方案差别成本的组成部分。不可避免成本是目前已经客观存在的成本，它与新的备选方案的取舍没有直接联系。

8. 可递延成本与不可递延成本

可递延成本是指在企业财力有限的情况下，对于已决定选用的某一方案如推迟执行，还不致影响企业的全局，那么与这一方案有关的成本，就称为"可递延成本"或"可延缓成本"。例如，某企业已决定统一更换全部工人的工作服装，但因企业目前资金紧张，决定推迟其更换时间。因为这一方案即使不被立即实施，也不会对企业目前的生产经营活动产生重大影响。所以，同更换服装有关的成本称为可递延成本。

不可递延成本是指如果选定某一决策方案，必须立即执行，否则，将会对企业生产经营活动的正常运行产生重大的不良影响，那么与这一类方案有关的成本称为不可递延成本，也可称为不可延缓成本，它是与可递延成本相反的概念。例如，某企业的一项关键性设备出现故障，如果不立即修复投入运行，企业将无法按期完成顾客预订的交货任务，使企业遭受重大损失。这类方案所涉及的成本就属于不可递延成本。

值得注意的是，我们将决策成本分为可递延成本和不可递延成本，具有重大的现实意义。要求我们在决策分析过程中，对于任何已选定的方案，在企业财力负担有限的情况下，应该区分轻重缓急，确定哪些是可递延成本，哪些是不可递延成本，然后依次付诸实施，量力而行。只有这样，才能更有效地利用现有资源最大限度地提高企业的经济效益和社会效益。

9. 沉没成本

沉没成本是指过去决策所引起的、已经支付的、无法由现在或将来的任何决策所能改变的成本。

企业的大多数固定成本均属于沉没成本，但并非所有固定成本都属于沉没成本，如与决策方案有关的新增固定资产的折旧费就属于相关成本；某些变动成本也属于沉没成本，如在半成品深加工决策中，半成品本身的成本就为沉没成本。

10. 相关成本与无关成本

相关成本是指与特定备选方案决策有关，具有导致决策差别的成本项目，即决策分析时必须考虑的有关成本。无关成本是与相关成本对应的概念，是指那些对未来决策选择没有影响、不会导致决策差别的成本项目。

进行短期决策时需考虑的相关成本有差量成本、机会成本、边际成本、重置成本、付现成本、专属成本、可避免成本、可递延成本等。通常来说，决策时不应考虑的无关成本主要包括沉没成本、共同成本、不可避免成本和不可递延成本。正确认识成本的相关性，可以提高成本信息的有用性和决策分析的效果。

五、短期决策的基本方法

短期决策的基本方法有差量分析法、贡献毛益分析法、成本无差别点分析法、概率分析法，还有直接判断法、利润无差别点法、微分极值法及线性规划法等，本节主要介绍最基本的前四种方法，其他方法将在短期决策的具体内容中介绍。

1. 差量分析法

企业进行决策分析时，要在几个备选方案中选择对企业总体更为有利的最优方案。当两个备选方案具有不同的预期收入和预期成本时，根据不同方案之间差量收入与差量成本的比较，求得差量损益来分析选择最优方案的方法就叫做差量分析法。

在运用差量分析法时，应首先明确几个概念：

(1) 差量收入，是指两个备选方案预期收入之间的数量差异。
(2) 差量成本，是指两个备选方案预期成本之间的数量差异。
(3) 差量损益，是指差量收入与差量成本之间的数量差异。

差量分析法是短期决策中应用最为广泛的一种决策方法，当差量收入大于差量成本时，其数量差异为差量收益；当差量收入小于差量成本时，其数量差异为差量损失。差量损益实际是两个备选方案预期收益之间的数量差异。具体运用时可编制差量损益分析表（见表 8-1）。

表 8-1 差量损益分析表

	方案 A	方案 B	差量
相关收入	R_A	R_B	ΔR
相关成本	C_A	C_B	ΔC
差量损益			ΔP

差量分析法的运用主要是根据各备选方案的基本情况，分别计算差量收入 ΔR 和差量成本 ΔC。将计算出的差量收入和差量成本进行比较并选择最优方案：若差量收入大于差量成本，即差量损益 ΔP 为正数，则作为被减项的方案 A 为优。若差量收入小于差量成本，即差量损益 $-\Delta P$ 为负数，则作为减项的 B 方案为优。若差量收入 ΔR 等于差量成本 ΔC，则两方案具有相同的经济效益，差量损益 ΔP 为零。要注意，差量分析法并不严格要求哪个方案是比较方案，哪个方案是被比较方案，但计算差量收入和差量成本时，方案的前后次序必须保持一致。在运用差量分析法时，往往只需比较其相关收入及相关成本，并尽量省去发生额相同而不影响差额的部分，以简化计算。

【例1】 某企业生产 A 半成品，单位变动成本 50 元/件，售价为 60 元/件，年产量 1 000 件，若经过深加工可成为乙产品，每件加工成本 80 元，乙产品单价 150 元，企业现已具备深加工 1 000 件甲半成品的能力，不需追加专属成本，深加工能力无法转移。要求做出甲直接出售还是深加工的决策。

表 8-2 差量损益分析表

	深加工为乙再出售	直接出售甲半成品	差量
相关收入	150×1 000 = 150 000 元	60×1 000 = 60 000 元	差量收入 = 90 000 元
相关成本	80×1 000 = 80 000 元	0	差量成本 = 80 000 元
差量			差量损益 = 10 000 元

如表 8-2 所示，差量损益为 10 000 元，大于零，因此，A 半成品深加工为乙再出售为最优方案。单位变动成本 50 元/件在本例中为无关成本。

差量分析法仅适用于两个方案之间的比较，如果有多个方案可供选择，在采用差量分析法时，只能分别两个两个进行比较、分析，逐步筛选，选择出最优方案。差量分析法主要运用于产品品种选择决策、自制或外购决策、半成品或联产品是否进一步加工后出售决策、亏损或不盈利的产品是否继续生产的决策等。

2. 贡献毛益（边际贡献）分析法

贡献毛益分析法是在成本性态分类的基础上，通过对产品所创造的贡献毛益进行分析，从各个备选方案中选取最优方案的方法。其理论依据是，固定成本总额在相关范围内并不随业务量（产销量）的增减变动而变动，当在现有生产能力的基础上提出若干可行性方案时，固定成本一般保持稳定，不因方案的取舍而改变，因此，收入减变动成本后的差额（即贡献毛益）越大，则减去不变的固定成本后的余额（即利润）也就越大，所以可根据其贡献毛益大小来决定不同方案的优劣。

在运用贡献毛益分析法时要注意判断各方案固定成本是否相同，是否存在专属固定成本。在不存在专属成本的情况下，比较不同备选方案的贡献毛益总额，贡献毛益总额最大的为最优方案；在存在专属成本的情况下，首先应计算备选方案的剩余贡献毛益（贡献毛益总额减专属成本后的余额），然后比较不同备选方案的剩余贡献毛益总额，剩余贡献毛益总额最大的为最优方案。

运用贡献毛益分析法时，也可通过比较各备选方案的单位资源边际贡献额（如单位人工工时贡献毛益,单位机器工时贡献毛益),来正确进行择优决策,但要注意产品的产销量,企业的资源是否受限等因素。

贡献毛益分析法适用于多个方案的择优决策,主要运用于新产品开发决策分析以及接受特殊订货决策分析等,此外还可以进行亏损产品是否停产的决策分析。

【例2】 企业有2 400个机器工时的剩余生产能力,可用于生产A、B或C产品,A、B、C产品有关资料如表8-3所示。

表8-3

	A产品	B产品	C产品
单位定额工时	2	3	4
单价	90元	120元	170元
单位变动成本	70元	80元	100元

要求:做出应生产何种产品的决策。

如表8-4所示,生产C产品的贡献毛益总额最多,因此2 400个机器工时的剩余生产能力,可用于生产C产品。用于生产A、B或C产品的生产能力是相同的,其固定成本相同,为决策的无关成本,在决策过程中可不予考虑。

表8-4 贡献毛益比较表

	A产品	B产品	C产品
产量	1 200	800	600
单位贡献毛益	30元	40元	70元
贡献毛益总额	36 000元	32 000元	42 000元

如果上例中生产C产品需增加一台专用设备,每期成本7 000元。则需计算各方案的剩余贡献毛益总额。

如表8-5所示,生产A产品的剩余贡献毛益总额最多,因此2 400个机器工时的剩余生产能力,应用于生产A产品。

表8-5 剩余贡献毛益比较表

	A产品	B产品	C产品
产量	1 200	800	600
单位贡献毛益	30元	40元	70元
贡献毛益总额	36 000元	32 000元	42 000元
专属固定成本	0元	0元	7 000元
剩余贡献毛益	36 000元	32 000元	35 000元

3. 成本无差别点分析法

所谓成本无差别点是指在该业务量水平上,两个不同方案的总成本相等,但当高于或低于该业务量水平时,不同方案就具有了不同的业务量优势区域。利用不同方案的不同业务量优势区域进行最优化方案的选择的方法，称为成本无差别点分析法。

在成本按性态分类基础上，任何方案的总成本都可以用 $y = a + bx$ 表述。

a_1、a_2 分别代表方案 A 和方案 B 的固定成本总额；

b_1、b_2 分别代表方案 A 和方案 B 的单位变动成本；

y_1、y_2 分别代表方案 A 和方案 B 的总成本。

$y_1 = a_1 + b_1 x$

$y_2 = a_2 + b_2 x$

假设：x 为成本无差别点业务量，

成本无差别点是指在该业务量水平上，A、B 两个方案的总成本相等，

令：$y_1 = y_2$

则：$a_1 + b_1 x = a_2 + b_2 x$

整理得：$x = (a_1 - a_2) / (b_2 - b_1)$

在成本无差别点上，方案 A 和方案 B 的总成本相等，也就是说两个方案都可取；而低于或高于该点，方案 A 和方案 B 就具有了不同的选择价值。至于在哪个区域哪个方案更可取，则应通过代入 y_1、y_2 公式试解或通过图解来确定。

【例3】 某公司需要的甲零件可以自制也可以外购，其自制的成本为：单位变动成本为 8 元，专属固定成本总额为 6 000 元；其外购的单价为 10 元。用成本无差别点法可作出是自制还是外购的决策。

$y_1 = 6\,000 + 8x$

$y_2 = 10x$

令：$y_1 = y_2$，则：$6\,000 + 8x = 10x$，$x = 3\,000$

如图 8-1 所示，若全年需要量超过 3 000 件，应自制；若全年需要量小于 3 000 件，应外购。全年需要量如为 3 000 件，自制与外购均可。

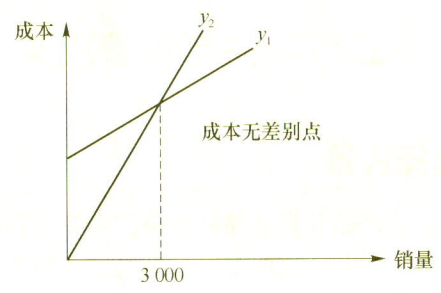

图 8-1

在企业的生产经营中，有些只涉及成本而不涉及收入即成本型方案的选择，成本无差别点法适用于各备选方案的相关收入均为零，相关的业务量为不确定因素时的决策，如零部件自制还是外购的决策、不同工艺进行加工的决策等。这时可以考虑采用成本无差别点分析法进行方案的择优选择。

4. 概率分析法

概率分析法就是将企业经营中的诸多因素（如产品销量、变动成本、固定成本

等),在一定范围内的变动程度凭决策者假定或以历史资料为依据作出估计,确定每一变量的概率,计算各变量相应的联合概率;将不同联合概率条件下的结果加以汇总,得到预期值。从而把影响决策的各种现象都考虑进去,因而使决策更加接近于实际情况。

【例4】 修理部门修理某仪器,该仪器有 A、B、C 三组零件可能损坏,损坏后没有仪器能测试到底是哪个零件损坏,如果单修 A 成本为 50 元,单修 B 成本为 80 元,单修 C 成本为 160 元,A、B 一起修成本 100 元,A、B、C 一起修成本 200 元,A 损坏的概率是 0.2,B 损坏的概率是 0.3,C 损坏的概率是 0.5,可能有三种修理方案:方案一,按 A、B、C 次序检修;方案二,A、B 一起检修;方案三,A、B、C 一起检修。

如表 8-6 所示:

表 8-6

	A 组零件	B 组零件	C 组零件
概率	0.2	0.3	0.5
方案一成本/元	50	130	290
方案二成本/元	100	100	260
方案三成本/元	200	200	200

方案一成本期望值 = $50 \times 0.2 + 130 \times 0.3 + 290 \times 0.5 = 194$(元)
方案二成本期望值 = $100 \times (0.2 + 0.3) + 260 \times 0.5 = 180$(元)
方案三成本期望值 = 200(元)
方案二成本期望值最低,应选择方案二,A、B 组零件一起检修。

第二节 生产经营决策

一、生产品种选择决策

生产品种选择决策包括新产品开发的品种决策,企业在利用现有的绝对剩余生产经营能力开发新产品的过程中,在两个或两个以上可供选择的多个新产品中选择一个最优品种的决策。还有利用剩余生产经营能力增产何种老产品的决策等。一般可用的决策方法是差量分析法、边际贡献分析法等。

在产品生产的品种决策中,如果有关方案均不涉及追加专属成本,且业务量已知,可以采用贡献毛益总额分析法进行决策;若业务量未知或资源受限,可以用单位资源贡献毛益分析法进行决策。如果当产品开发的品种决策方案中涉及追加专属成本时,可以考虑使用差量分析法进行决策。

【例5】 某厂目前同时生产甲、乙、丙产品,现有的生产能力尚有剩余。资料如表 8-7 所示。

表 8-7

	甲产品	乙产品	丙产品
单位售价	42.6 元	48.2 元	25.3 元
单位变动成本	21 元	34.6 元	18.2 元
单位固定成本	10.8 元	3.6 元	1.8 元
单位的净收益	10.8 元	10 元	5.3 元

固定成本按机器小时分摊，分配率为 1.8 元/小时。

为充分利用该厂剩余的生产能力，在甲、乙、丙三种产品中应优先增产哪一种产品。

这是一个利用剩余生产经营能力增产何种老产品的决策问题，有关方案均不涉及追加专属成本，但业务量未知。可以用单位资源贡献毛益分析法进行决策。

如表 8-8 所示，为充分利用该厂剩余的生产能力应优先增产丙产品。

表 8-8

	甲产品	乙产品	丙产品
单位售价	42.6 元	48.2 元	25.3 元
单位变动成本	21 元	34.6 元	18.2 元
单位贡献毛益	21.6 元	13.6 元	7.1 元
单位工时	6	2	1
单位工时贡献毛益	3.6 元	6.8 元	7.1 元

二、产品最优组合决策

产品的生产都离不开一些必要的资源或条件，如机器设备、人工、原材料等，而其中有些资源或条件可以用于不同产品的生产，如果这些因素又是有限的，就应使各种产品的生产组合达到最优化的结构。产品组合优化决策就是通过计算、分析进而作出各种产品应生产多少才能使得各个生产因素得到合理、充分的利用，并能获得最大利润的决策。进行产品组合优化决策的方法，一般有逐次测算法、图解法、单纯形法等。

【例6】 某公司在计划期间准备生产 A、B 两种产品，其有关资料如表 8-9 所示。

表 8-9

	A 产品	B 产品
销售单价	45 元	15 元
单位变动成本	35 元	9 元
单位贡献毛益	10 元	6 元
生产单位产品所需机器小时：		
一车间	4	1
二车间	2	3

若计划期间一车间的最大生产能力为 4 500 机器小时,二车间的最大生产能力为 9 000 机器小时;根据市场预测,A 产品的最大销售量为 1 000 件,B 产品为 2 500 件。

A、B 两种产品应如何组合才能获得最大收益。

逐次测算法是根据企业有限的各项生产条件和各种产品的情况及各项限制因素等数据资料,分别计算单位限制因素所提供的贡献毛益并加以比较,在此基础上,经过逐步测试,使各种产品达到最优组合。

(1) 计算并比较两种产品单位限制因素所提供的贡献毛益额,如表 8-10 所示。

表 8-10

项目	A 产品	B 产品
单位工时贡献毛益(一车间)	2.5 元	6 元
单位工时贡献毛益(二车间)	5 元	2 元

比较两种产品单位限制因素所提供的贡献毛益额可知,A 产品在一车间的每单位工时的贡献毛益额少于 B 产品,而 A 产品在二车间每单位工时贡献毛益额多于 B 产品。

(2) 进行第一次测试。试优先安排 A 产品生产,剩余因素再安排 B 产品的生产,根据约束条件,A 产品销售量预测为 1 000 件,则安排最大生产量为 1 000 件。其安排结果如表 8-11 所示。

表 8-11

项目	产量	一车间耗用工时		二车间耗用工时		贡献毛益总额/元
		单位工时	总工时	单位工时	总工时	
A 产品	1 000	4	4 000	2	2 000	10 000
B 产品	500	1	500	3	1 500	3 000
合计			4 500		3 500	13 000

由于一车间的最大生产能力为 4 500 工时,A 产品耗用 4 000 工时,剩余 500 工时,可生产 B 产品 500 件,二车间的最大生产能力为 9 000 工时,A 产品耗用 2 000 工时,剩余 7 000 工时,可生产 B 产品 2 333 件,但由于一车间生产能力的限制,只能生产 500 件。

3. 第二次测试,先满足 B 产品的生产,由于 B 产品的市场销售量为 2 500 件,安排的最大生产量也应为 2 500 件。剩余因素生产 A 产品。如表 8-12 所示。

表 8-12

项目	产量	一车间耗用工时		二车间耗用工时		贡献毛益总额/元
		单位工时	总工时	单位工时	总工时	
B 产品	2 500	1	2 500	3	7 500	15 000
A 产品	500	4	2 000	2	1 000	5 000
合计			4 500		8 500	20 000

由于一车间的最大生产能力为 4 500 工时，B 产品耗用 2 500 工时，剩余 2 000 工时，可生产 A 产品 500 件，二车间的最大生产能力为 9 000 工时，B 产品耗用 7 500 工时，剩余 1 500 工时，可生产 A 产品 750 件，但由于一车间生产能力的限制，只能生产 500 件。

从两次测试的结果可以明确地看出第二种产品组合方式比第一种组合方式贡献毛益多 7 000 元，生产 A 产品 500 件，B 产品 2 500 件是最优组合。

另外，本例还可用图解法得出正确的结论。用例 6 资料，设 A 产品产销量为 x，B 产品产销量为 y，可获得的贡献毛益为 S，根据约束条件可建立线性规划模型如下：

约束条件 $\begin{cases} 4x + y \leqslant 4\ 500 & L_1 \\ 2x + 3y \leqslant 9\ 000 & L_2 \\ x \leqslant 1\ 000 & L_3 \\ y \leqslant 2\ 500 & L_4 \\ x, y > 0 \end{cases}$

目标函数：$S = 10x + 6y$

用图解法求解以上线性规划模型，即在满足以上约束条件的前提下，求 S 的最大值，如图 8-2 所示：

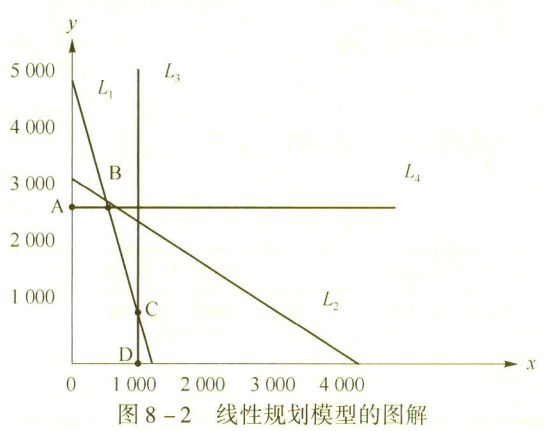

图 8-2 线性规划模型的图解

将四条直线所围成的可行区域中的外凸点 A、B、C、D 所代表的产品组合代入目标函数进行试算，求出目标函数最大值，相应的组合即为最优组合，如表 8-13 所示。

表 8-13 各种组合的目标函数计算表

外凸点	产品组合		目标函数
	X/件	Y/件	$S = 10x + 6y$/元
A	0	2 500	15 000
B	500	2 500	20 000
C	1 000	500	13 000
D	1 000	0	10 000

根据表8-13的计算，当A产品生产500件，B产品生产2 500件时所获贡献毛益最多20 000元，是产品组合的最优解，这个结果与第一种方法所得到的结论是一致的。

三、半成品是否深加工的决策

半成品是否深加工的决策，是指企业对于那种既可以直接出售，又可以经过深加工变成产成品之后再出售的半成品所作的决策。该决策是在"将半成品深加工为产成品再出售"的方案和"直接出售半成品"两个备选方案中选择。

在将半成品深加工为产成品的方案中，需要考虑的相关成本包括：按深加工业务量计算的将半成品深加工为产成品的加工成本、为了形成深加工能力而追加的专属成本或已经具备且可以转移的深加工能力有关的机会成本。

在直接出售半成品的方案中，相关成本为零。

该决策一般可以用差别损益分析法来决策。

【例7】 企业每年生产1 000件甲半成品，其单位完全成本为18元（其中单位固定性制造费用为2元），直接出售的价格为20元。企业目前已具备将80%的甲半成品深加工为乙产品的能力，但每深加工一件甲半成品需要追加5元变动性加工成本。乙产品的单位售价为30元。假定乙产品的废品率为1%。

（1）如果深加工能力无法转移，做出是否深加工的决策。

深加工为乙产品的产量 = 1 000 × 80% × (1 - 1%) = 792（件）

单位变动生产成本 = 18 - 2 = 16（元）

如表8-14所示，因为差量损益3 760元大于零，所以应把甲半成品加工为乙产成品再出售。

表8-14 差量分析表

	深加工为乙再出售	直接出售甲半成品	差量
相关收入	792 × 30 = 23 760（元）	1 000 × 80% × 20 = 16 000（元）	差量收入 = 7 760（元）
相关成本	5 × 800 = 4 000（元）	0	差量成本 = 4 000（元）
差量			差量损益 = 3 760（元）

（2）深加工能力可用来对外出租，预计可获得租金5 000元，做出是否深加工的决策。

深加工能力可用来对外出租，因此企业选择深加工就要放弃对外出租，预计可获得租金5 000元即为深加工为乙再出售的机会成本。

如表8-15所示，因为差量损益小于零，所以应直接出售甲半成品。

表8-15 差量分析表

	深加工为乙再出售	直接出售甲半成品	差量
相关收入	792 × 30 = 23 760（元）	1000 × 80% × 20 = 16 000（元）	差量收入 = 7 760（元）
相关成本	5 × 800 + 5 000 = 9 000（元）	0	差量成本 = 9 000（元）
差量			差量损益 = -1 240（元）

四、生产工艺技术方案的决策

企业在生产同一产品时可以有不同的生产工艺技术方案可供选择,采用先进的生产工艺技术,由于劳动生产率高、劳动强度低、材料消耗少,可能导致较低的单位变动成本,但往往采用较先进的设备装置,导致固定成本高;而采用传统的生产工艺技术时,情况就会相反,固定成本较低,但人工成本和材料成本即单位变动成本较高。在这种情况下,可以采用成本无差别点法进行决策。

【例8】 企业计划生产甲产品,共有三个不同的工艺方案,其成本资料如表8-16所示。

表 8-16

项目 工艺方案	专属固定成本	单位变动成本
一	5 000 元	10 元
二	8 000 元	7 元
三	16 000 元	3 元

不论采用何种工艺方案,生产出的产品售价是相同的,因此可不考虑产品的收入,只需选出不同的产量下成本最低的方案。只要确定不同生产工艺的成本分界点(不同生产工艺总成本相等时的产量点),就可以根据产量确定选择何种生产工艺最为有利。

三个不同的工艺方案的成本方程如下:

$Y_1 = 5\ 000 + 10x$

$Y_2 = 8\ 000 + 7x$

$Y_3 = 16\ 000 + 3x$

令 $Y_1 = Y_2$,解得 $X_1 = 1\ 000$

令 $Y_1 = Y_3$,解得 $X_2 = 1\ 571$

令 $Y_3 = Y_2$,解得 $X_3 = 2\ 000$

如图 8-3 所示:

产量在 0~1 000 件,选方案一;

产量在 1 000~2 000 件,选方案二;

产量在 2 000 件以上,选方案三。

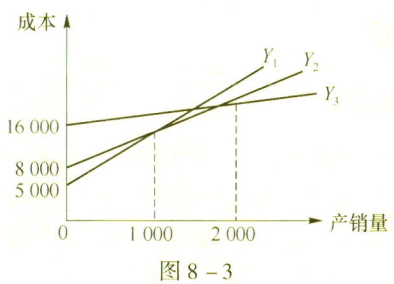

图 8-3

五、零部件自制或外购的决策

零部件自制或外购的决策,是指企业围绕既可以自制又可以外购的零部件的取得方式展开的决策。这类决策无须考虑相关收入,只需考虑相关成本因素。

影响自制或外购的因素很多,因而所采用的决策分析方法也不尽相同,但一般都采用增量成本(实行某方案而增加的成本)分析法。如果企业尚不具备自制能力,且零部件的全年需用量不确定的情况下,可采用成本无差别点法进行决策。

1. 外购不减少固定成本的决策

如果企业已经有能力自制零部件,自制能力无法转移,且外购不减少固定成本,则与自制能力有关的固定生产成本属于沉没成本,决策中不考虑,将外购的单位增量成本,即购买零配件的价格(包括买价、单位零配件应负担的订购、运输、装卸、检验等费用),与自制时的单位变动成本相对比,成本低的即为最优方案。

2. 自制增加固定成本的决策

在企业所需零配件自制时需要增加一定的专属固定成本(如购置专用设备而增加的固定成本),或由自制转为外购时可以减少一定的专属固定成本的情况下,自制方案的单位增量成本不仅包括单位变动成本,而且还应包括单位专属固定成本。

由于单位专属固定成本随产量的增加而减少,因此自制方案单位增量成本与外购方案单位增量成本的对比将在某个产量点产生优劣互换的现象,即产量超过某一限度时自制有利,产量低于该限度时外购有利。利用成本无差别点的分析方法将产量划分为不同的区域,然后确定在何种区域内哪个方案最优。

3. 外购时自制能力可以转移的决策

如果企业已经有能力自制零部件,自制能力可以转移,将自制方案的变动成本与转移收益(租金收入或转产产品的贡献毛益额)之和,与外购成本相比,择其低者。

【例9】 某公司需要的甲零件可以自制也可以外购,其自制的成本为:单位变动成本为8元,专属固定成本总额为6 000元;其外购的单价为10元。该零件全年需要量为5 000件,自制的生产能力可以对外出租,出租可获租金20 000元,可用相关成本分析法作出是自制还是外购的决策。

若自制,相关成本为6 000 + 5 000 × 8 + 20 000 = 66 000(元)

若外购,相关成本为5 000 × 10 = 50 000(元)

外购成本低于自制成本,应选择外购方案。

六、亏损产品决策

1. 亏损产品停产的决策分析

亏损产品停产的决策是指企业某种产品的单位完全成本高于售价,发生了亏损,对亏损产品是否实行停产。在亏损产品的生产能力不能转移的情况下,应以其能否提供一定的贡献毛益而定。若贡献毛益为正数,说明它们的生产还可以为增加企业总的盈利做出一定的贡献,可不考虑停产;否则,应考虑停产。

【例10】 某企业生产 A 产品 1 000 件,单价 250 元,单位成本为 280 元,其中单位变动成本为 200 元,固定成本总额为 80 000 元,每年亏损 30 000 元。生产能力不能转移。

若停产,则贡献毛益为 0,在亏损产品的生产能力不能转移的情况下,固定成本总额 80 000 元会继续发生,亏损额为 80 000 元。

若继续生产,A 产品可提供 50 000 元的贡献毛益,亏损额仍为 30 000 元。

2. 亏损产品转产的决策分析

在亏损产品的生产能力可以转移的情况下,要考虑转产的产品是否利用亏损产品停产后腾出来的生产能力,是否需要占用其他生产能力;转产产品所提供的贡献毛益是否大于原产品的贡献毛益,进而进行转产的决策。

【例11】 某企业生产 A 产品 1 000 件,单价 250 元,单位成本为 280 元,其中单位变动成本为 200 元,固定成本总额为 80 000 元,每年亏损 30 000 元。现可转产 B 产品 800 件,不需追加专属固定成本,B 产品单价 500 元,单位变动成本 350 元。

由表 8-17 可以看出生产 B 产品比生产 A 产品的贡献毛益总额多 70 000 元,可增加利润 70 000 元,企业可以扭亏为盈,盈利 40 000 元,因此,可转产 B 产品。

表 8-17　贡献毛益分析表

项目	A 产品	B 产品
产销量/件	1 000	800
单价/元	250	500
单位变动成本/元	200	350
单位贡献毛益/元	50	150
贡献毛益总额/元	50 000	120 000

七、生产组织决策

1. 最优生产批量的决策

在全年产量已定,产品需要分批生产的情况下,生产批量是指每批生产多少,生产批次是指每年生产几批,生产批量与生产批次成反比,生产批量越大,则生产批次越少;生产批量越小,则生产批次越多。那么生产批量与生产批次的最优量是多少呢,这取决于生产准备成本与储存成本的高低。

生产准备成本是指每批产品生产开始前因进行准备工作而发生的成本,如调整机器、准备工卡模具、布置生产线、清理现场、领取原材料等而发生的工资费用、材料费用等。在正常情况下,每次变更产品生产所发生的生产准备成本基本上是相等的,因此,年准备成本总额与生产批次成正比,与生产批量成反比。生产批次越多,年准备成本就越高;反之,就越低。

储存成本是指为储存零部件及产品而发生的仓库及其设备的折旧费、保险费、保管人员工资、维修费、损失等费用的总和。储存成本与生产批量成正比,而与生产批次成反比。

生产批量和生产批次与生产准备成本、储存成本相关,最优的生产批量应该是生产准备成本与储存成本总和最低时的生产批量。

最优的生产批量通常采用公式法进行决策。

A——全年产量;

Q——生产批量;

A/Q——生产批次;

S——每批准备成本;

X——每日产量;

Y——每日耗用量(或销售量);

C——每单位零配件或产品的年储存成本;

T——年储存成本和年准备成本之和(简称年成本合计)。

生产批量为 Q,由于每日产量为 X,故该批产品全部生产完所需日数为 Q/X,每日耗用量为 Y,生产期内的全部耗用量为 $\frac{Q}{X}Y$。由于存货边生产边耗用,所以当每批生产完毕时:

$$最高库存量为:\quad Q - \frac{Q}{X}Y \tag{1}$$

$$平均库存量为:\quad \frac{Q}{2}\left(1 - \frac{Y}{X}\right) \tag{2}$$

$$与批量有关的总成本为:T = \frac{AS}{Q} + \frac{Q}{2}\left(1 - \frac{Y}{X}\right)C \tag{3}$$

使总成本 T 最小的生产批量即为经济生产批量,求 T 对 Q 的一阶导数,得:

$$T' = -\frac{AS}{Q^2} - \frac{C}{2}\left(1 - \frac{Y}{X}\right) \tag{4}$$

$T' = 0$ 时,T 有最小值,故经济生产批量公式为:

$$Q^* = \sqrt{\frac{2AS}{C\left(1 - \frac{Y}{X}\right)}} \tag{5}$$

将公式(5)代入公式(3),可得出经济生产批量总成本公式:

$$T^* = \sqrt{2ASC\left(1 - \frac{Y}{X}\right)} \tag{6}$$

【例12】 某公司生产销售的 A 产品需要使用本公司生产的甲零件。该零件年产量为 80 000 件,每日生产量为 180 件,每日生产领用 126 件。每批的调整准备成本为 960 元,平均每件零件年储存成本为 8 元。

(1) 最优生产批量 $Q^* = \sqrt{\dfrac{2AS}{C\left(1 - \dfrac{Y}{X}\right)}} = \sqrt{\dfrac{2 \times 80\,000 \times 960}{8 \times \left(1 - \dfrac{126}{180}\right)}} = 8\,000$ (件)

(2) 最优生产批数 = 80 000 ÷ 8 000 = 10 (批)

(3) 最低相关成本 $T^* = \sqrt{2 \times 80\,000 \times 960 \times 8 \times \left(1 - \dfrac{126}{180}\right)} = 19\,200$ (元)

第三节　定价决策

产品定价决策，就是为销售的产品选择最恰当的售价，一种产品价格制定的适当与否，往往决定了该产品能否为市场所接受，以保证企业能够取得足够的销售收入来补偿其生产成本，达到最佳的经济效益。定价决策是企业的一项重要经营决策。

一、影响价格的主要因素

一般来讲，影响定价决策的主要因素包括如下几个方面。

1. 商品的价值

按照马克思主义的价值理论，商品的价值是由生产这一商品的社会必要劳动时间决定的。商品的价格是对商品价值的反映。虽然商品的价格由于各种因素的作用而常常脱离它的价值，但它总是围绕着商品的价值而波动。所以定价决策所要考虑的首要因素是商品的价值。

2. 成本因素

对企业的定价来说，成本是一个关键因素。为了取得利润，商品的价格必须高于商品的成本，企业产品定价以成本为最低界限，产品价格只有高于成本，企业才能补偿生产上的耗费，从而获得一定盈利。但这并不排斥在一段时期在个别产品上，价格低于成本。

3. 市场需求因素

商品供给与需求的相互关系的影响。当商品的市场需求大于供给时，价格应高一些；当商品的市场需求小于供给时，价格应低一些。反过来，价格变动影响市场需求总量，从而影响销售量，进而影响企业目标的实现。因此，企业制定价格就必须了解价格变动对市场需求的影响程度。

4. 竞争因素

市场竞争也是影响价格制定的重要因素。根据竞争的程度不同，企业定价策略会有所不同。竞争越激烈，对价格的影响也越大。完全竞争的市场，无论是买方还是卖方都不能对产品价格进行影响，只能在市场既定价格下从事生产和交易。企业几乎没有定价的主动权。不完全竞争条件下，最少有两个以上买者或卖者，少数买者或卖者对价格和交易数量起着较大的影响作用，企业的定价策略有比较大的回旋余地，它既要考虑竞争对象的价格策略，也要考虑本企业定价策略对竞争态势的影响。完全垄断是完全竞争的反面，交易的数量与价格由垄断者单方面决定。完全竞争与完全垄断是竞争的两个极端，中间状况是不完全竞争。在不完全竞争条件下，竞争的强度对企业的价格策略有重要影响。所以，企业首先要了解竞争的强度。为了做好定价工作，企业必须充分了解竞争者的情况，最主要的是竞争对手的定价策略。

5. 技术进步因素

科学发展和技术进步在生产中的推广、应用能够诞生新产品、新工艺、新流程，形成新的市场结构和竞争状态。这种科学技术进步因素对定价的影响必须要加以考虑。

6. 其他因素

对产品定价除要考虑以上因素外，还要考虑其他一些因素，如：价格的制定和变动在消费者心理上的反映也是价格策略必须考虑的因素，有时企业根据企业理念和企业形象设计的要求，需要对产品价格作出限制，还有相关工业产品的销售量，商品的市场生命周期因素，政策法规因素等。

二、成本基础定价法

1. 成本加成定价法

最常用的产品定价法是成本加成定价法，成本加成定价法的基本定价公式为：

$$产品单价 = 单位产品成本 \times （1 + 利润加成的百分比）$$

因为单位产品成本的计算方法包括完全成本法和变动成本法，所以根据不同方法下成本基数的不同，成本定价法包括完全成本加成定价法和变动成本加成定价法。完全成本加成定价法的成本基础是单位产品制造成本，在利润或利润率既定条件下按照产品的完全成本，加上一定百分比的销售利润，作为定价产品销售价格的依据。

2. 边际成本定价法（产品最优售价的决策）

产品的售价是很多因素共同影响的结果，如产品销售成本、销售量、最终利润等都与销售价格的高低有着密切的联系。所以为了确定产品的最优售价，必须全面综合考虑各个有关因素之间的关系。

边际成本是指每增加一个单位产品销售所增加的总成本；边际收入则指每增加一个单位产品销售所增加的总收入。边际收入与边际成本的差额，称为边际利润，表示每增加一个单位产品销售所增加的利润。

从数学角度看，边际成本是对总成本函数求一阶导数的结果，表示总成本线任何一点的斜率；边际收入则是对总收入函数求一阶导数的结果，表示总收入线任何一点的斜率。当总成本线和总收入线的斜率相等或接近时，意味着边际成本与边际收入相等或近似相等，边际利润等于零（连续函数）或接近于零（非连续函数）。此时，如果再增加产品销售量，由于边际收入小于边际成本，将不能再为企业提供新增利润，因此企业利润总额不会增加反而减少。由此可见，产品单位售价下降的最大限度就是边际收入等于边际成本的地方。也就是，产品的最佳售价应该是最接近于边际贡献增加额等于零的地方。即边际收入等于边际成本时的利润总额最大。这时的价格和销售量，就是最优价格和最优销售量。利用边际成本等于边际收入时利润最大的原理制定产品价格的方法，称为边际成本定价法。

3. 变动成本定价法（特殊订货定价决策）

变动成本定价法是指按照产品的变动成本加上一定数额的贡献毛益，作为制定产品销售价格的依据。也就是说,只要产品的销售价格能够补偿其变动成本,并可提供一定数额的贡献毛益,这一价格就可以接受。这一方法常用于特殊订货定价决策。

企业在满足正常渠道的销售后,生产能力尚有多余,有时会遇到一些出价特别低的订货。由于这些订单的价格一般低于正常生产产品的售价,甚至低于产品的制造成本。因此,就需运用一定的方法,作出正确的分析判断。一般而言,在对特殊订货作出是否接受的选择时,要注意两个方面的问题:一是该项特殊订货的价格会不会对企业的正常销售产生影响;二是特殊订货的价格是否高于产品的单位变动成本。如特殊订货和正常订单是在两个相互隔绝的市场上销售,且特殊订货的价格高于产品的单位变动成本,就应该接受该特殊订货。因为此特殊订货是在利用企业的剩余生产能力。企业在正常销售中创造的贡献毛益已全部补偿了固定成本,这笔特殊订货所增加的贡献毛益就是净增加的利润额。

【例13】 某企业只生产一种产品,全年最大生产能力为1 200件。年初已按100元/件的价格接受正常任务1 000件,该产品的单位完全生产成本为80元/件,单位变动成本60元,固定成本为20 000元。现有一客户要求以70元/件的价格追加订货。

(1) 剩余能力无法转移,追加订货量为200件,不增加专属成本,企业是否可以接受低价追加订货。

特殊订货定价70元 > 单位变动成本60元,可接受低价追加订货。接受该特别订货后的损益表如表8-18所示。

表8-18

	正常销售	特殊订货	合计
销售收入	100 000	14 000	114 000
变动成本	60 000	12 000	72 000
贡献毛益	40 000	2 000	42 000
固定成本	20 000		20 000
利润总额	20 000	2 000	22 000

(2) 剩余能力无法转移,追加订货量为200件,但因有特殊要求,企业需追加1 000元专属成本。

特殊订货定价70元 > 单位变动成本60元 + 1 000 ÷ 200,可接受低价追加订货。接受该特别订货后的损益表如表8-19所示。

表8-19

	正常销售	特殊订货	合计
销售收入	100 000	14 000	114 000
变动成本	60 000	12 000	72 000
贡献毛益	40 000	2 000	42 000
固定成本	20 000	1 000	21 000
利润总额	20 000	1 000	21 000

还应再次强调的是，接受特殊订货的前提是：该订货的价格必须对正常渠道的销售无影响。这种特别低价的订单有时会使正常渠道的售价也不得不降低或减少未来的订购量，失去一些潜在的客户等，企业要全面综合衡量接受特殊订单的利弊。

特殊定价决策除应用于成熟产品外，还常常应用于衰退产品或营业额下降期间各产品的定价。只要客户出价高于变动成本而创造边际贡献，企业接受这种订货就可增加一些边际贡献，冲抵掉一些固定成本，从而有利于企业的经营。

三、需求导向定价法

需求导向定价法以需求为中心的定价方法，是根据消费者对商品价值的认识和需求程度来确定价格的。一般先拟定一个消费者可以接受的价格，然后根据所了解的中间商成本加成情况，逆推计算出出厂价。这种定价方法常常导致商品价格与价值的背离幅度偏大，但仍以买卖双方可以接受为限度。

四、竞争导向定价法

竞争导向定价法是根据主要竞争对手的商品价格来确定自己商品价格的以竞争为中心的定价方法。这种定价方法并不要求企业把自己的商品价格定得与竞争对手商品的价格完全一致，而是使企业的产品价格在市场上具有竞争力。主要有两种方法：

（1）随行就市定价法。企业按照本行业在国际市场上的市场价格水平来定价。该法适用于需求弹性比较小或供求基本平衡的商品，既可以避免竞争，减少定价风险，又使企业容易获得合理的收益。

（2）密封投标定价法。这是一种企业通过引导用户（顾客）竞争，密封递价，参加比价，根据竞争者的递价选择最有利的价格的定价方法。这种方法主要应用于建筑包工和政府采购等。

【复习思考题】

1. 相关成本与无关成本是如何划分的？
2. 如何理解机会成本，它与会计意义上的成本相同吗？
3. 边际成本与变动成本的区别。
4. 自制和外购决策应考虑哪些因素？

【练习题】

1. 某企业组织多品种经营，其中有一种变动成本率为 80% 的产品已于 20×1 年亏损了 100 万元，其完全销售成本为 1 100 万元。假定 20×2 年市场销路、成本水平均不变。

要求：计算该亏损产品 20×1 年的销售收入、变动成本和边际贡献，并用指定的决策方法就以下不相关的情况为企业做出有关该亏损产品的决策，并说明理由。

（1）假定 20×2 年企业与该亏损产品有关的生产能力无法转移。利用直接分析法做出 20×2 年是否继续生产该产品的决策。

(2) 假定 20×2 年企业与该亏损产品有关的生产能力可用于临时对外出租，租金收入为 250 万元。计算相关方案的机会成本，并利用直接分析法做出 20×2 年是否继续生产该产品的决策。

(3) 假定条件同 (1)，但企业已具备增产 50% 该亏损产品的能力，且无法转移。利用直接分析法做出 20×2 年是否应当增产该产品的决策，并利用差量损益分析法对决策结论进行验证。

(4) 假定条件同 (2)，但企业已具备增产 50% 该亏损产品的能力，且无法转移。利用相关损益分析法在增产该产品、不停产也不增产和停止生产该产品三个备选方案中做出决策。

2. 某企业具备利用某种数量有限的甲材料开发一种新产品的生产经营能力，现有 A、B 两个品种可供选择。A 品种的预计单价为 200 元/件，单位变动成本为 160 元/件，消耗甲材料的单耗定额为 10 千克/件；B 品种的预计单价为 100 元/台，单位变动成本为 70 元/台，消耗甲材料的消耗定额为 6 千克/台。开发新品种不需要追加专属成本。

要求：作出开发何种新品种的决策。

3. 某企业常年组织生产甲半成品，其单位成本为 80 万元/件，市场售价为 100 万元/件，年产量 1 000 件。甲半成品经过深加工可加工成市场售价为 200 万元的乙产成品，每完成一件乙产成品另需追加变动性的加工成本 80 万元。假定甲与乙的投入产出比为 1：0.9；企业已具备将全部甲半成品深加工为乙产成品的能力，且无法转移（本题暂不考虑年度内加工进度问题）。

要求：(1) 确定各个方案的相关业务量；
(2) 用差量损益分析法作出是否将全部甲半成品深加工为乙产成品的决策。

4. 某公司在计划期间准备生产 A、B 两种产品，其有关资料如下：

A 产品销售单价 50 元，单位变动成本 22 元，最大销售量为 2 400 件，生产单位产品所需时间：一车间 30 小时，二车间 12 小时；B 产品销售单价 20 元，单位变动成本 12 元，最大销售量为 1 800 件，生产单位产品所需时间：一车间 10 小时，二车间 24 小时。若计划期间一车间的最大生产能力为 72 000 小时，二车间的最大生产能力为 52 800 小时。

要求：确定 A、B 两种产品应如何组合才能获得最大收益。

5. 某超市按每件 30 元的价格购入 A 商品，若售价为 40 元，预计销量为 400 件，售价每降低 0.5 元，销量增加 40 件如下表，假设进销平衡，求最优定价。

销量/件	400	440	480	520	560	…
单价/元	40	39.5	39	38.5	38	…

6. 某公司购进一批化学制剂，价值 85 000 元，该批化学制剂受潮后会失去效能，由于公司库房紧张，保管部门提出三个备选方案，一是短期内露天堆放，估计小雨时损失 50%，大雨时将损失 100%；二是购买篷布苫盖，价款 1 800 元，估计小雨不受损失，大雨时将损失 20%；三是盖简易料棚，造价 4 600 元，大雨时将损失 5%。根据天气预报，半月内无雨的概率为 0.4，小雨的概率为 0.5，大雨的概率为 0.1。

管理会计

要求：用概率分析法做出最优保管决策。

【案例】

1. 上海美声乐器厂设置甲、乙两个车间，分别生产小提琴和中提琴两种乐器。生产费用都能按车间划分，企业管理费按固定比例分配给两个车间。生产工人可按生产任务在车间之间调动。每加工一把小提琴需要 30 小时，中提琴需要 60 小时。一般小提琴年生产 1 000 把以下，中提琴生产 600 把以下，销售没有问题。20×1 年该厂有关生产和销售资料如下：

20×1 年

	小提琴	中提琴	合计
生产和销售量/把	800	500	
销售收入/元	600 000	600 000	1 200 000
销售成本/元			
原材料/元	280 000	200 000	480 000
工资/元	72 000	90 000	162 000
其他费用/元	72 000	150 000	222 000
小计/元	424 000	440 000	864 000
利润/元	176 000	160 000	336 000
销售利润率	29.33%	26.67%	28%

厂长认为生产小提琴利润比较高，20×2 年安排小提琴多生产 100 把，中提琴减少 100 把，乙车间调一部分工人支援甲车间，年终有关生产和销售资料如下：

20×2 年

	小提琴	中提琴	合计
生产和销售量/把	900	400	
销售收入/元	675 000	480 000	1 155 000
销售成本/元			
原材料/元	315 000	160 000	475 000
工资/元	81 000	72 000	153 000
其他费用/元	78 000	144 000	222 000
小计/元	474 000	376 000	850 000
利润/元	201 000	104 000	305 000
销售利润率	29.77%	21.67%	26.41%

对于这一结果，厂长大为吃惊，这两年费用的耗用水平并没有变化，为什么多生产了利润高的小提琴，总利润反而低了呢？

第八章 短期经营决策

要求:

(1) 分析 20×2 年利润下降的原因。

(2) 制订 20×3 年生产计划,并预计其利润。

2. 1992 年,当康师傅开始上碗面生产线时,并不自己生产面碗,而是向当时全国仅有的北京一家方便面专用碗生产公司订购。怎料在既定送货日,没有等到面碗,等来的却是该公司将面碗拿去卖给康师傅的头号竞争对手"统一"的消息。尽管如此,康师傅仍不得不继续向该公司订货,结果在供货数量和供货日期上没保障,导致康师傅的生产时断时续。为了摆脱受制于供应商的困境,康师傅索性成立了自己的面碗工厂。1994 年康师傅开始上袋装方便面的时候,遇到的问题则是:供应商制作周期长,产能有限,无法满足康师傅产品更新快、产量大对包装材料的需求。结果,康师傅也选择了成立自己的包装材料印刷公司。在方便面调味包——菜包的供应方面,康师傅经过千挑万选,并对供应商提供辅导,最终才在国内选到七八家还算合格的脱水蔬菜供应商。但是,质量不稳定的状况一直没有彻底解决。最后,为了保证质量,康师傅成立了自己的脱水蔬菜生产制造基地。

1998 年以前,康师傅的物流实行外包,一年招标一次。但是,承运商为节省成本,超量摆放货物,导致消费者拿到的方便面破碎。此外,第三方在配送的准时和仓储的先进先出方面都很难达到康师傅的要求,最终康师傅成立了独立的物流公司,将业务改为自己完成。尽管在有的省份,这样做的成本甚至比外包的还要高,但是由于产品的新鲜度、完整度得到保证,服务品质有了极大的提升。

不过,这都是 20 世纪 90 年代初期的情况了。当时,国内市场的专业化服务如运输、原材料、技术等还不很发达,质量不高,市场交易成本大。康师傅自己完成配套业务,实现一体化经营,从战略层面上解决了原物料配套供应的数量、质量和稳定性,并降低了整体的成本,取得了巨大的成功。

进入 21 世纪以后,市场已今非昔比。国内包装行业迅速发展,而且拥有一些国际知名包装企业。此时,康师傅自己的包装公司和外部包装商之间在质量、技术、成本、时效方面的优势不明显了。首先是质量控制方面,由于是自己生产,当出现质量问题时,不能向对待外部供应商那样严格执行退货标准。其次,1998 年,康师傅因资金问题转让部分股权,主业开始萎缩。配套厂开始因产能过剩而接受外部订单。配套事业部的贡献额小,影响了康师傅的总体投资报酬率。

通过本案例的分析,你认为:

(1) 康师傅在自制或外购的决策中是否只考虑成本因素?是否还需要考虑其他因素?

(2) 进入 21 世纪后,康师傅又应如何进行自制或外购的决策?[①]

---

① 郭晓梅. 高级管理会计理论与实务 [M]. 北京:中国财政经济出版社,2005.

第九章

存货决策与控制

【学习目标】

理解存货的相关成本概念。

掌握存货经济订购批量的计算模型。

理解存货决策基本数学模型的扩展和不确定情况下的存货决策。

【引导案例】

宏达公司生产销售办公家具，原材料主要是木材、钢材、五金配件等，近年来行业竞争激烈，价格不断下降，为保证利润，公司要求采购部门在保证质量和及时供货的前提下，降低采购成本。公司要求不能有缺货情况发生，保证生产部门的生产连续进行，杜绝停工待料。采购部门为降低成本，提出加大进货数量，以获得供应商的数量折扣，减少采购次数降低订货成本，但财务部门提出这样会使公司流动资金不足，仓库主管人员也提出不同意见，认为这样会加大他们部门的成本和工作量。公司责成财务部精细核算存货采购的各种成本，合理控制存货水平，提高资金流动性，降低存货成本。

第一节 存货决策概述

存货是指企业在日常生产经营过程中为耗用、生产或销售而储备的各种有形资产，包括库存的、加工中的、在途的各种材料、包装物、低值易耗品、在产品、半成品、外购商品、产成品等。存货是联系产品的生产和销售的重要环节，存货控制或管理效率的高低，直接反映并决定着企业收益、风险、流动性的综合水平。

如果工业企业能在生产投料时随时购入所需的原材料，或者商业企业能在销售时随时购入该项商品，就不需要存货。但实际上，企业总有储存存货的需要，并因此占用或多或少的资金。

一、存货的功能

1. 保证正常生产经营活动

生产过程中所需要的原材料，是生产中必需的物质资料。由于目前各厂商的分工协作、信息交流等不够完善和需求的不确定性。为了保证生产顺利进行，必须适当地储备一些生产所需的存货，从而能有效防止停工待料事件的发生，维持生产的连续性。同时，在存货生产不均衡和商品供求波动时，可起到缓和矛盾的作用。

2. 适应市场变化要求

由于市场的需求处于变化之中，一旦市场需求下降，会导致企业的库存积压，而市场需求上升，则会导致可能出现的存货不足；适量的原材料存货和在制品、半成品存货是企业生产正常进行的前提和保障。所以适当储备存货能增强企业在生产和销售方面的机动性以及适应市场变化的能力。

3. 便于均衡组织生产

对于那些所生产的产品属于季节性产品，生产所需材料的供应具有季节性的企业，为实行均衡生产，降低生产成本，就必须适当储备一定的半成品存货或保持一定的原材料存货。

4. 可以降低进货成本

很多企业为扩大销售规模，对购货方提供较优厚的商业折扣待遇，即购货达到一定数量时，便在价格上给予相应的折扣优惠。企业采取批量集中进货，可获得较多的商业折扣。此外，通过增加每次购货数量，减少购货次数，可以降低采购费用支出。

二、存货的成本

虽然企业在生产经营过程中存储一定的存货是必要的，但存货的占用也是有相应的成本的。过多的存货要占用较多的资金，并且会增加包括仓储费、保险费、维护费、管理人员工资在内的各项开支。存货占用过多的资金会使利息支出增加并导致利润的损失，各项开支的增加更直接使成本上升。影响企业存货的成本主要有以下几方面：

1. 订购成本

订购成本是指企业为组织货源过程中而支付的费用。一般包括采购部门的日常经营费用（如采购人员的工资、折旧费、入库搬运费和水电费等）和专门为订购存货发生的业务费用（如差旅费、邮电费等支出）。订购成本中有些是固定的，有些会随着订货次数的变化而变化，即订货次数越多，其订货成本越大。

2. 采购成本

采购成本是指存货本身的价值，包括存货的买价和其他费用，如存货的运费、保险费、途中合理损耗等。采购成本的多少取决于企业在一定时期内需要的数量和单价。在单价不随订购数量变动时，年采购成本在各种存货持有水平下是一致的。此时，采购成本的多少与存货持有水平无关。

3. 储存成本

储存成本是企业为持有存货而发生的费用。包括：存货资金占用费或机会成本、仓储费用、保险费用、存货残损霉变损失等。储存成本中有些是固定的与存货水平高低无关，即固定性储存成本；有些则与存货持有水平有关并随着存储时间的变化而变化，即为变动性储存成本。

4. 缺货成本

缺货成本是因存货供应中断而给企业造成的损失，包括由于材料供应中断造成的停工损失，成品供应中断导致延误发货的信誉损失及丧失销售机会的损失等。如果企业为完成订单任务，而不得不采取紧急采购来解决原材料，从而超过正常采购的支出的部分也是一种损失。

缺货成本能否作为决策的相关成本，应视企业是否允许出现存货短缺的不同情形而定。若允许缺货，则缺货成本便与存货数量反向相关，即属于决策相关成本，反之，若企业不允许发生缺货情形，则此时缺货成本为零，也就无须加以考虑。

三、存货控制的目的与内容

任何一个企业，原则上都需要有一定库存的存货，这是由存货所固有的存货功能所决定的。但毕竟存货占用了企业流动资本中的大部分，而存货的流动性较差，存货占用大量资金，会影响企业的资金周转和债务的偿还。存货控制的目的是在充分发挥存货功能的基础上，合理控制存货水平，提高资金流动性，降低存货成本。因此，存货控制实质上是在存货的成本与流动性之间进行权衡，实现成本与流动性和收益的最佳组合。为了达到这一目的，企业必须建立存货的各项管理制度，这就是存货管理的内容，主要包括以下几点：存货资本投放额的确定；存货数量的有效控制；特殊情况下的存货管理。

第二节 经济订货量决策

按照存货控制的目的，需要通过合理的进货批量和进货时间，使存货的总成本最低，这个批量叫作经济订货量或经济批量。有了经济订货量，可以很容易地找出最适宜的进货时间。

与存货总成本有关的变量（即影响总成本的因素）很多，为了解决比较复杂的问题，有必要简化或舍弃一些变量，先研究解决简单的问题，然后再扩展到复杂的问题。这需要设立一些假设，在此基础上建立经济订货量的基本模型。

一、经济订货量基本模型

经济订货量基本模型需要设立的假设条件如下。
（1）企业能够及时补充存货，即需要订货时便可立即取得存货。
（2）能集中到货，而不是陆续入库。
（3）不允许缺货，这是因为良好的存货管理本来就不应该出现缺货成本。
（4）需求量稳定，并且能预测。
（5）存货单价不变。
（6）企业现金充足，不会因现金短缺而影响进货。

(7) 所需存货市场供应充足,不会因买不到需要的存货而影响其他。

由于模型假设中不允许缺货,即每当存货数量降至零时,下一批订货便会随即全部购入,故不存在缺货成本;同时存货单价不变,即存货采购不管多与少,没有折扣,所以,采购成本也可以不考虑。这样,在影响存货的四个成本中,只需考虑储存成本和订购成本两个,其总成本为:

$$\text{相关总成本} = \text{储存成本} + \text{订购成本} \tag{1}$$

假设:T 代表相关总成本,Q 代表经济进货批量,A 代表某种存货年度计划进货总量,P 代表平均每次进货费用,C 代表单位存货年单位储存成本,N 代表进货次数。则:

$$T = \frac{Q}{2}C + \frac{A}{Q}P \tag{2}$$

年订货成本、年储存成本及年成本合计的图形如图 9-1 所示。

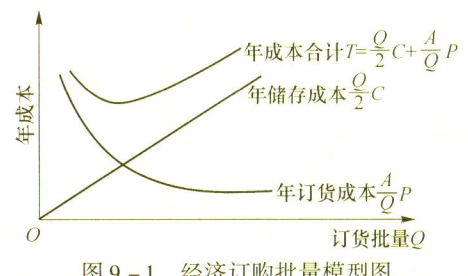

图 9-1 经济订购批量模型图

从图 9-1 可以看出,使相关总成本 T 最小的订货批量即为经济订货批量 Q,求 T 对 Q 的导数,得

$$T' = \left(\frac{Q}{2}C + \frac{A}{Q}P\right)' = \frac{C}{2} - \frac{AP}{Q^2} \tag{3}$$

令 $T' = 0$,则

$$\frac{C}{2} - \frac{AP}{Q^2} = 0$$

$$\text{经济批量} \quad Q^* = \sqrt{\frac{2AP}{C}} \tag{4}$$

$$\text{经济批次} \quad N^* = \frac{A}{Q^*} = \sqrt{\frac{AC}{2P}} \tag{5}$$

将公式 (4) 代入公式 (2),得经济批量下的相关总成本:

$$T^* = \sqrt{2APC} \tag{6}$$

【例1】 某企业每年耗用甲材料 3 600 千克,该种材料单位成本 10 元,单位年储存成本 2 元,每次订货费用 25 元。则:

$Q^* = \sqrt{2 \times 3\,600 \times 25/2} = 300$(千克)

$N^* = 3\,600/300 = 12$(次)

$T^* = \sqrt{2 \times 25 \times 3\,600 \times 2} = 600$(元)

上述计算表明，当进货批量为300千克时，进货成本与储存成本总额最低，此时，每次采购300千克的量，即为经济批量。

二、基本模型的扩展

经济订货批量模型是在各假设条件下建立的，为了能在实际中应用，必须放宽条件，对模型进行扩充。

1. 订货提前期

一般情况下，企业的存货不能做到随时补充，因此不能等到存货用完再去订货，而需要在没有用完提前订货。订货需要有个提前期，即从发出订单到货物入库验收完毕为止的时间。在提前订货的情况下，企业再次发出订货单时，尚有存货的库存量，这个量称为再订货点，用 R 表示，它等于交货时间 L 和每日平均需要量 d 的乘积。再订货点如图9-2所示。

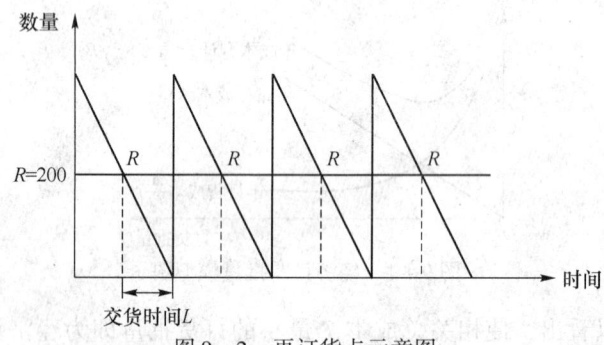

图9-2　再订货点示意图

其计算公式：
$$R = L \times d \tag{7}$$

【例2】 宏达公司每天正常耗用A材料为20件，企业订货至到货的时间一般为10天，则再订货点为：

$R = L \times d = 20 \times 10 = 200$（件）

即企业在尚存200件存货时，就应当再次订货，等到下批订货到达时（再次发出订货单10天后），原有库存刚好用完。此时，有关每次订货批量、订货次数、订货间隔时间等并无变化，仍然可以按照原经济订货批量进行采购。

2. 存货陆续供应和使用

在建立基本模型时，是假设存货一次全部入库，故存货增加时存量变化为一条垂直的直线，事实上，各批存货可能陆续入库，使存量陆续增加。尤其是产成品入库和在产品的转移，几乎总是陆续供应和陆续耗用的，这种情况下，需要对基本模型作一些修改。

存货数量的变动如图9-3所示。

假设每批订货数为 Q，由于每日送货量为 b，故该批货全部送达所需日数为 Q/b，称之为送货期，假定零件每日耗用量为 d，送货期内的全部耗用量为 $Q/b \times d$。由于存货边送边用，所以当每批送达完毕时：

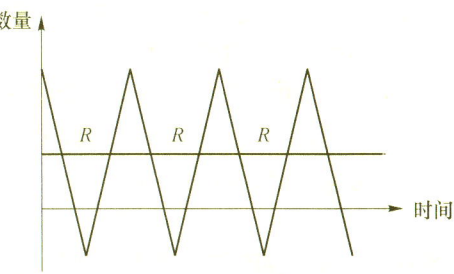

图 9-3 存货陆续供应模型

最高库存量为：

$$Q - \frac{Q}{b}d \tag{8}$$

平均库存量为：

$$\frac{Q - \frac{Q}{b}d}{2} = \frac{Q\left(1 - \frac{d}{b}\right)}{2} \tag{9}$$

这样与批量有关的总成本为：

$$T = \frac{A}{Q}P + \frac{1}{2}\left(Q - \frac{Q}{b}d\right)C = \frac{A}{Q}P + \frac{Q}{2}\left(1 - \frac{d}{b}\right)C \tag{10}$$

在订货变动成本与储存变动成本相等时，T 有最小值，故存货陆续供应和使用的经济订货量公式为：

$$\frac{A}{Q}P = \frac{Q}{2}\left(1 - \frac{d}{b}\right)C$$

$$Q^* = \sqrt{\frac{2AP}{C} \times \frac{b}{b-d}} \tag{11}$$

将这一公式代入公式（10），可得出存货陆续供应和使用的经济订货量相关总成本公式：

$$T^* = \sqrt{2APC \times \left(1 - \frac{d}{b}\right)} \tag{12}$$

【例3】 企业全年需要乙材料 43 200 千克，一次订货成本 400 元，单位年储存成本 20 元，该企业的订货陆续到货，每日到货量 200 千克，假设全年工作日为 360 天。要求计算企业乙材料在陆续到货情况下的经济批量。

每日耗用量 $d = 43\ 200/360 = 120$（千克）

$$Q^* = \sqrt{\frac{2 \times 43\ 200 \times 400}{20} \times \frac{200}{200 - 120}} = 2\ 078\ (千克)$$

$$T^* = \sqrt{2 \times 43\ 200 \times 400 \times 20 \times \left(1 - \frac{120}{200}\right)} = 16\ 627.69\ (元)$$

3. 保险储备

保险储备是为防止存货短缺或供货中断造成损失而多储备一些存货，这个储备存货称为保险储备。

保险储备的存在,可以减少供应短缺而造成的损失,但过多储备,势必造成资金的积压,增加储存费用;而储备量过少,又将延误生产。所以研究保险储备的目的,就是找出合理的保险储备数量,使缺货或供货中断损失和保险储备成本之和最小。由于储备成本和缺货成本之间的关系是非线性的,因而在计算保险储备量的时候,采取先计算出各不同保险储备量下的相关总成本,然后再对总成本进行比较,选择其中最低的总成本。其计算公式:

$$相关总成本 = 保险储备成本 + 缺货成本 \qquad (13)$$

假设:缺货成本为 T_s,保险储备成本为 T_c,则:

$$T_{sc} = T_s + T_c$$

缺货成本 $\qquad T_s = K \times S \times N \qquad (14)$

保险储备成本 $\qquad T_c = B \times C \qquad (15)$

其中:K 代表单位缺货成本,S 代表一次订货缺货量,N 代表年订货次数,B 代表保险储备量,C 代表单位存货储存成本

$$T_{sc} = K \times S \times N + B \times C \qquad (16)$$

现实中,缺货量 S 具有概率性,取决于需求量的变化和供应量的变化,一般其概率是根据历史数据与经验估计得出;保险储备量可选择而定。

【例4】 长城公司每年需求12cm 螺纹钢3 600 千克,单位存货年储存成本2元,据测算单位缺货成本4元,每次订货成本25元,全年平均日需求量10千克,平均每次订货交货时间为10天。交货期的存货需要量及其概率如表9-1所示。

表9-1 交货期存货需要量及其概率表

需要量(10天)	70	80	90	100	110	120	130
概 率(P_i)	0.01	0.04	0.2	0.5	0.2	0.04	0.01

要求测算最佳保险储备量。

第一步:计算经济订货批量下的订货批量及再订货点

订货批量 $Q = \sqrt{2 \times 3\,600 \times 25/2} = 300$(千克)

订货次数 $N = 3\,600/300 = 12$(次)

再定货点 $R = 10 \times 10 = 100$(千克)

第二步:计算不同保险储备量下的总成本(保险储备成本和缺货成本之和)

(1)保险储备量 $B = 0$(千克)此时,再订货点 $R = 100$(千克)

保险储备成本 $T_c = B \times C = 0$

缺货成本 $T_s = K \times N \times S = 4 \times 12 \times 3.1 = 148.8$(元)

其中:

缺货数量 $S = (110 - 100) \times 0.2 + (120 - 100) \times 0.04 + (130 - 100) \times 0.01 = 3.1$(件)

总成本 $T_{sc} = T_s + T_c = 148.8 + 0 = 148.8$(元)

(2)保险储备量 $B = 10$(千克)此时,再订货点 $R = 100 + 10 = 110$(千克)

保险储备成本 $T_c = B \times C = 10 \times 2 = 20$(元)

缺货成本 $T_s = K \times N \times S = 4 \times 12 \times 0.6 = 28.8$（元）

其中：

缺货数量 $S = (120 - 110) \times 0.04 + (130 - 110) \times 0.01 = 0.6$（千克）

总成本 $T_{sc} = T_s + T_c = 28.8 + 20 = 48.8$（元）

(3) 保险储备量 $B = 20$（千克）　　此时，再订货点 $R = 100 + 20 = 120$（千克）

保险储备成本 $T_c = B \times C = 20 \times 2 = 40$（元）

缺货成本 $T_s = K \times N \times S = 4 \times 12 \times 0.1 = 4.8$（元）

其中：

缺货数量 $S = (130 - 120) \times 0.01 = 0.1$（千克）

总成本 $T_{sc} = T_s + T_c = 4.8 + 40 = 44.8$（元）

(4) 保险储备量 $B = 30$（千克）　　此时，再订货点 $R = 100 + 30 = 130$（千克）

保险储备成本 $T_c = B \times C = 30 \times 2 = 60$（元）

缺货成本 $T_s = K \times N \times S = 0$

其中：

缺货数量 $S = 0$

总成本 $T_{sc} = T_s + T_c = 60$（元）

第三步：比较选择

比较上面不同保险储备数量的总成本，当 $B = 20$ 千克时，总成本为 44.8 元。是各总成本中最低的，所以，应该确定保险储备数量为 20 千克。此时，订货点为 120 千克。

上述是由于需求量变化而引起的缺货问题，也可以应用到由于延迟交货引起的缺货中去。其解决问题的原理是一样的。

4. 订货量有折扣

企业在订货时，当供应厂商对一次订购数量超过一定水平时，价格可以打一定的折扣时，确定最佳经济批量时除要考虑基本模型中的订购成本和储存成本以外，还要考虑采购成本，此时总成本为：

$$\text{有折扣条件下的经济批量总成本} = \text{储存成本} + \text{订购成本} + \text{采购成本} \tag{17}$$

然后与在不同折扣条件下的总成本相比，以决定是否接受。

【例5】 某公司每年需要某种材料 6 000 件，每次订货成本为 150 元，每件材料年储存成本为 5 元，该种材料的采购价格为每件 20 元，一次订货数量在 2 000 件以上时，可以获得 2% 的折扣；在 3 000 件以上时，可以获得 5% 的折扣。问每次应该订货多少数量。

(1) 在无数量折扣时：

经济批量 $Q^* = \sqrt{\dfrac{2 \times 6\,000 \times 150}{5}} = 600$（件）

无折扣条件下的经济批量总成本 $T = \sqrt{2 \times 6\,000 \times 150 \times 5} + 6\,000 \times 20 = 123\,000$（元）

(2) 订购批量为 2 000 件时：
采购成本 = 6 000 × 20 × （1 – 2%） = 117 600 （元）
订货成本 = 6 000/2 000 × 150 = 450 （元）
储存成本 = 2 000/2 × 5 = 5 000 （元）
总成本 = 117 600 + 450 + 5 000 = 123 050 （元）
(3) 订购批量为 3 000 件时：
采购成本 = 6 000 × 20 × （1 – 5%） = 114 000 （元）
订货成本 = 6 000/3 000 × 150 = 300 （元）
储存成本 = 3 000/2 × 5 = 7 500 （元）
总成本 = 114 000 + 300 + 7 500 = 121 800 （元）
比较以上计算结果，订货批量为 3 000 件时的成本最低。

第三节　存货控制

存货日常控制是指在日常生产经营活动中，根据存货计划和生产经营活动的实际要求，对各种存货的使用和周转状况进行组织、调节和监督，将存货数量保持在一个合理的水平上。常用的存货控制方法有以下几种：

一、存货储存期控制

无论是制造企业，还是流通企业，其商品产品一旦入库，便面临如何尽快销售出去的问题，且不考虑未来市场供求关系的不确定性风险，仅是存货储存本身就会给企业造成较多的资金占用费和仓储费，管理费等开支或损失。

进行存货投资所发生的费用支出，按照与储存时间的关系，可以分为：

固定储存费用，不受储存时间长短影响而相对不变。如进货费用、销售费用、管理费用等，也称一次性费用。

变动储存费用，是随商品储存期限的长短费用额的发生也相应增减变化的费用。如仓储资金利息、保管费、商品损耗等，是由每日变动储存费用与储存天数决定的。

利润计算公式为：

利润 = 销售毛利 – 变动储存成本 – 固定储存成本 – 销售税金及附加
　　 = 销售毛利 – 每日单位变动储存成本 × 储存天数 – 固定储存成本 – 销售税金及附加

令利润 = 0，则：

$$保本储存天数 = \frac{销售毛利 - 固定储存成本 - 销售税金及附加}{每日单位变动储存成本}$$

如果要达到目标利润则：

$$目标利润储存天数 = \frac{毛利 - 固定储存成本 - 销售税金及附加 - 目标利润}{每日单位变动储存成本}$$

【例6】 某企业购进甲商品 2 000 件,单位进价 100 元,单位售价 120 元,其固定储存费用为 20 000 元,商品年保管费率 4%,销售税金和附加 1 000 元,假如货款为银行借款,年利率为 6%。

要求:
(1) 计算该批存货的保本储存期;
(2) 计算当投资收益率为 8% 的保利期;
(3) 计算当该批存货实际储存 300 天时,能否实现 8% 的目标利润。

计算如下:

(1) 保本储存期 = $\dfrac{(120-100)\times 2\,000 - 20\,000 - 1\,000}{\dfrac{100\times 2\,000\times(4\%+6\%)}{360}} = \dfrac{19\,000}{55.56} = 342$(天)

(2) 保利储存期 = $\dfrac{(120-100)\times 2\,000 - 20\,000 - 1\,000 - 100\times 2\,000\times 8\%}{\dfrac{100\times 2\,000\times(4\%+6\%)}{360}}$

$= \dfrac{3\,000}{55.56} = 54$(天)

(3) 实际储存 300 天的获利额 = 每日变动储存成本 ×(保本储存天数 - 实际储存天数)
$= 55.56\times(342-300) = 2\,333.52$(元)

实际利润率 = $2\,333.52 \div (100\times 2\,000) = 1.17\%$

在该批存货实际储存 300 天后,其利润率为 1.17%,不能够实现 8% 的目标利润。

二、ABC 控制法

ABC 控制法又称巴累托分析法、重点管理法。它是根据事物有关方面的特征,进行分类、排队,分清重点和一般,以有区别地实施管理的一种分析方法。ABC 控制法是由意大利数理经济学家、社会学家维尔雷多·巴累托首创。后在 1951 年,管理学家戴克将其应用于库存管理,定名为 ABC 分析。ABC 控制法的基本原理,可概括为 "区别主次,分类管理"。它是将企业各种存货按重要性程度分为 ABC 三类(或更多)区别对待,分别实行按品种重点管理,按类别一般控制和按总额灵活掌握。其关键在于区别关键的少数和次要的多数。

进行存货分类的标准有两个:一是金额标准;二是数量标准。其中金额标准是主要的,数量标准作为参考。

ABC 控制法的运用步骤如下。

(1) 收集数据。
收集存货相关的销售量、物品单价等数据。

(2) 计算整理。
对收集的数据进行加工,并按要求计算每种存货的价值总额及占全部存货金额的百分比。

(3) 划分类别。
根据一定分类标准,进行 ABC 分类,列出 ABC 分析表。ABC 分析表有两种形式:一种是将全部因素逐个列表的大排队式,它适用于因素数目较少的分析项目。如图 9-4 所示;

另一种是对各种因素进行分层的分析表，它适用于因素数目较多，无法全部排列于表中或没有必要全部排列的情况。

A类存货的特点是金额巨大，但品种数量较少；B类存货的特点是金额一般，但品种数量相对较多；C类存货的特点是金额较少，但品种数量繁多。一般而言，三类存货的金额比重大致为A∶B∶C=7∶2∶1；品种数量比重大致为A∶B∶C=1∶2∶7。

（4）绘制分析图。

一般以累计品种数量百分数为横坐标，金额百分数为纵坐标，按ABC分析表所列示的对应关系，在坐标图上取点，并连接各点成曲线，即绘制成ABC分析图，如图9-4所示。除利用直角坐标绘制曲线图外，也可绘制成直方图。

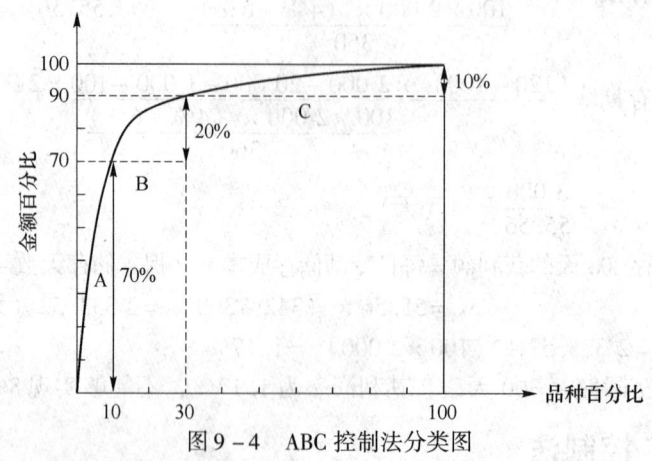

图9-4　ABC控制法分类图

（5）确定重点管理。

在管理上对A类存货，企业应按每一个品种进行管理；对B类存货，企业可以通过划分类别的方式进行管理；对C类存货，企业一般只要把握一个总金额就可以了。这样通过对存货进行分类，可以使企业分清主次，对存货进行经济、有效的控制。

ABC分析的结果，只是理顺了复杂事物，搞清了各局部的地位，明确了重点。但是，ABC分析主要目的更在于解决困难，它是一种解决困难的技巧，因此，在分析的基础上必须提出解决的办法，才真正达到ABC分析的目的。

【例7】　某企业共有20种材料，共占用资金200 000元，按占用资金多少的顺序排列，根据上述原则划分成A、B、C三类，详见表9-2。

表9-2　××企业存货分类控制

材料编号	金额/元	金额比重	累计金额比重	类别	各类存货数量比重	各类存货金额比重
1	80 000	40%	40%	A	10%	70%
2	60 000	30%	70%			
3	15 000	7.5%	77.5%	B	20%	20%
4	12 000	6%	83.5%			
5	8 000	4%	87.5%			
6	5 000	2.5%	90%			

续表

材料编号	金额/元	金额比重	累计金额比重	类别	各类存货数量比重	各类存货金额比重
7	3 000	1.5%	91.5%			
8	2 500	1.25%	92.75%			
9	2 299	1.1%	93.85%			
10	2 100	1.05%	94.9%			
11	2 000	1%	95.9%			
12	1 800	0.9%	96.8%			
13	1 350	0.675%	97.475%	C	70%	10%
14	1 300	0.65%	98.125%			
15	1 050	0.525%	98.65%			
16	700	0.35%	99%			
17	600	0.3%	99.3%			
18	550	0.275%	99.575%			
19	450	0.225%	99.8%			
20	400	0.2%	100%			
合计	200 000	100%			100%	100%

企业存货通过上述划分后，A类存货，品种两种，占总数量10%，但金额却占到70%；B类存货四种，占总数量的20%，金额占20%；C类存货十四种占总数量的70%，金额占10%。因此，企业可以对A类存货中的编号1、2号材料进行重点分别管理；对B类存货中的四种材料，可采取大类的管理，当然，也可以分别品种进行管理，关键是看数量多少；对C类存货中的材料，由于所占金额比重不大，可以采取总金额控制的方法来管理。这样，就可以对存货做到有效的控制。

三、零存货管理

尽管可以采取多种多样的方式来解决存货管理中的问题，但是，只要持有存货，它实际上就是一种不经济的做法。所谓"零存货"管理，就是最大限度地降低企业存货数量，从而最大限度地节约资本，提高流动资产周转率。

1. 零存货管理产生背景

零存货管理是20世纪70年代，由日本丰田汽车公司提出的即时制生产方式（Just–In–Time，JIT）中一项重要内容。所谓即时制生产方式，简单说就是：将必要的原材料和零部件，以必要的数量和完美的质量，在必要的时间，送往必要的地点。生产系统如果运行在即时制生产方式的状态下，它的库存就被减至最小的程度，因此，JIT又被极而言之成"零库存"管理。在即时制生产方式下，企业的生产是以顾客需求（如订单）为起点，由后向前进行逐步推移来全面安排生产任务。上一生产步骤生产什么、生产多少、质量要求和交货时间只能根据下一生产步骤提出的具体要求而定。至于材料及零部件，只有当某一步骤需要时企业才予以购进，企业尽可能实现零库存。所以"零库存"管理，实质上是即时订货模式。

2. 零存货管理的作用

传统生产属于推压式生产，各项生产是从购入原材料开始被推动着通过整个生产系统：当某个工作岗位上的工作完成时，产出物就被"推"到下一个工作岗位；或者在最终作业阶段，产出物被推进产成品库，推式系统中的工作随着自己的结束而前进，不管下道工序是否已经做好准备。在传统推压式制造中，原材料在等待着生产的耗用，产品要尽量多地生产出来，以备需求。因此，必然产生较多的存货。

在适时生产环境下，这一过程倒了过来。适时系统主张生产应由现在的需求拉动，市场上产品需求的信号是企业进行生产的命令，下一环节需要什么，上一环节就供给什么，整个生产过程被需求所拉动。JIT系统并不要求保持大量的存货，是追求一种无库存的生产系统，或使库存最小化的生产系统，即存货水平最低，浪费最小，空间占用最小，事务量最小。因此，零存货管理可以减少存货资金的占用，从而节省资金的占用费；可以节约仓储费用和存货损失；可以促进企业提高产品质量；可以提高劳动生产率水平。

3. 实施零存货管理的要求

1）全员参与

全员参与是企业实施"零库存"管理成功的基础。只有全员上下建立"零库存"的理念，才能很好推行此模式。

2）全面质量控制

全面质量控制是企业实施"零库存"管理成功的保证。在即时订货模式下，企业的存货水平很低，一旦出现原材料或零部件出现质量问题，就会产生企业生产停工待料的状况。因此对原材料、零配件的购进到生产的每个工序以至完工产品的产出整个过程施行全面质量管理，保证产品的质量。

3）稳定有序的供需渠道

稳定有序的供需渠道是企业实施"零库存"管理成功的环境保障。企业所需施行的拉动式生产、资源的合理安排、生产量的控制都取决于市场的供需情况。如果市场需求经常剧烈波动，大起大落，就会形成或者供应不上需求，或者造成大量积压。就外购材料的供应而言，与供应商谈判签订长期合同，能够减少订货次数和相应的订货成本。

4）完善的网络系统

完善的网络系统是企业实施"零库存"管理成功的基本前提。企业通过网络系统，及时掌握企业生产的需要量，及时了解市场的行情。供应商还可以进入企业的数据库，按需要及时把存货送达。

【复习思考题】

1. 企业存货管理与决策的有关成本主要有哪些？
2. 经济订货量基本模型需要设立的假设条件是什么？
3. 经济订货量模型有哪些扩展？
4. 再订货点的含义及决策模型。

5. 零存货管理与传统存货管理的区别。

【练习题】

1. 某企业全年需要 A 零件 30 000 件，每次订购费用 108 元，每件 A 零件全年储存成本为 2 元，零件单价 50 元。供应商为了扩大销售，现规定如下的折扣：

订购数量/件	折扣/（元/件）
0～999	无
1 000～1 999	2.00
2 000～3 999	4.00

确定最佳采购订购量。

2. 某供应商销售甲材料时，由于包装运输原因，只接受 200 件整数批量的订单（如 200 件、400 件、600 件等）不接受有零数的订单（如 500 件等）。宏大公司全年需用甲材料 1 800 件，每次订货成本为 120 元，每件年储存成本为 2 元。

要求：确定最优订货批量。

3. 某公司每年需要乙材料 540 000 千克，每次订货成本 937.5 元，全年储存成本为 0.5 元/千克。该公司目前仓库最大储存量为 30 000 千克，如果租用一可储存 20 000 千克原材料的仓库，年租金为 4 000 元。

要求：该公司如何进行储存决策？

4. 资料：振新机器厂每年需用 S 配件 4 900 件，即可自制，也可外购。如自制，每件需变动成本 20 元，另需承担相关固定成本总额为 4 000 元，每天可以生产 S 配件 50 件，耗用 40 件。每批生产调整准备成本为 500 元，每件年储存成本为 0.5 元。如果外购，则单价为 22 元，每次订货需支出费用 9 元，这时可将自制 S 配件的有关设备改为生产 B 产品，每年可得边际贡献 7 000 元。

要求：判断振新机器厂应自制还是外购 S 配件？这时最优批量是多少？全年最小相关总成本是多少？

长期投资决策

【学习目标】

了解长期投资决策的含义及类型。
理解货币时间价值、现金流量的计算。
掌握长期投资决策的基本方法和几种典型的长期投资决策。

【引导案例】

新华印刷厂是一家中型印刷企业,为应对激烈的市场竞争,企业随时注意行业发展,不断加强内部管理。最近某一系列的全自动裱纸机出了第四代产品,采用了高科技液面控制系统,自动供给机器生产时用的胶水,并配有胶水回收循环系统。胶量可依贴合纸张不同要求进行调整,使胶水涂布于纸面上更均匀,达到既节省胶水又保证产品质量的目的,具有操作简单,维护方便,高速度,低噪声,高精度等优势,生产部门认为应引进这一新产品帮助企业提高效率赢得市场,提高竞争力。产品报价400 000元。但公司经理认为原来的设备运转良好,尚可使用年限还有5年,但如果作为二手产品转卖也不会有太高的收益,而且公司资金紧张,购买新机器需向银行贷款,因此不主张设备更新。财务经理则认为新设备的使用会节约人工成本和材料成本,且效率比旧设备高,产品质量也会有提升,虽有资金成本,但从长期看对企业是有利的。经理要求财务部对这项固定资产更新计划提出方案。

第一节 长期投资决策概述

一、长期投资决策的含义及特点

长期投资指企业为了特定的经营目的投入大量资金以期在未来若干年内获得更大收益的经济活动。一般来说,长期投资活动支出金额较大,不能像生产成本、销售费用、管理费用等收益性支出那样用当期的销售收入来补偿,因此被称为资本性支出。例如,新建或改、扩建厂房,购置或更新设备等都属于长期投资活动。与长期投资活动有关的决策称为长期投资决策。与短期投资决策相比,长期投资决策具有以下特点：

1. 投资金额数量大

长期投资决策涉及项目都关系到企业生存与发展，投资项目一旦实施就需要投入大量资金，一般依靠企业自有资金难以维系，需要通过外部渠道筹资来解决投资资金的缺口，这将对企业生存与发展产生直接影响。

2. 投资项目建设时间长

长期投资项目建设的时间较长，一般都会超过 1 年，甚至有的投资项目需要建设数年才能完成，这就使长期投资决策长时间影响企业的生产经营。

3. 投资回收期长

由于长期投资项目投入资金巨大和工程建设期长，加上项目投入生产前期产品市场原因，经营费用高，利润空间小，因而项目投入的资金需要在较长时期才能回收，取得预期的回报则需要更长时间，所以长期投资决策将在较长的时间内影响企业的生产经营活动。

4. 项目投资风险高

长期投资项目时间跨度很长，需要在较长时间内投入大量资金，这会使企业承受很大的市场风险和财务风险。投资期间内会遇到诸如市场环境变化、经济政策调整和其他不确定、不可控因素的影响，这些因素中的不利因素往往会导致企业投资的损失，甚至影响企业生存。

二、长期投资决策的基本类型

长期投资决策的目的是实现企业具有的经济资源在各投资项目中的最优分配。最常见的长期投资决策有降低成本的决策、工厂扩充的决策、设备选择的决策、设备更新的决策等。这些决策大致可分成以下三类，即淘汰性决策、选择性决策和分配性决策。

1. 淘汰性决策

所谓淘汰性决策，是指有关各投资方案的取舍以其能否满足某项预定的接受标准而定。例如，企业制定了一项政策，规定任何投资项目的税后利润率必须达到 10% 以上，凡不能达到此标准的投资方案均属淘汰之列。淘汰性决策的对象一般是独立的投资项目，淘汰后剩下的投资项目均可采纳或做进一步分析。

2. 选择性决策

顾名思义，选择性决策是在若干备选方案中选择一个最优方案的过程，所以又称为偏好性决策。例如，某企业拟换其生产装配线上的某台设备，现有 5 种牌号的同类产品可供选择，则从中选择一种牌号的决策即为选择性决策。选择性决策的对象一般是相斥的投资项目。

3. 分配性决策

企业在一定时期内可用于投资项目的资金总额是有限的，分配性决策就是有效地分配有限的资金，使得资金既得到充分的利用并发挥最大的效益，又不超过投资规定的限额。

第二节　影响长期投资决策的重要因素

长期投资决策是企业投资在1年或1年以上的资本性投资决策，投资的资金数量大、回收期长和投资风险高的特点要求投资决策方案在做出时必须充分考虑影响决策的相关因素，例如货币时间价值和现金流量状况，认真分析方案实施的可行性和决策效果。

一、货币时间价值

1. 货币时间价值含义和表现形式

货币时间价值，又称资金的时间价值，是指作为资本使用的货币在其被运用的过程中随时间推移而带来的一部分增值价值，资金在周转过程中会随着时间的推移而发生增值，使资金在投入、收回的不同时点上价值不同，形成价值差额。简单地说，货币时间价值就是货币在不同时间上有不同的价值。

在日常生活中会发现，一定量的货币在不同时点上具有不同价值，现在的一元钱比将来的一元钱更值钱。例如我们现在有1 000元，存入银行，银行的年利率为5%，1年后可得到1 050元，于是现在1 000元与1年后的1 050元相等。因为这1 000元经过1年的时间增值了50元，这增值的50元就是货币经过1年时间的价值。同样，企业的资金投到生产经营中，经过生产过程的不断运行，资金的不断运动，随着时间的推移，会创造新的价值，使资金得以增值。因此，一定量的资金投入生产经营或存入银行，会取得一定利润和利息，从而产生货币的时间价值。

货币的时间价值可用绝对数（利息）和相对数（利息率）两种形式表示，通常用相对数表示。货币时间价值的实际内容是没有风险和没有通货膨胀条件下的社会平均资金利润率，是企业资金利润率的最低限度，也是使用资金的最低成本率。

2. 货币时间价值的计算

货币时间价值是企业投资决策所要考虑的一个重要因素，由于货币随时间的延续而增值，现在的1元钱与将来的1元多钱甚至是几元钱在经济上是等效的。换一种说法，就是现在的1元钱和将来的1元钱经济价值不相等。由于不同时间单位货币的价值不相等，因此不同时间的货币收入不宜直接进行比较。所以在评价长期投资方案时需要将不同时间的货币资金换算到相同的时间基础上，然后才能进行大小的比较和比率的计算，这样投资方案才具有可比性，项目的优劣评价才有意义。

计算货币的时间价值，其实质就是不同时点上货币价值的换算。它具体包括两方面的内容：一方面，是计算现在拥有一定数额的货币，在未来某个时点将是多少数额，这是计算终值问题；另一方面，是计算未来时点上一定数额的货币，相当于现在多少数额的货币，这是计算现值问题。货币时间价值的计算有两种方法：一是只就本金计算利息的单利法；二是不仅本金要计算利息，利息也能生利，即俗称"利上加利"的复利法。相比较而言，由于货币随时间的增长过程与复利的计算过程在数学上相似，复利法更能确切地反映本金及其增值部分的时间价值。因此，在换算时广泛使用复利计算的各种方法。计算货币时间价值量，首先引入"现值"和"终值"两个概念表示不同时期的货币时间价值。现值，又称本金，是指资金现在的价值。终值，又称本利和，是指资金经过若干时期后包括本金和时间价值在内的未来价值。

货币时间价值的计量形式主要有：复利终值与现值、年金终值与现值。

1）复利终值与现值的计算

复利是指不仅要计算本金的利息，而且还要计算利息的利息，在每期期末利息计算时，将前期所产生利息一起并入本金计算下一期利息的利息计算方法。复利计算利息方法中，各期的利息数额是逐期增加的，俗称"利滚利"，在长期投资决策分析时，一般使用复利进行决策分析。按照这种方法，每经过一段固定的时间，就要将所产生的利息加入到本金里，再计算下一段时间的利息，如此循环下去。这里的"一段固定的时间"就叫作计息期，通常指一年。在复利的计算中，设定以下符号：F—复利终值；i—利率；P—复利现值；n—期数。

（1）复利终值。

复利终值是指一定数量的本金在一定的利率下按照复利的方法计算出的若干时期以后的本金和利息。例如公司将一笔资金 P 存入银行，年利率为 i，如果每年计息一次，则 n 年后的本利和就是复利终值。一年后的终值为：

$F_1 = P + P \times i = P(1+i)$

两年后的终值为：

$F_2 = F_1 + F_1 \times i = F_1(1+i) = P(1+i)(1+i) = P(1+i)^2$

$\vdots$

由此可以推出 n 年后复利终值的计算公式为：

$$F = P(1+i)^n = P(F/P, i, n)$$

公式中，$(1+i)^n$ 称为"复利终值系数"或"1元的复利终值"，用符号 $(F/P, i, n)$ 表示，其数值可查阅"复利终值系数表"。例如 $(F/P, 8\%, 5)$，表示利率为 8%、5 期的复利终值系数。

（2）复利现值。

复利现值是指未来一定时间的特定资金按复利计算的现在价值。即为取得未来一定本利和现在所需要的本金。例如，将 n 年后的一笔资金 F，按年利率 i 折算为现在的价值，这就是复利现值。

由终值求现值，称为折现，折算时使用的利率称为折现率。

复利现值的计算公式为：

$$P = F/(1+i)^n = F(1+i)^{-n} = F(P/F, i, n)$$

公式中，$(1+i)^{-n}$ 称为"复利现值系数"或"1元的复利现值"，用符号 $(P/F, i, n)$ 表示，其数值可查阅"复利现值系数表"。例如 $(P/F, 5\%, 4)$，表示利率为 5%、4 期的复利现值系数。

2）年金终值和现值的计算

在现实经济生活中，还存在一定时期内多次收付的款项，即系列收付的款项。如果每次收付的金额相等，这样的系列收付款项便称为年金。换言之，年金是指一定时期内，每隔相同的时间等额收付的系列款项。年金的形式多种多样，如保险费、折旧费、租金、税金、养老金、等额分期收款或付款、零存整取或整存零取储蓄等，都可以是年金形式。年金具有连续性和等额性特点。连续性要求在一定时间内，间隔相等时间就要发生一次收支业务，中间不得中断，必须形成系列。等额性要求每期收、付款项的金额必须相等。

年金根据每次收付发生的时点不同，可分为普通年金、预付年金、递延年金和永续年金四种。在年金的计算中，设定以下符号：A—每年收付的金额；i—利率；F—年金终值；P—年金现值；n—期数。

（1）普通年金。

普通年金是指在每期的期末，间隔相等时间，收入或支出相等金额的系列款项。每一间隔期，有期初和期末两个时点，由于普通年金是在期末这个时点上发生收付，故又称后付年金。如图 10-1 所示：

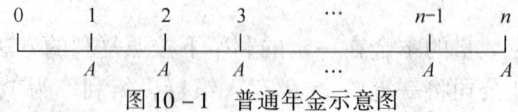

图 10-1 普通年金示意图

① 普通年金终值。

普通年金终值是指每期期末收入或支出的相等款项，按复利计算，在最后一期所得的本利和。每期期末收入或支出的款项用 A 表示，利率用 i 表示，期数用 n 表示，那么每期期末收入或支出的款项，换算到第 n 年的终值如图 10-2 所示：

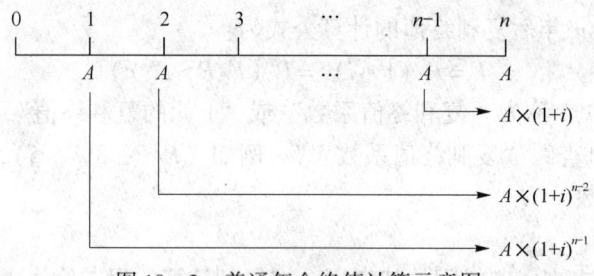

图 10-2 普通年金终值计算示意图

第 n 年支付或收入的款项 A 换算到最后一期（第 n 年），其终值为 A

第 $n-1$ 年支付或收入的款项 A 折算到最后一期（第 n 年），其终值为 $A\times(1+i)$

……

第 2 年支付或收入的款项 A 折算到最后一期（第 n 年），其终值为 $A\times(1+i)^{n-2}$

第 1 年支付或收入的款项 A 折算到最后一期（第 n 年），其终值为 $A\times(1+i)^{n-1}$……

那么 n 年的年金终值和为：

$$F = A + A \times (1+i) + A \times (1+i)^2 + \cdots + A \times (1+i)^{n-2} + A \times (1+i)^{n-1}$$

利用等比数列前 n 项和公式，经整理：$F = A \cdot \dfrac{(1+i)^n - 1}{i} = A \times (F/A, i, n)$

其中，$\dfrac{(1+i)^n - 1}{i}$ 称为"年金终值系数"，记为 $(F/A, i, n)$，表示年金为 1 元、利率为 i、经过 n 期的年金终值是多少，年金终值系数可以通过查"年金终值系数表"获得。

② 普通年金现值。

普通年金现值是指一定时期内每期期末等额收支款项的复利现值之和。实际上就是指为了在每期期末取得或支出相等金额的款项，现在需要一次投入或借入多少金额，年金现值用 P 表示，其计算如图 10-3 所示：

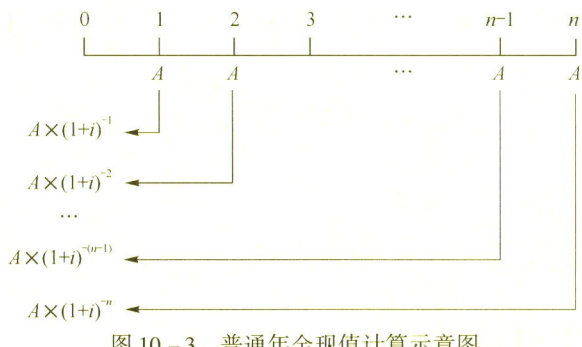

图 10-3 普通年金现值计算示意图

要将每期期末的收支款项全部折算到时点 0，则

第 1 年年末的年金 A 折算到时点 0 的现值为 $A \times (1+i)^{-1}$

第 2 年年末的年金 A 折算到时点 0 的现值为 $A \times (1+i)^{-2}$

……

第 $(n-1)$ 年年末的年金 A 折算到时点 0 的现值为 $A \times (1+i)^{-(n-1)}$

第 n 年年末的年金 A 折算到时点 0 的现值为 $A \times (1+i)^{-n}$

那么，n 年的年金现值之和为：

$$P = A \times (1+i)^{-1} + A \times (1+i)^{-2} + \cdots + A \times (1+i)^{-(n-1)} + A \times (1+i)^{-n}$$

利用等比数列前 n 项和计算公式，整理得：

$$P = A \cdot \dfrac{1 - (1+i)^{-n}}{i} = A \times (P/A, i, n)$$

其中，$\dfrac{1 - (1+i)^{-n}}{i}$ 称为"年金现值系数"，记作 $(P/A, i, n)$，表示年金 1 元、利率为 i、经过 n 期的年金现值是多少，年金现值系数可以通过查"年金现值系数表"获得。

(2) 预付年金。

预付年金是指每期收入或支出相等金额的款项是发生在每期的期初，而不是期末，也称先付年金或即付年金。

管理会计

预付年金与普通年金的区别在于收付款的时点不同,普通年金在每期的期末收付款项,预付年金在每期的期初收付款项,收付时间如图10-4所示:

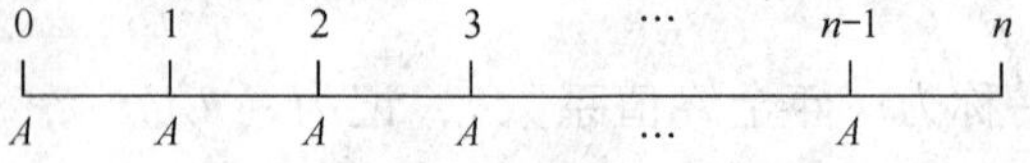

```
0     1     2     3   ...  n-1    n
|-----|-----|-----|---...---|-----|
A     A     A     A   ...   A
```

图10-4 预付年金示意图

从上图可见,n期的预付年金与n期的普通年金,其收付款次数是一样的,只是收付款时点不一样。

① 预付年金终值。

预付年金终值是其最后一期期末时的本利和,是各期收付款项的复利终值之和。由于其付款时间不同,n期预付年金终值要比n期普通年金终值多计一期的利息。因此,在普通年金的终值的基础上,乘上$(1+i)$便可计算出预付年金的终值。其计算公式为:

$$F = A \times \frac{(1+i)^n - 1}{i} \times (1+i)$$

$$= A \cdot \frac{(1+i) - (1+i)^{n+1}}{-i}$$

$$= A \left[\frac{(1+i)^{n+1} - 1}{i} - 1 \right]$$

其中,$\left[\frac{(1+i)^{n+1} - 1}{i} - 1 \right]$称"预付年金终值系数",记作$[(F/A, i, n+1) - 1]$,可利用普通年金终值表查得$n+1$期的终值,然后减去1,就可得到1元预付年金终值。

② 预付年金现值。

虽然n期预付年金现值与n期普通年金现值的期限相同,但由于其付款时间不同,n期预付年金现值比n期普通年金现值少折现一期。因此,在n期普通年金的现值基础上,乘上$(1+i)$便可计算出n期预付年金的现值。其计算公式为:

$$P = A \times \frac{1 - (1+i)^{-n}}{i} \times (1+i)$$

$$= A \cdot \frac{[1 - (1+i)^{-n}](1+i)}{i}$$

$$= A \left[\frac{1 - (1+i)^{-(n-1)}}{i} + 1 \right]$$

其中,$\left[\frac{1 - (1+i)^{-(n-1)}}{i} + 1 \right]$称"预付年金现值系数",记作$[(P/A, i, n-1) + 1]$,可利用普通年金现值表查得$n-1$期的现值,然后加上1,就可得到1元预付年金现值。

(3) 递延年金。

递延年金是指第一次收付款发生在第二期或以后各期的年金。递延年金是普通年金的特殊形式。凡是不在第一期开始收付款的年金都是递延年金。

递延年金的一般形式如图10-5所示:

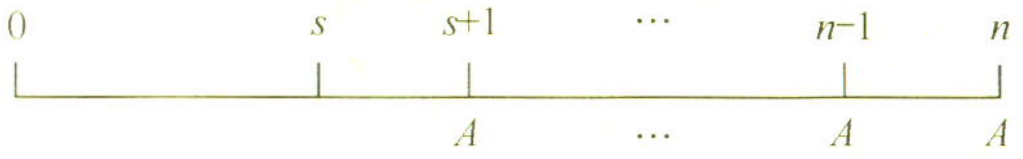

```
0        s      s+1    ...    n-1     n
|--------|-------|------...----|------|
                 A      ...    A      A
```

图 10-5　递延年金示意图

其中 s 表示为递延期，且 $s \geq 1$。与普通年金相比，尽管期限一样，都是 n 期，但普通年金在 n 期内，每个期末都要发生收支，而递延年金在 n 期内，只在后 $n-s$ 期发生收支，前 s 期无收支发生。

① 递延年金终值。

先不看递延期，年金一共支付了 $n-s$ 期。只要将这 $n-s$ 期年金换算到期末，即可得到递延年金终值。所以，递延年金终值的大小，与递延期无关，只与年金共支付了多少期有关，它的计算方法与普通年金相同。其计算公式如下：

$$F = A \times (F/A, i, n-s)$$

② 递延年金现值。

递延年金现值的计算方法有三种：

第一种方法，是把递延年金视为 n 期普通年金，求出递延期末的现值，然后再将此现值调整到第一期初。

$$P = A \times (P/A, i, n-s) \times (P/F, i, s)$$

第二种方法，是假设递延期中也进行支付，则变成一个 n 期的普通年金，先求出 n 期的年金现值，然后，扣除实际并未支付的 s 期递延期的年金现值，即可得出递延年金现值。

$$P = A \times (P/A, i, n) - A \times (P/A, i, s) = A \times [(P/A, i, n) - (P/A, i, s)]$$

第三种方法，是先算出递延年金的终值，再将终值折算到第一期期初，即可求得递延年金的现值。

$$P = A \times (F/A, i, n-s) \times (P/F, i, n)$$

(4) 永续年金。

永续年金是指无限期的收入或支出相等金额的年金，也称永久年金。它也是普通年金的一种特殊形式，由于永续年金的期限趋于无限，没有终止时间，因而也就没有终值，只有现值。永续年金的现值计算公式可以通过普通年金现值的计算公式导出：

$$P = A \cdot \frac{1-(1+i)^{-n}}{i}$$

当 $n \to \infty$ 时，$(1+i)^{-n}$ 的极限为零，故上式可写成：

$$P = A \cdot \frac{1}{i}$$

二、现金流量

1. 现金流量的含义

现金流量是指一个投资项目引起的企业现金支出和收入增加的数量。它是评价投资方案是否具有财务可行性的一个基础数据。需要指出的是：这里的"现金"是广义的现金，不仅包括货币资金，还包括投资项目需要投入的企业现有非货币资源的变现价值。例如，一个投资项目需要使用原有的厂房、设备等资产，相关的现金流量是指它们的变现价值，而不是其账面成本。

现金流量包括现金流入量、现金流出量和现金净流量三个具体概念。

1）现金流入量

现金流入量（记作 I），是指由投资项目引起的企业现金收入的增加额，简称现金流入。对于新建项目来说，现金流入量的内容主要包括：

（1）营业收入。

营业收入是指投资项目投产后每年实现的营业收入。它是经营期主要的现金流入量项目。

从会计视角看，按权责发生制计量的营业收入并不是当期的经营现金流入。经营现金流入是当期现销收入和回收前期应收账款的合计数。为简化核算，通常假设正常经营年度内每期发生的赊销额与回收前期的应收账款大体相等。在这种情况下，某期的经营现金流入等于该期的营业收入。

（2）出售或报废时长期资产的残值收入。

资产出售或报废时的残值收入，是由于当初的投资引起的，应当作为投资项目的一项现金流入。

（3）垫付的流动资金回收。

投资项目出售或报废时，流动资金将回收。回收的流动资金等于各年垫支流动资金投资额的合计数。

2）现金流出量

现金流出量（记作 O），是指由投资项目引起的企业现金支出的增加额。对于新建项目来说，现金流出量的内容主要包括：

（1）原始投资。

原始投资是指企业为使投资项目完全达到设计生产能力、开展正常经营而投入的全部现实资金，包括建设投资和流动资金投资两项内容。

建设投资是指在建设期内按一定生产经营规模和建设内容进行的投资，包括固定资产投资、无形资产投资和其他资产投资等。其他投资主要包括筹建费用、试运营费用、职工培训费等。除非特别指明，否则假设它们都是在建设期内投入的。

流动资金投资是指为维持正常生产经营活动而追加的周转性资金，一般在营业终了时才能收回。通常，流动资金投资发生在建设期期末或经营期期初。

（2）付现成本。

付现成本是指经营期内为满足正常生产经营而运用现金支付的成本费用，又称经营成本。它是生产经营期最主要的现金流出量项目。营业成本中不需要支付现金的部分称之为非付现成本。

（3）各项税款。

各项税款是指项目投产后依法缴纳的、单独列示的各项税款，包括营业税金及附加、所得税等。

3)现金净流量

现金净流量(记作 NCF),又称净现金流量,是指在项目计算期由每年现金流入量与同年现金流出量之间的差额所形成的序列指标。无论是在经营期内,还是在建设期内都存在净现金流量。

当现金流入量大于流出量,净现金流量为正值;反之,净现金流量为负值。

由于项目计算期不同阶段上现金流入与现金流出发生的可能性不同,使各阶段上的净现金流量在数值上表现出不同的特点。一般来说,建设期内的净现金流量的数值为负值或等于零;经营期内的净现金流量则多为正值。

2. 现金流量的估算

为简化起见,在投资项目现金流量估算中,把投资和筹资分开考虑,先评价项目本身的经济价值而不管筹资方式如何。如果投资项目有正的净现值,再去处理筹资的细节问题。这也就意味着,归还借款利息和本金不作现金流出。

按是否将所得税视为现金流出,现金流量有所得税前现金流量和所得税后现金流量两种形式。从企业或法人投资主体的角度看,所得税是一项现金流出。因此,除非特别注明,本章所述的现金流量均为所得税后现金流量。

为了便于估算,通常把投资项目的现金流量按时段特征,分为初始现金流量、营业现金流量和终结现金流量。

1)初始现金流量

初始现金流量是指从投资建设开始到完工投产这段时间,即建设期发生的现金流量。在这段时间中,没有现金流入,只有现金流出。因此,初始现金流量等于负的原始投资,其估算公式为:

建设期某年的净现金流量 = – 该年的原始投资

原始投资包括固定资产投资、无形资产投资、其他资产投资和流动资金投资四项内容。固定资产投资按项目规模和投资计划所确定的各项建设工程费用、设备购置费用和安装工程费用等来估算。无形资产投资和其他资产投资,根据需要和可能,逐项按有关资产的评估方法和计价标准进行估算。流动资金投资是经营期内长期占用并周转使用的营运资金,又称垫支流动资金或营运资金投资,可按以下公式进行估算:

某年流动资金投资额 = 本年流动资金需用数 – 上年流动资金需用数

本年流动资金需用数 = 该年流动资产需用数 – 该年流动负债可用数

【例1】 K 公司某一投资项目投产第 1 年预计流动资产需用额为 50 万元,流动负债可用额为 15 万元;投产后第 2 年预计流动资产需用额为 80 万元,流动负债可用额为 30 万元。

则:投产第 1 年流动资金投资额 = 50 – 15 = 35(万元)

投产第 2 年流动资金投资额 =(80 – 30)– 35 = 15(万元)

2)营业现金流量

营业现金流量,又称经营现金流量,是指投资项目投入生产经营后,在其寿命周期内生产经营所带来的现金流入和流出的数额。

$$\text{营业现金流量} = \text{营业收入} - \text{付现成本} - \text{所得税额} \quad (1)$$
$$= \text{营业收入} - (\text{营业成本} - \text{非付现成本}) - \text{所得税额}$$
$$= \text{净利润} + \text{非付现成本} \quad (2)$$
$$= [\text{营业收入} - (\text{付现成本} + \text{非付现成本})] \times$$
$$(1 - \text{所得税税率}) + \text{非付现成本}$$
$$= \text{营业收入} \times (1 - \text{所得税税率}) - \text{付现成本} \times$$
$$(1 - \text{所得税税率}) + \text{非付现成本} \times \text{所得税税率}$$
$$= \text{税后营业收入} - \text{税后付现成本} + \text{非付现成本抵税} \quad (3)$$

由上式可知：非付现成本并不是现金流出，它之所以会对投资项目的现金流量产生影响，是由于所得税的存在引起的。

在新准则下，非付现成本主要包括固定资产折旧、无形资产摊销、开办费摊销、资产减值损失等。通常，在项目投资决策现金流量估算中，主要考虑固定资产折旧、无形资产摊销和开办费摊销三项非付现成本。固定资产折旧和无形资产摊销要按税法规定的净残值、使用年限和折旧摊销方法估算，开办费摊销按制度规定在投产后第一年全额摊销。

在计算营业现金流量的三个公式中，式（1）很少使用。因为，要知道所得税额，须先算出利润总额。在已知利润总额的情况下，可直接用②式计算营业现金流量。式（2）容易理解，所得税对营业现金流量的影响在计算净利润时一并考虑了，比较适用于初学者掌握。

在实务中，决定某个投资项目是否具有财务可行性时，不一定知道整个企业的利润及与此有关的所得税，这就妨碍了式（1）和式（2）的使用。式（3）不需要知道企业的利润是多少，使用起来比较方便。尤其是有关固定资产更新的决策，我们没有办法计量某项资产给企业带来的收入和利润，以至于无法使用前两个公式。

【例2】 Y公司有一固定资产投资项目，其分析与评价资料如下：该投资项目投产后每年的营业收入为1 000万元，付现成本为500万元，固定资产的折旧为200万元，该公司的所得税税率为25%。

则该项目的营业现金流量 = 净利润 + 非付现成本
$$= (1\,000 - 500 - 200) \times (1 - 25\%) + 200 = 425（万元）$$

或 营业现金流量 = 税后营业收入 - 税后付现成本 + 非付现成本抵税
$$= 1\,000 \times (1 - 25\%) - 500 \times (1 - 25\%) + 200 \times 25\% = 425（万元）$$

3）终结现金流量

终结现金流量是指投资项目寿命周期结束时发生的现金流量。它主要包括固定资产报废或出售的现金流入和收回垫支的流动资金。

固定资产通常不是按账面价值报废或出售的。在考虑所得税情况下，固定资产报废或出售的现金流入需要考虑损失抵税、收益纳税问题。

报废或出售固定资产现金流入可按以下公式计算：

出售或处置固定资产现金流入 = 实际净残值 − (实际净残值 − 预计净残值) × 税率

【例3】 G公司原值为60 000元的固定资产,税法规定的净残值率10%,最终报废时净残值5 000元。假设该公司的所得税税率为25%。

则:估算残值的现金流量 = 5 000 − (5 000 − 6 000) × 25% = 5 250(元)

3. 现金流量估算举例

【例4】 H公司准备购入一设备以扩充生产能力。现有A、B两个方案可供选择,A方案需投资30 000元,使用寿命为5年,采用直线法计提折旧,5年后设备无残值。5年中每年营业收入为15 000元,每年的付现成本为5 000元。B方案需投资36 000元,建设期为一年,采用年数总和法计提折旧,使用寿命也为5年,5年后有残值收入6 000元。5年中每年的营业收入为17 000元,付现成本第一年为6 000元,以后随着设备陈旧,逐年将增加修理费300元,另需垫支营运资金3 000元,假设所得税税率25%。

要求:估算两个方案的现金流量。

①计算两个方案每年的非付现成本:

A方案每年折旧额 = 30 000/5 = 6 000(元)

B方案:

第1年折旧额 = (36 000 − 6 000) × (5/15) = 10 000(元)

第2年折旧额 = (36 000 − 6 000) × (4/15) = 8 000(元)

第3年折旧额 = (36 000 − 6 000) × (3/15) = 6 000(元)

第4年折旧额 = (36 000 − 6 000) × (2/15) = 4 000(元)

第5年折旧额 = (36 000 − 6 000) × (1/15) = 2 000(元)

②列表计算两个方案的营业现金流量,见表10−1和表10−2。

表10−1 A投资方案营业现金流量计算表

单位:元

生产经营年度	1~5 年
营业收入	15 000
付现成本	5 000
折旧	6 000
税前利润	4 000
所得税	1 000
净利润	3 000
营业现金流量	9 000

表 10 – 2 B 投资方案营业现金流量计算表

单位：元

生产经营年度	1	2	3	4	5
营业收入	17 000	17 000	17 000	17 000	17 000
付现成本	6 000	6 300	6 600	6 900	7 200
折旧	10 000	8 000	6 000	4 000	2 000
税前利润	1 000	2 700	4 400	6 100	7 800
所得税	250	675	1 100	1 525	1 950
净利润	750	2 025	3 300	4 575	5 850
营业现金流量	10 750	10 025	9 300	8 575	7 850

③结合初始现金流量和终结现金流量，编制两个方案的税后现金流量，见表 10 – 3。

表 10 – 3 投资方案税后现金流量计算表

单位：元

年度	0	1	2	3	4	5	6
A 方案：							
固定资产投资	–30 000						
营业现金流量		9 000	9 000	9 000	9 000	9 000	
税后现金净流量	–30 000	9 000	9 000	9 000	9 000	9 000	
B 方案：							
固定资产投资	–36 000						
流动资金投资		–3 000					
营业现金流量			10 750	10 025	9 300	8 575	7 850
固定资产残值							6 000
流动资金回收							3 000
税后现金净流量	–36 000	–3 000	10 750	10 025	9 300	8 575	16 850

4. 现金流量估算中应注意的问题

在确定投资方案的相关现金流量时，应遵循的最基本原则是：只有增量的现金流量才是与项目相关的现金流量。所谓增量现金流量，是指接受或拒绝某个投资方案后，企业总现金流量因此发生的变动。因此，只有那些由于采纳某个项目引起的现金支出增加额才是该项目的现金流出，只有那些由于采纳某个项目引起的现金流入增加额，才是该项目的现金流入。

为正确计算投资方案的增量现金流量，需要正确判断哪些支出会引起企业总现金流量的变动，哪些支出不会引起企业总现金流量的变动。在进行这种判断时，要注意以下几个方面的问题：

1) 区分相关成本与非相关成本

相关成本是指与特定决策有关的，在分析评价时必须加以考虑的成本。例如，差额成本、未来成本、重置成本和机会成本等都属于相关成本。非相关成本是指与特定决策无关，在分析评价时不必加以考虑的成本。例如，沉没成本、过去成本、账面成本等往往是非相关成本。如果将非相关成本纳入投资方案的总成本，则一个有利的方案可能因此变得不利，一个较好的方案可能因此变为较差的方案，从而造成决策错误。

2）不要忽视机会成本

在投资方案的选择中，如果选择了一个方案，则必须放弃投资于其他途径的机会。其他投资机会可能取得的收益是实行本方案的一种代价，被称为这项投资方案的机会成本。机会成本不是我们通常意义上的"成本"，它不是一种支出或费用，而是失去的收益。这种收益不是实际发生的，是潜在的。机会成本总是针对具体方案的，离开被放弃方案就无从计量确定。机会成本在决策中的意义在于它有助于全面考虑可能采取的各种方案，以便为既定资源寻求最为有利的使用途径。

3）要考虑投资方案对其他部门的影响

当我们采纳一个新的投资项目后，该项目可能对公司的其他部门造成有利或不利的影响。因此，在进行投资分析时，应当关注的是新项目实施后对整个公司预期的现金流入的影响。当然，这些交互的影响是很难准确计量的。但决策者在进行投资分析仍要将其考虑在内。

4）对净营运资金的影响

在一般情况下，当公司投资一个新项目并使销售额扩大后，对于存货和应收账款等流动资产的需求也会增加，公司必须筹措新的资金以满足这种额外需求；另外，公司扩充的结果，应付账款与其他一些应付费用等流动负债也会同时增加，从而降低公司流动资金的实际需要。

当投资方案的寿命周期快要结束时，公司将与项目相关的存货出售，应收账款变为现金，应付账款和应付费用也随之偿付，净营运资金恢复到原有水平。通常，在进行项目投资分析时，假定开始投资时筹措净营运资金，在项目结束时收回。

5）忽略利息支付和融资现金流量

在评价新投资项目和确定现金流量时，往往将投资决策和融资决策分开，即从全部资本角度来考虑。此时，利息费用和投资项目的其他融资现金流量不应看成是该项目的增量现金流量。也就是说，即使接受项目时不得不通过举借债务来筹集资金，与筹集债务资金相关联的利息支出及债务本金的偿还不是相关的现金流量。因为，当用公司要求的收益率作为贴现率来贴现项目的现金流量时，该贴现率已经隐含了这些项目的融资成本。分析人员通常事先确定对投资项目的期望收益或收益率要求，然后再寻求最佳融资方式。

5. 长期投资决策中使用现金流量的原因

财务会计是按权责发生制计算企业的收入和成本，并以收入减去成本后的利润作为收益，用来评价企业的经济效益。在长期投资决策中则不能以按这种方法计算的收入和成本作为评价项目经济效益高低的基础，而应以现金流入作为项目的收入，以现金流出作为项目的支出，以净现金流量作为项目的净收益，并在此基础上评价投资项目的经济效益。投资决策之所以按收付实现制计算的现金流量作为评价项目经济效益的基础，主要有以下两方面原因：

1) 采用现金流量有利于科学地考虑资金的时间价值

科学的投资决策必须认真考虑资金的时间价值，这就要求在决策时一定要弄清每笔预期收入款项和支出款项的具体时间，因为不同时间的资金具有不同的价值。在衡量方案优劣时，应根据各投资项目寿命周期内各年的现金流量，按照资本成本，结合资金的时间价值来确定。而利润的计算，并不考虑资金收付时间，它是以权责发生制为基础的。

利润和现金流量的差异主要表现在以下几个方面：①购置固定资产、无形资产等长期资产付出大量现金时不计入成本；②将固定资产、无形资产等资产的价值以折旧或摊销的形式逐期计入成本时，却又不需要付出现金；③计算利润是不考虑垫支流动资金的数量和回收的时间；④只要销售行为已经确定，就计算当期的营业收入，尽管其中有一部分并未于当期收到现金。可见，要在投资决策中考虑资金的时间价值，就不能利用利润来衡量项目的优劣，而必须采用现金流量。

2) 采用现金流量才能使投资决策更符合客观实际情况

在长期投资决策时，应用现金流量能科学客观地评价投资方案的优劣，而利润则明显地存在不科学、不客观的成分。这是因为：①利润的计算没有一个统一的标准，在一定程度上要受存货计价、费用摊配和折旧计提的不同方法影响，因而净利润计算比现金流量的计算具有更大的主观随意性，作为决策的主要依据不太可靠；②利润反映的是某一会计期间"应计"的现金流量，而不是实际的现金流量。若以未实际收到现金的流入作为收益，具有较大风险，容易高估投资项目的经济效益，存在不科学、不合理的成分。

第三节 长期投资决策评价指标

长期投资决策是通过一定的经济评价指标来进行。长期投资决策评价指标是指用于衡量和比较投资项目可行性优劣，以便据以进行方案决策的定量化标准与尺度，它是由一系列综合反映长期投资的效益和项目投入产出关系的量化指标构成的指标体系。对投资项目评价时使用的指标分为两类：一类是非贴现评价指标，即没有考虑时间价值因素的指标，也称静态投资指标，主要包括投资回收期、会计收益率等；另一类是贴现评价指标，即考虑了时间价值因素的指标，也称动态投资指标，主要包括净现值、获利指数、内含报酬率等。根据分析评价指标的类别，投资项目评价分析的方法，也被分为非贴现的分析评价方法和贴现的分析评价方法两种。

一、非贴现评价指标

非贴现评价指标不考虑时间价值，把不同时间的货币收支看成是等效的。这些指标在选择方案时起辅助作用。

1. 投资回收期

投资回收期是指投资引起的现金流入累积到与投资额相等所需要的时间。它代表收回投资所需要的年限。投资回收年限越短，方案越有利。

【例5】 设贴现率为10%，有三项投资方案。有关数据如表10-4所示。

第十章 长期投资决策

表 10-4

单位：元

年份	A方案 净收益	A方案 现金净流量	B方案 净收益	B方案 现金净流量	C方案 净收益	C方案 现金净流量
0		(20 000)		(9 000)		(12 000)
1	1 800	11 800	(1 800)	1 200	600	4 600
2	3 240	13 240	3 000	6 000	600	4 600
3			3 000	6 000	600	4 600
合计	5 040	5 040	4 200	4 200	1 800	1 800

在原始投资一次支出，每年现金净流入量相等时：

$$回收期 = \frac{原始投资额}{每年现金净流入量}$$

C方案属于这种情况：

回收期（C）= 12 000/4 600 = 2.61（年）

如果现金流入量每年不等，或原始投资是分几年投入的，则可使下式成立的 n 为回收期：

$$\sum_{k=0}^{n} I_k = \sum_{k=0}^{n} O_k$$

A方案和B方案的回收期分别为 1.62 年和 2.30 年，计算过程如表 10-5 所示。

表 10-5

单位：元

A方案：	现金流量	回收额	未回收额
原始投资	(20 000)		
现金流入			
第一年	11 800	11 800	8 200
第二年	13 240	8 200	0

投资回收期 = 1 +（8 200 ÷ 13 240）= 1.62（年）

B方案：	现金流量	回收额	未回收额
原始投资	(9 000)		
现金流入			
第一年	1 200	1 200	7 800
第二年	6 000	6 000	1 800
第三年	6 000	1 800	0

投资回收期 = 2 +（1 800 ÷ 6 000）= 2.30（年）

投资回收期是一个静态的绝对量反指标。由于计算简便，并且容易理解，在实务中应用较为广泛。它的缺点主要是：一是没有考虑资金的时间价值；二是没有考虑回收期以后的现金流量；三是不能反映投资方案实际的报酬率。事实上具有战略意义的长期投资往往早期收益较低,中后期收益较高。投资回收期法优先考虑急功近利的项目,可能导致放弃长期成功的方案。它是过去评价投资项目最常用的方法,目前作为辅助方法使用,主要用来测定方案的流动性而非营利性。

使用投资回收期进行决策必须有一个决策依据,但没有客观因素表明存在一个合适的截止期,可以使公司价值最大化。因此,回收期法没有相应的参照标准。通常,在不考虑其他评价指标的前提下,用小于或等于项目计算期/2 或基准回收期,作为判断投资项目是否具有财务可行性的标准。这一参照标准在一定意义上,只是一种主观的臆断。

2. 会计收益率

会计收益率,又称投资利润率,是年平均净收益占原始投资额的百分比。在计算时使用会计的收益、成本观念以及会计报表的利润数据,不直接使用现金流量信息。

$$会计收益率 = \frac{年平均净收益}{原始投资额} \times 100\%$$

仍以例 5 的资料计算:

$$会计收益率(A) = \frac{(1\,800 + 3\,240) \div 2}{20\,000} \times 100\% = 12.6\%$$

$$会计收益率(B) = \frac{(-1\,800 + 3\,000 + 3\,000) \div 3}{9\,000} \times 100\% = 15.6\%$$

$$会计收益率(C) = \frac{600}{12\,000} \times 100\% = 5\%$$

会计收益率是一个静态的相对量正指标。它的优点是计算简单,应用范围较广。其缺点主要有:一是没有考虑资金时间价值;二是无法直接利用净现金流量信息;三是不能反映投资方案本身的投资报酬率;四是计算公式的分子、分母的时间特征不同,不具有可比性。

在不考虑其他评价指标的前提下,只有当会计收益率指标大于或等于基准会计收益率,投资项目才具有财务可行性。

二、贴现评价指标

与非贴现评价指标不同,贴现评价指标在充分考虑货币时间价值的基础上,对方案的优劣取舍进行判断。

1. 净现值

所谓净现值(记作 NPV),是指特定方案未来现金流入的现值与未来现金流出的现值之间的差额。按照这种方法,所有未来现金流入和流出都要按预定贴现率折算为它们的现值,然后再计算它们的差额。如净现值为正数,即贴现后现金流入大于贴现后现金流出,该投资项目的报酬率大于预定的贴现率。如净现值为零即贴现后现金流入等于贴现后现金流出,该投资项目的报酬率相当于预定的贴现率。如净现值为负数,即贴现后现金流入小于贴现后现金流出,该投资项目的报酬率小于预定的贴现率。

计算净现值的公式:

$$净现值 = \sum_{k=0}^{n} \frac{I_k}{(1+i)^k} - \sum_{k=0}^{n} \frac{O_k}{(1+i)^k}$$

式中:n——投资涉及的年限;

I_k——第 k 年的现金流入量;

O_k——第 k 年的现金流出量;

i——预定的贴现率。

仍以例 5 的资料计算:

净现值(A) = (11 800×0.909 + 13 240×0.826) − 20 000 = 21 662.44 − 20 000
　　　　　 = 1 662.44(元)

净现值(B) = (1 200×0.909 + 6 000×0.826 + 6 000×0.751) − 9 000
　　　　　 = 10 552.8 − 9 000 = 1 552.8(元)

净现值(C) = 4 600×2.487 − 12 000 = 11 440.2 − 12 000 = −559.8(元)

A、B 两项方案投资的净现值为正数,说明该方案的报酬率超过 10%。如果企业的资金成本率或要求的投资报酬率是 10%,这两个方案是有利的,因而是可以接受的。C 方案净现值为负数,说明该方案的报酬率达不到 10%,因而应予放弃。

净现值是一个贴现的绝对量正指标,是项目投资决策评价指标中最重要的指标之一。净现值法考虑了资金的时间价值和整个项目寿命周期的现金流量,从动态的角度反映了项目投入与净产出关系。从理论上说,它比其他方法更完善,被誉为"高级理财的第一原则",具有广泛的适用性。净现值法的缺点在于不能直接反映项目实际收益率水平;且当投资额不等时,无法用净现值确定独立方案的优劣。

2. 获利指数

获利指数(记作 PI),又称现值指数、现值比率,是未来现金流入现值与现金流出现值的比率。

计算获利指数的公式:

$$获利指数 = \sum_{k=0}^{n} \frac{I_k}{(1+i)^k} \div \sum_{k=0}^{n} \frac{O_k}{(1+i)^k}$$

根据表 10 − 5 的资料,三个方案的获利指数如下:

获利指数(A) = 21 662.44 ÷ 20 000 = 1.08

获利指数(B) = 10 552.8 ÷ 9 000 = 1.17

获利指数(C) = 11 440.2 ÷ 12 000 = 0.95

A、B 两项投资机会的获利指数大于 1,说明其收益超过成本,即投资报酬率超过预定的贴现率。C 项投资机会的获利指数小于 1,说明其报酬率没有达到预定的贴现率。如果获利指数为 1,说明贴现后现金流入等于现金流出,投资的报酬率与预定的贴现率相同。

获利指数是一个贴现的相对量正指标。它从动态的角度反映了投资项目的资金投入与总产出之间的关系，可以进行独立投资机会获利能力的比较。但它与净现值一样，无法直接反映投资项目的投资收益率。在例中，A方案的净现值是1 662.44元，B方案的净现值是1 552.8元。如果这两个方案之间是互斥的，当然A方案较好。如果两者是独立的，哪一个应优先给予考虑，可以根据获利指数来选择。B方案获利指数为1.17，大于A方案的1.08，所以B优于A。获利指数可以看成是1元原始投资可望获得的现值净收益，因此，可以作为评价方案的一个指标。它是一个相对数指标，反映投资的效率；而净现值指标是绝对数指标，反映投资的效益。

3. 内含报酬率

内含报酬率（记作IRR），又称内部收益率、内部报酬率，是指能够使未来现金流入量的现值等于未来现金流出量的现值的贴现率，或者说是使投资方案净现值为零的贴现率。

净现值法和现值指数法虽然考虑了时间价值，可以说明投资方案高于或低于某一特定的投资报酬率，但没有揭示方案本身可以达到的具体的报酬率是多少。内含报酬率是根据方案的现金流量计算的，是方案本身的投资报酬率。

内含报酬率的计算，通常使用"逐步测试法"。首先估计一个贴现率，用它来计算方案的净现值；如果净现值为正数，说明方案本身的报酬率超过估计的贴现率，应提高贴现率后进一步测试；如果净现值为负数，说明方案本身的报酬率低于估计的贴现率，应降低贴现率后进一步测试。经过多次测试，寻找出使净现值接近于零的贴现率，即为方案本身的内含报酬率。

根据例5的资料，已知A方案的净现值为正数，说明它的投资报酬率大于10%，因此，应提高贴现率进一步测试。假设以18%为贴现率进行测试，其结果净现值为负499元。下一步降低到16%重新测试，结果净现值为9元，已接近于零，可以认为A方案的内含报酬率是16%。测试过程见表10-6，B方案用18%作为贴现率测试，净现值为负22元，接近于零，可认为其内含报酬率为18%。测试过程见表10-6、表10-7。

表10-6 A方案内含报酬率的测试

单位：元

年份	现金净流量	贴现率=18%		贴现率=16%	
		贴现系数	现值	贴现系数	现值
0	(20 000)	1	(20 000)	1	(20 000)
1	11 800	0.847	9 995	0.862	10 172
2	13 240	0.718	9 506	0.743	9 837
净现值			(499)		9

表10-7 B方案内含报酬率的测试

单位:元

年份	现金净流量	贴现率=18%		贴现率=16%	
		贴现系数	现值	贴现系数	现值
0	(9 000)	1	(9 000)	1	(9 000)
1	1 200	0.847	1 016	0.862	1 034
2	6 000	0.718	4 308	0.743	4 458
3	6 000	0.609	3 654	0.641	3 846
净现值			(22)		338

如果对测试结果的精确度不满意，可以使用内插法来改善。

内含报酬率（A）$= 16\% + \left(2\% \times \dfrac{9}{9+499}\right) = 16.04\%$

内含报酬率（B）$= 16\% + \left(2\% \times \dfrac{338}{22+338}\right) = 17.88\%$

C方案各期现金流入量相等，符合年金形式，内含报酬率可直接利用年金现值表来确定，不需要进行逐步测试。

设现金流入的现值与原始投资相等：

$$原始投资 = 每年现金流入量 \times 年金现值系数$$

$$12\,000 = 4\,600 \times (P/A, i, 3)$$

$$(P/A, i, 3) = 2.609$$

查阅"年金现值系数表"，寻找 $n=3$ 时系数 2.609 所指的利率。查表结果，与 2.609 接近的现值系数 2.624 和 2.577 分别指向 7% 和 8%。用内插法确定 C 方案的内含报酬率为 7.32%。

内含报酬率（C）$= 7\% + \left(1\% \times \dfrac{2.624-2.609}{2.624-2.577}\right)$

$\qquad\qquad\qquad\ = 7\% + 0.32\%$

$\qquad\qquad\qquad\ = 7.32\%$

计算出各方案的内含报酬率以后，可以根据企业的资本成本或要求的最低投资报酬率对方案进行取舍。假设资本成本是10%，那么，A、B两个方案都可以接受，而C方案则应放弃。

内含报酬率是一个贴现的相对量正指标。它从动态的角度直接反映了投资项目实际收益水平，计算不受设定贴现率的影响。其缺点主要是计算过程比较麻烦，而借助计算机用插入函数法又无法求得真实的内含报酬率。只有当内含报酬率大于或等于资本成本或投资人要求的收益率，方案才具有财务可行性。

内含报酬率和现值指数法有相似之处，都是根据相对比率来评价方案，而不像净现值法那样使用绝对数来评价方案。在评价方案时要注意到，比率高的方案绝对数不一定大，反之也一样。这种不同和利润率与利润额不同是类似的。A方案的净现值大，是靠投资20 000元取得的；B方案的净现值小，是靠投资9 000元取得的。如果这两个方案是互相排斥的，也就是说只能选择其中一个，那么选择 A 有利。A 方案尽管投资较大，但是在分析时已考虑到承担该项投资的应付利息。如果这两个方案是相互独立的，也就是说采纳 A 方案时不排斥同时采纳 B 方案，那就很难根据净现值来排定优先次序。内含报酬率可以解决这个问题，应优先安排内含报酬率较高的 B 方案，如有足够的资金可以再安排 A 方案。

内含报酬率法与现值指数法也有区别。在计算内含报酬率时不必事先选择贴现率，根据内含报酬率就可以排定独立投资的优先次序，只是最后需要一个切合实际的资本成本或最低报酬率来判定方案是否可行。现值指数法需要一个适合的贴现率，以便将现金流量折为现值，贴现率的高低将会影响方案的优先次序。

第四节 长期投资决策评价指标的分析运用

一、独立方案投资决策

对于独立方案而言，评价其财务可行性也就是对其作出最终决策。净现值、获利指数和内含报酬率是评价投资方案是否具有财务可行性的主要指标。

由于净现值、获利指数和内含报酬率指标之间存在以下数量关系。

当净现值大于零时，获利指数大于 1，内含报酬率大于贴现率。

当净现值等于零时，获利指数等于 1，内含报酬率等于贴现率。

当净现值小于零时，获利指数小于 1，内含报酬率小于贴现率。

因此，这三个贴现的评价指标对同一个投资项目进行财务可行性评价，不会得出矛盾的结论。判别投资方案是可行的或还是不可行，要看这三个贴现的指标。

非贴现的投资回收期和会计收益率指标只是次要或辅助指标，而且它们不一定会与上述三个贴现的主要指标的评价结论一致。当投资回收期和会计收益率与上述三个贴现指标的评价结论一致时，我们认为投资方案具有完全可行或完全不可行；当投资回收期和会计收益率或其中的一个与上述三个贴现的主要指标的评价结论发生矛盾时，我们将其定义为基本可行或基本不可行。由此可见，独立方案的财务评价结论有完全可行、完全不可行、基本可行和基本不可行四种类型：

当净现值≥零、获利指数≥1，内含报酬率≥贴现率（资本成本），静态投资回收期≤项目计算期/2，会计收益率≥基准收益率，投资方案完全具备财务可行性。当净现值≥零、获利指数≥1，内含报酬率≥贴现率（资本成本），但静态投资回收期＞项目计算期/2 或会计收益率＜基准收益率，投资方案基本具备财务可行性。

当净现值＜零、获利指数＜1，内含报酬率＜贴现率（资本成本），静态投资回收期＞大于项目计算期/2，会计收益率＜基准收益率，投资方案完全不具备财务可行性。当净现值＜零、获利指数＜1，内含报酬率＜贴现率（资本成本），但静态投资回收期≤项目计算期/2 或会计收益率≥基准收益率，投资方案基本不具备财务可行性。

只有完全具备或基本具备财务可行性的方案，才是可以接受的。

二、互斥方案的比较决策

多个互斥方案的比较决策是指在每一个入选方案已具备财务可行性的前提下，利用具体决策方法比较各个方案的优劣，从中选出最优方案的过程。只有完全具备或基本具备财务可行性的方案，才有资格进入筛选比较视野。在这里，我们主要讨论资本无限量条件下互斥方案的比较决策。因为，在资本有限量的情况下，有些方案即使本身具有财务可行性，但可能受制于资本限制，无法付诸实施。

1. 项目计算期相同的互斥方案比较决策

最高的净现值符合企业的最大利益，也就是说净现值越高，企业的收益越大。多个互斥方案比较决策的基本原理是实现整个企业的净现值最大化。在项目计算期相同的情况下，可运用直接比较法或差量分析法进行互斥方案的比较决策。

1）直接比较法

直接比较法是指通过比较净现值的大小，从互斥方案中选择最优方案的方法。在此法下，净现值最大的方案为最优。

无论投资方案原始投资是否相同，由于方案是互斥的，在无资本限量的情况下，选择净现值大的方案符合企业的最大利益。在投资方案原始投资相同的情况下，也可以比较获利指数的大小。

【例6】 F公司有一投资项目，现有A、B、C三个计算期相同的互斥方案可供选择，其原始投资分别为500万元、300万元和200万元，净现值分别为138万元、59万元和−3万元。要求评价每一方案的财务可行性，并按净现值法进行比较决策。

A、B两个方案的净现值大于0，具有财务可行性；C方案净现值小于0，方案不具有财务可行性。

A方案的净现值大于B方案，因此，应选择A方案。

在无资本限量情况下，运用直接比较法进行计算期相同的互斥方案比较决策，应当注意以下几个方面的问题：

（1）净现值比较法具有普通的适用性。

（2）当项目的原始投资额相同时，也可通过比较投资方案的获利指数的大小来选择最优方案。

净现值是用经营期各年现金净流量的现值减原始投资现值，而获利指数是用经营期各年现金净流量的现值除以原始投资现值。在原始投资相同、计算期相同的互斥方案决策中，采用净现值法会与获利指数得出完全相同的结论。当初始投资不同时，可能会得出矛盾的结论。

获利指数只反映项目的投资回收程度，不反映投资回收多少。但净现值法假定产生的净现金流量重新投资会产生企业资本成本的利润率，而获利指数却假定净现金流入量重新投资产生的利润率与此项目的特定的内含报酬率相同。考虑到两者在再投资报酬率上的区别，净现值法更具合理性。

【例7】 K公司有A、B两个计算期均为10年的互斥投资方案，A项目原始投资现值为120万元，净现值为30万元，获利指数为1.25；B项目原始投资现值为100万元,净现值为 28 万元,获利指数为 1.28。要求比较两个投资方案的优劣,并作出选择。

在获利指数法下 B 优于 A,在净现值法下 A 优于 B。

这是两个计算期相同的互斥方案的比较决策。获利指数是假定净现金流入量重新投资产生的利润率与此项目的特定的内含报酬率相同,净现值法是假定产生的净现金流量重新投资会产生企业资本成本的利润率,依据净现值比较法决策更具合理性。因此,K 公司应该选择 A 方案。

(3) 内含报酬率不能直接用于互斥方案的比较决策。

为什么即使当项目计算期相同,甚至是原始投资额相同,也不能运用内含报酬率法来进行互斥方案的比较决策呢?

在多数情况下,净现值与内含报酬率得出的结论是相同的。但由于净现值的计算是依据已知的贴现率(资本成本),而内含报酬率的计算本身与资本成本的高低无关。这也就意味着:净现值法假定产生的净现金流量重新投资会产生企业资本成本的利润率,而内含报酬率却假定净现金流量重新投资产生的利润率与此项目的特定的内含报酬率相同。当初始投资或现金净流量流入时间不一致时,内含报酬率法与净现值法会产生差异。因此,内含报酬率不仅无法用于计算期相同、原始投资不同互斥方案的比较决策,也不能用于计算期相同、原始投资也相同的互斥方案的比较决策。因为,它们未来的现金净流量的时间分布有可能不一致。

【例8】 Y 公司现有 C、D 两个互斥项目,原始投资分别为 110 000 元和 10 000 元,建设期为 0,项目主要设备的使用寿命为 3 年,每年营业现金流量分别为 50 000 元和 5 050 元,终结点均无回收额。假设该公司的资本成本为 14%。要求分别计算 C、D 两个方案的净现值、获利指数和内含报酬率,并依据计算结果作出选择。

C 方案的净现值 = 50 000 × (P/A, 14%, 3) − 110 000
　　　　　　　 = 50 000 × 2.322 − 110 000
　　　　　　　 = 6 100 (元)

C 方案的获利指数 = 50 000 × (P/A, 14%, 3) ÷ 110 000
　　　　　　　　 = 116 080 ÷ 110 000
　　　　　　　　 = 1.06

C 方案的内含报酬率 = $16\% + \dfrac{2.2 - 2.246}{2.174 - 2.246} \times (18\% - 16\%)$
　　　　　　　　　 = 16% + 1.28%
　　　　　　　　　 = 17.28% [②]

D 方案的净现值 = 5 050 × (P/A, 14%, 3) − 10 000
　　　　　　　 = 5 050 × 2.322 − 10 000
　　　　　　　 = 1 726.1 (元)

D 方案的获利指数 = 5 050 × (P/A, 14%, 3) ÷ 10 000

---

② (P/A, IRR, 3) = 110 000/50 000 = 2.2,查年金现值系数表后用 16% 和 18% 的插值。

$$= 11\ 726.1 \div 10\ 000$$
$$= 1.17$$

D 方案的内含报酬率 $= 20\% + \dfrac{1.9802 - 2.106}{1.952 - 2.106} \times (25\% - 20\%)$

$$= 20\% + 4.08\%$$
$$= 24.08\%\ ③$$

从净现值指标看,应选择 C 方案;但从内含报酬率和获利指数指标来说,应选择 D 方案。但考虑到再投资收益率的差别,由于是计算期相同的互斥方案,应依据净现值进行决策,即选择 C 方案。

总而言之,在资本无限量情况下,对于计算期相同的互斥方案的选择,最简单的办法是直接比较各方案的净现值。如果原始投资额相同,获利指数法也适用。内含报酬率主要用于投资方案财务可行性决策和确定独立方案优序,不适用于互斥方案的比较决策。

2) 差量分析法

差量分析法是指根据两个投资方案差量的净现金流量(记作 ΔNCF)计算差量净现值(ΔNPV),或差额投资内含报酬率(ΔIRR),从而判断方案优劣的方法。

差量分析法在互斥方案的比较决策中,更易于使人理解,也更具适用性。有些项目直接产生的增量现金流入可能很少或难以确切计量,难以直接计算各方案的净现值、内含报酬率等指标。在这种情况下,我们可以运用差量分析法进行选择判断。差量分析法通常适用于资本无限量情况下,计算期相同但原始投资不同的互斥方案的比较决策。

差量分析法其基本原理是:

假设有 A 和 B 两个投资项目,A 方案的投资额大,B 方案的投资额小。我们可以把 A 方案看成是 B 方案和 C 方案之和。C 方案的投资是 A 方案的投资额与 B 方案投资额之差。C 方案的净现金流量等于 A 方案的净现金流量减去 B 方案的净现金流量而形成的差量净现金流量。根据差量净现金流量计算的差量净现值,或差额投资内含报酬率,实质上就是 C 方案的净现值或内含报酬率。如果差量净现值大于零或差额投资内含报酬率大于资本成本,C 方案具有财务可行性,意味着 A 方案优于 B 方案;反之,B 方案为优。

在差量分析法下,当差量的净现值大于零,或差额投资内含报酬率大于基准贴现率时,原始投资额较大的方案较优;反之,则原始投资小的方案为优。

差量分析法经常被用于固定资产更新改造项目的决策中。固定资产更新改造决策不同于一般的投资决策。一般来说,设备更换并不改变企业的生产能力,不增加企业的现金流入。即使有营业收入增加,数额往往也是很少的。更新决策的现金流量主要是现金流出。即使有少量的残值变价收入,也属于支出的抵减,而非实质上的流入增加。由于只有现金流出,而没有现金流入,就给采用贴现现金流量分析带来困难。如果新旧设备未来使用年限相同,可使用差量分析估算继续使用旧设备和购置新设备差量的现金流

---

③ (P/A, IRR, 3) = 10 000/5 050 = 1.980 2,查年金现值系数表后用 20% 和 25% 插值。

量。当该项目的差量净现值大于零或差额投资内含报酬率大于资本成本时,应当进行更新改造;反之,则继续使用旧设备。

【例9】 H公司考虑用一台新设备来代替旧设备,以减少成本,增加收益。旧设备原购置成本为40 000元,已使用5年,估计还可使用5年,已提折旧20 000元,假定使用期满后无残值,如果现在出售可得价款10 000元。新设备的购置成本为60 000元,估计可使用5年,期满有残值10 000元,使用新设备可使每年付现成本节约20 000元。假定该公司的资本成本为10%,所得税率25%。新、旧设备均用直线折旧法计提折旧。要求就该公司是继续使用旧设备,还是更新改造作出决策。

在本例中,一个方案是继续使用旧设备,另一个方案是出售旧设备购置新设备。受制于数据的局限,我们无法直接计算这两个方案的净现值或内含报酬率。由于项目计算期相同(旧设备尚可使用年限与新设备相同),只是原始投资额不同(将出售旧设备的收入看成是继续使用旧设备的投资)。因此,可以用差量分析法进行比较选择。

出售旧设备现金流入 = 10 000 + (20 000 − 10 000) × 25% = 12 500(元)

Δ初始投资 = 60 000 − 12 500 = 47 500(元)

Δ年折旧额 = 10 000 − 4 000 = 6 000(元)

Δ净利润 = 0 − (−20 000 + 6 000) × (1 − 25%) = 10 500(元)

Δ营业净现金流量 = 10 500 + 6 000 = 16 500(元)

Δ终结现金流量 = 10 000 − 0 = 10 000(元)

通过计算两个方案净现值的差额进行分析:

ΔNPV = 16 500 × (P/A, 10%, 5) + 10 000 × (P/F, 10%, 5) − 47 500
　　　= 1 045.5(元)

这项固定资产更新改造后,可为企业增加净现值1 045.5元,应该进行更新改造。

2. 项目计算期不同的互斥方案比较决策

在项目计算期不同的情况下,通常采用年等额净回收额法或方案重复法,进行互斥方案的比较决策。

1)年等额净回收额法

年等额净回收额法是指通过比较各投资方案年等额净回收额(记作NA)的大小来选择最优方案的决策方法。无论原始投资或项目计算期是否相同,均可以通过这一方法进行互斥方案的比较决策。

　　某方案的年等额净回收额 = 该方案的净现值 ÷ 年金现值系数
　　　　　　　　　　　　　　= 该方案的净现值 × 资本回收系数

【例10】 Y公司拟投资建设一条新生产线。现有二个方案可供选择:A方案的原始投资为700万元,项目计算期为10年,净现值为756万元;B方案的原始投资为1 500万元,项目计算期为15年,净现值为805万元。假定该公司的资本成本为10%。要求用年等额净回收额法为Y公司作出投资决策。

两个投资方案的计算期不同,需要进一步计算这两个方案的年等额净回收额法。

A 方案的年等额净回收额 = 756 ÷ (P/A,10%,10) = 756 ÷ 6.145
= 123.03(万元)

B 方案的年等额净回收额 = 805 ÷ (P/A,10%,15) = 805 ÷ 7.606 = 105.84(万元)

A 方案的年等额净回收额大于 B 方案,应选择 A 方案。

2)方案重复法

方案重复法,又称最小公倍数法,是将各方案计算期的最小公倍数作为比较方案的计算期,进而调整有关指标,并据以进行互斥方案的比较决策的方法。

用方案重复法计算调整后的净现值,既可直接用各方案计算期各年净现金流量,也可以用各方案原计算期内的净现值,按最小公倍数原理分别对其贴现,求其代数和。在有些情况下,计算多个方案的最小公倍数是很麻烦的。例如,一个项目的寿命为 7 年,另一个项目的寿命为 11 年,最小公倍数为 77 年。在这种情况下,应用方案重复法工作量比较大。因此,在实务中,方案重复法不如年等额净回收法应用广泛。

三、资本限量决策

资本限量是指企业的资金有一定限度,不能投资于所有可接受的项目。也就是说,有很多非互斥的获利项目可供投资,但无法筹集到足够的资金。这种情况在许多公司都存在,特别是那些采用以内部融资为主的筹资策略或外部融资受限制的企业。

在资金有限量的情况下,为了使有限的资金获得最大的使用效率,我们不能仅依据单个项目的净现值进行排序,而必须考虑各个项目的初始投资,根据获利指数进行优先排序。这也就是说,为了使企业获得最大的利益,应投资于一组净现值最大的项目。这样一组项目可用以下方法进行选择:

计算所有项目的获利指数,并列出每一个项目的初始投资。

接受获利指数大于或等于 1 的项目,如果所有可接受的项目都有足够的资金,则说明资本没有限量,这一过程即可完成。

如果资金不能满足所有获利指数大于或等于 1 的项目,则需按获利指数的大小排序,若资金限制允许选择获利指数较大的项目,这一过程即完成。

直接选择获利指数较大的项目不适用,寻找从所需初始投资之和不超过资本限量可能存在的组合,从中选择出净现值总额最大的组合。基本方法是:当排序组合中发现第 j 项累计投资总额超过资本限量时,删除该项,依次与后面项交换继续计算累计投资额至合适的;如无法再与后面项目交换,如第 $j-1$ 项的原始投资大于第 j 项,可将第 j 项与第 $j-1$ 项交换,继续计算投资额直至合适。这些交换均可连续进行。

通过这种方法选择的方案组合,虽然没有保证获利指数大的方案都入选,但它充分利用了有限的资金,增加了投资收益,从而增加了企业价值。

【例 11】 G 公司现有五个非互斥的投资项目,有关原始投资、净现值和获利指数的数据如表 10-8 所示。

表 10-8 投资项目相关数据表

单位：万元

项目	原始投资	净现值	获利指数
A	100	50	1.5
B	200	110	1.55
C	50	20	1.4
D	150	80	1.53
E	100	70	1.7

要求在资本限额分别为 250 万元、300 万元和 400 万元情况下，选择对公司最有利的投资组合。

首先，应按方案获利指数大小排序，结果见表 10-9。

表 10-9 投资项目按获利指数排序表

单位：万元

项目	原始投资	净现值	获利指数
E	100	70	1.7
B	200	110	1.55
D	150	80	1.53
A	100	50	1.5
C	50	20	1.4

当资本限额为 250 万元时，最优投资组合为 E+D，净现值为 150 万元，大于其他可能组合：B+C、D+A、E+A+C。这里 B 和 D 可进行交换。

当资本限额为 300 万元时，最优投资组合为 E+B，净现值为 180 万元，大于其他可能的组合：E+D+C、B+A、D+A+C。

当资本限额为 400 万元时，最优投资组合为 E+B+A，净现值为 230 万元，大于其他可能的组合：B+D+C、E+D+A+C。这里 D 和 A 可以进行交换。

需要注意的是，上述分析是在多种假设条件下进行的：一是假设各方案都是相互独立的；二是假设各方案的风险程度相同，且资本成本相一致；三是假设资本限量只是单一周期。但通常资本限量要持续若干年，在今后几年中可获得的资本取决于前些年投资的现金流入状况。

内含报酬率与获利指数法一样，都是根据相对比率来评价方案。因此，也可用来排定独立投资方案的优先次序。但内含报酬率与获利指数不一样的是：获利指数法需要有一个贴现率才能计算，贴现率的高低会影响方案的优选次序；计算内含报酬率时不必事先设定贴现率，根据内含报酬率就可以排定独立投资方案的优先次序，只是需要一个切合实际的资本成本或最低报酬率来判断方案是否可行。

四、固定资产年平均使用成本

前面我们已经讨论了新旧设备未来使用年限相同的固定资产更新改造方案进行决策

的方法,即差量分析法。在大多数情况下,新、旧设备未来使用年限往往不相同,不适合采用差量分析法估算差量现金流量。比较好的方法是比较继续使用和更新固定资产的年成本,选较低的方案。

固定资产的平均年成本是指该资产引起的现金流出的年平均值,它是未来使用年限内现金流出总现值与年金现值系数的比值或资本回收系数的乘积。

要计算固定资产平均年使用成本,首先,必须估算出继续使用旧设备和购置新设备现金净流出量。

继续使用旧设备初始的现金流量为处置旧设备收入及变现净损益对所得税的影响,这是继续使用旧设备丧失的现金流入(机会成本),更新设备初始的现金流量为新设备购置成本。营业现金流量包括税后营业收入、税后付现成本和设备年折旧额的抵税等;终结现金流量主要是残值变现收入及对所得税的影响。

【例12】 K公司原有一台设备,原值为15万元,预计使用10年,已使用5年,预计残值为1万元。现该公司拟购买新设备替换原设备,以提高生产率,降低成本。新设备购置成本为20万元,使用年限为10年,预计净残值收入为购置成本的10%。使用新设备后公司每年付现成本将从120万元下降到100万元,公司如果购置新设备,旧设备出售可得收入5万元。税法规定原固定资产可按直线法提取折旧,折旧年限为10年,净残值率为10%。假设公司所得税税率为25%,资本成本为10%。要求分别计算继续使用旧设备和购置新设备的平均年成本,并依据计算结果作出决策。

(1) 继续使用旧设备。

旧设备的年折旧 = [15 × (1 − 10%)] ÷ 10 = 1.35 (万元)

旧设备的账面价值 = 15 − 1.35 × 5 = 8.25 (万元)

旧设备的变现价值 = 5 (万元)

旧设备变现损失抵税 = (8.25 − 5) × 25% = 0.81 (万元)

付现成本的现值 = 120 × (1 − 25%) × $(P/A, 10\%, 5)$

$\qquad$ = 90 × 3.791

$\qquad$ = 341.19 (万元)

折旧抵税的现值 = 1.35 × 25% × $(P/A, 10\%, 5)$

$\qquad$ = 0.3375 × 3.791

$\qquad$ = 1.28 (万元)

残值净收入现值 = 1 × $(P/F, 10\%, 5)$ = 1 × 0.621 = 0.62 (万元)

残值净损失抵税现值 = (1.5 − 1) × 25% × $(P/F, 10\%, 5)$

$\qquad$ = 0.125 × 0.621

$\qquad$ = 0.08 (万元)

继续使用旧设备的现金流出总现值 = 5 + 0.81 + 341.19 − 1.28 − 0.62 − 0.08

$\qquad$ = 345.02 (万元)

继续使用旧设备的平均年成本 = 345.02 ÷ $(P/A, 10\%, 5)$

$\qquad$ = 345.02 ÷ 3.791

$\qquad$ = 91.01 (万元)

(2) 更新设备：
新设备的年折旧 = [20 × (1 - 10%)] ÷ 10 = 1.8（万元）
原始投资 = 20（万元）
付现成本的现值 = 100 × (1 - 25%) × (P/A, 10%, 10)
 = 75 × 6.145
 = 460.88（万元）
折旧抵税的现值 = 1.8 × 25% × (P/A, 10%, 10)
 = 0.45 × 6.145
 = 2.765（万元）
残值净收入现值 = 2 × (P/F, 10%, 10)
 = 2 × 0.386
 = 0.77（万元）
残值净损失抵税现值 = 0
更新设备的现金流出总现值 = 20 + 460.88 - 2.765 - 0.77 = 477.35（万元）
继续使用旧设备的平均年成本 = 477.35 ÷ (P/A, 10%, 10)
 = 477.35 ÷ 6.145
 = 77.68（万元）

由于更换新设备后的平均年成本为 77.68 万元，低于继续使用旧设备的平均年成本 91.01 万元，应该更换新设备。

【复习思考题】

1. 长期投资决策需要考虑的因素有哪些？
2. 长期投资的现金流量由几部分构成，如何测算？
3. 什么是净现值，这一指标在长期投资决策中如何应用，有哪些优缺点？
4. 什么是内含报酬率，这一指标在长期投资决策应用中有什么局限？

【练习题】

1. 某企业准备购置一套生产设备，共需 170 万元，另需相应投入 20 万元的流动资金。该设备预计使用年限为 8 年，采用直线法计提折旧，预计净残值 10 万元。投产后，每年可获 80 万元的销售收入，且第 1 年付现成本为 40 万元，从第 2 年起需要增加设备维修费用 1 万元，此后设备维修费用逐年递增 1 万元。企业所得税税率为 25%。
要求：计算投资项目的现金流量。

2. 某企业有一台旧设备原价为 40 万元，估计还可使用 6 年，预计期满报废时残值为 2 万元，如果继续使用该设备每年付现运行成本为 50 万元。现公司准备购置一台新设备以期降低设备使用成本，购买新设备需要 60 万元，预计可使用 10 年，期满无残值，但使用新设备的年生产能力相同，生产的产品质量也相同，假设该产品会长期生产下去，企业合资本成本为 12%，要求为企业是否更新设备做出决策。

第十一章

全面预算

【学习目标】

了解全面预算的含义。
理解全面预算的重要意义。
掌握全面预算的几种主要编制方法。
了解战略导向全面预算的含义。

【导入案例】

天地公司生产变压器、开关类产品，近年来市场竞争的加剧使企业销售、生产、管理方面都面临许多问题，尤其是资金问题，常常陷入资金短缺的困境中，企业认识到原来粗放的管理模式不能适应现在的发展，为了更好地配置经济资源，促进产品品种结构的调整，提高企业的核心竞争力，公司引进全面预算管理体制。实施全面预算管理后，在资金管理上突出现金流量指标，拓展了资金管理的内涵，带来了资金管理观念的重大创新。通过现金流量预算的编制，对生产经营活动中的现金流入、现金流出、现金结余和现金短缺进行全面系统地分析和研究，结合预期的实际情况进行综合平衡、统一调度，并按照"量入而出、确保重点"的原则合理安排资金使用。通过对全面预算的不断探索和实践，保证了企业资金的有序控制，为企业持续发展提供了可靠保证。

第一节 全面预算概述

企业经营者通过开展科学的预测、决策，形成了未来的经营目标，以及为实现经营目标要实施的各种决策方案。为使方案顺利付诸实施，保证经营目标的实现，还必须进一步研究如何合理调度和安排企业的各种资源，协调企业各职能部门和员工的活动，使之能够有效配合，为实现共同的目标而付出各自应有的努力，对决策方案进行科学具体地分解落实等。通过编制企业生产经营全面预算，连接经营决策和经营活动是企业经营管理的重要手段。

一、全面预算的定义

预算是描述企业在未来一定时期内的经营和决策方针的数量化表现，即对财务资源和经营资源运用的详细计划。目的主要是通过预算为企业各有关部门在未来一定时期的活动确定一个具体目标,并以此来协调各方面的行动,保证企业各项计划的顺利实施。

预算按其适用时间的长短可分为长期预算和短期预算(长期预算主要指1年以上的预算)。预算按涉及的范围,可分为全面预算和局部预算两方面,全面预算就整个企业进行编制,局部预算就其所属部门进行编制。

全面预算是以货币形式集中而系统地反映企业未来特定期间的全部经营活动及其决策目标,是企业未来计划及目标的全面性数量说明,具有系统化、全面性的特点,即在预测与决策的基础上,按照规定的目标和内容对企业未来一定时期的销售、生产、成本、利润、现金的流入与流出等有关方面以计划的形式具体地、系统地反映出来,并表现为一整套预计的财务报表,以便有效地组织与协调企业的全部生产经营活动,更好地利用企业的经济资源,完成企业的既定目标。

二、全面预算在企业管理中的作用

1. 预算可以明确不同部门的工作目标

企业战略是企业经营的总括方针,体现在长期预算中,而短期预算作为一种行动的安排,有助于管理者通过计划具体的行为来确定可行的目标,形成具有良好循环的预算系统能使管理者考虑各种可能的情形,可以说没有预算支撑的公司战略是不具备操作性的、空洞的公司战略,难以提升公司竞争能力和公司价值。

2. 预算能促进各部门合作与交流

从组织预算编制到预算执行,各相关部门必须协商沟通、相互配合,预算是一个有效的沟通手段,能触及企业的各个角落,有利于管理层工作协商一致,使得管理者全盘考虑整个价值链之间的相互联系,使日常的经营活动和企业的战略部署得以沟通。

3. 预算是企业日常经营业务、财务收支活动的控制标准

控制是以确定的管理工作标准,对行动的度量和纠正偏差。预算管理是过程中的控制,即事前控制、事中控制、事后控制。事前控制是投资项目或生产经营的规划、预算的编制,详细地描述了为实现计划目标而要进行的工作标准。事中控制是一种协调、限制差异的行动,保证预期目标的实现。事后控制是鉴别偏差,纠正不利的影响。预算的显著特征体现在它的控制力。企业一切成本费用支出和现金流量都纳入预算轨道,在日常业务活动和财务收支过程中,将各项指标的完成情况与预算相比较,以预算指标为基础,可及时反映实际与预算的偏差,以便采取有效措施,及时纠正,从而使各项经营活动经常处于预算指标控制下,以保证企业总目标的实现。

4. 预算是业绩奖惩的标准

预算是以数量化的方式来表明管理工作的标准,其本身具有可考核性,因而为考核评价各部门及员工工作业绩提供了依据,通过实际执行结果与预算之差异分析,可以评价相关经理人员和雇员的工作表现,预算的过程会促进管理者及全体员工面向未来,增强预见性,避免盲目行为,激励员工完成目标,确保企业总目标的实现。

三、全面预算编制的原则

企业在编制全面预算时一般要遵循以下原则。

1. 以明确的经营目标为前提

企业通过科学的经济预测作出决策,制定目标利润,然后再确定成本目标,以此控制企业各方面的费用开支。

2. 全面完整原则

编制预算时,要全面、系统地反映企业各部门的预算目标,凡影响企业目标实现的经济活动,均应在预算中以货币或其他计量形式予以具体反映,尽量做到周详地考虑问题,采用弹性预算等各种科学的编制方法,发挥预算的控制作用确保目标的实现。预算各具体指标之间的关系要明确、清晰,相互衔接,勾稽关系明确,以保证整个预算体系的综合平衡。

3. 预算编制程序的科学性

企业全面预算的编制工作量大,涉及经营管理的各个部门,科学的预算编制程序是保证全面预算正确的前提,为了使全面预算编制正确有效,必须注重科学的预算编制程序,全面预算的编制应采用"上下结合、分级编制、逐级汇总"的方法,不断反复和修改,最后由企业有关机构综合平衡,并以书面形式传达,作为正式的预算下达到各级各部门予以执行。要注意避免上级管理机构的主观武断,应充分发挥各职能部门的主观能动性。

4. 符合企业实际、留有余地原则

全面预算的编制,应该从企业实际出发,充分考虑企业现有人、财、物等经济资源和外部环境,尽可能充分估计目标实现的可能性,预算指标不能过低或过高,保证预算在实际执行中发挥其指导和控制作用。为了应付实际工作中发生的变化,预算应该留有余地,具有一定的灵活性,以免发生意外时处于被动的局面,破坏预算体系的平衡,以致影响经营目标的实现。

四、全面预算编制的程序

全面预算的编制工作量大、涉及面广、时间性强。编制经营预算与财务预算的期间,通常以一年为期,这样可使预算期间与会计年度相一致,便于预算执行结果的分析、评价和考核。至于资本支出的预算期则应根据长期投资决策的要求具体制定。为了保证预算编制工作有条不紊地进行,一般要在企业内部专设一个预算委员会负责预算编制并监督实施。它通常是由总经理,分管销售、生产、财务等方面的副总经理和总会计师等高级管理人员组成。企业全面预算的编制程序简述如下。

1. 确定下达目标

在预算目标体系中,企业经营目标居于最高统驭地位,它与企业外部环境及企业内部资源状况相对接。企业根据发展战略和预算期经营目标及对经济形势的初步预测,一般要在下年度到来之前的三个月就着手编制，提出下一年度企业经营目标、成本费用目标、利润目标和现金流量目标，并制定和颁布有关预算制度的各项政策，由预算委员会下达各预算执行单位。

2. 企业各部门编制上报

企业内部各职能部门按照企业预算委员会下达的目标和政策，结合自身特点编制部门的分项局部预算，并逐级上报汇总。

3. 预算委员会审查平衡

预算委员会对企业各部门编制上报的预算方案进行审查、平衡、汇总，在这个过程中，对各部门进行充分协调，解决有关方面在编制预算时可能发生的矛盾。将修改意见反馈给有关部门予以修正。

4. 预算委员会审议批准

预算委员会在各部门修订、调整的基础上，由企业财务管理部门编制出企业年度财务预算草案，提交董事会或经理办公会审议批准。

5. 下达执行并检查预算的执行情况

企业财务管理部门对董事会或经理办公会审议批准的年度总预算进一步分解成一系列的具体指标，由预算委员会逐级下达各预算执行单位执行。并定期对预算执行情况进行检查、分析，取得反馈信息用于监控及决策。

企业战略、预算和业绩评价是一个不可分割的有机整体，只有通过三者的高效互动，企业才能实现既定的战略目标，在这一过程中，全面预算起到了承上启下的重要作用。

五、全面预算的内容

全面预算是由一系列预算按其经济内容及相互关系有序排列组成的有机体，主要包括经营预算、财务预算和专门决策预算三部分。

经营预算是指与企业日常业务直接相关、具有实质性的基本活动的预算。主要包括：（1）销售预算；（2）生产预算；（3）直接材料消耗及采购预算；（4）直接人工预算；（5）制造费用预算；（6）产品成本预算；（7）期末存货预算；（8）销售和管理费用预算。这些预算以实物量指标和价值量指标分别反映企业收入与费用的构成情况。

财务预算是指与企业现金收支、经营成果和财务状况有关的各项预算。主要包括：（1）现金预算；（2）预计损益表；（3）预计资产负债表。这些预算以价值量指标总括反映经营预算和资本支出预算的结果。

专门决策预算主要涉及长期投资，故又称资本支出预算，是指企业不经常发生的、一次性业务的预算，如企业固定资产的购置、扩建、改建、更新等都必须在投资项目可行性研究的基础上编制预算，具体反映投资的时间、规模、收益及资金的筹措方式等。

企业全面预算的各项预算前后衔接，形成一个完整的体系。

第二节 全面预算的编制

全面预算的编制方法多种多样。从理论上讲，预算可以根据不同的预算项目采用固定预算、弹性预算、滚动预算、零基预算、概率预算及作业基础预算等方法进行编制。

一、固定预算

1. 概念

所谓固定预算，也叫静态预算，是根据预算期内正常的、可实现的某一业务量水平编制的预算，一般运用于固定费用或者数额比较稳定的预算项目。固定预算方法的运用范围最广，使用最简单。

2. 固定预算的编制方法

1）销售预算

销售预算是编制全面预算的起点。在预测公司产品或服务的销售取得的收入的基础上，进行产量、采购及经营费用等预算。因此，销售预算应尽量准确。而销售预算的准确性取决于准确的销售预测。管理层设定的目标有时不切实际，他们以为这样的目标会激励销售人员增加销量。然而，不切实际的销售预测得出的预算将不能反映公司产品的市场状况。管理会计师应同销售和营销人员密切协作，以确保销售预算切实可行。

销售预算根据预计销售量乘以预计销售单价编制：

预计销售收入＝预计销售量×预计销售单价

如果公司制造的产品超过一种，那么每种产品都重复进行以上计算，得出的各种产品的销售额再加总，从而计算出总销售额。通常销售预算会附有一份预算期的预计收现计划表，该表用于编制现金预算。预计收现计划表与销售预算一同编制，因为销售部门通常控制着提供给客户的信用条件。任何一个季度的预计现金收入是以下二者的合计：①该季的预计现金销售；②以前各季所作赊销的现金回款。

2）生产预算

销售预算编制完成后，当期的产量要求可以根据现有存货和预计销售量算出，从而生产预算得以编制。生产预算确定了为满足企业的销售和存货需要而必须产出的产品数量。在编制生产预算时，管理层必须考虑到生产所需的存货数量。许多企业愿意保有一定数量的原材料和产成品库存以防实际需求超出预计，这样的存货通常称为安全储备。除了要生产出足够的数量来满足市场需求以外，企业还必须生产出足够的数量来为预期的期末存货水平做好准备。期初产成品存货（上期期末存货）已满足了一部分产量需求。因此，预计生产量的计算公式如下：

预计生产量＝预计销售量＋预计期末存货数量－预计期初存货数量

期末存货量大小的选择，需要平衡两个相冲突的目标：一是公司要保证充足的存货储备，以保证生产经营的连续性和节奏性；二是尽量减少不必要的存货，以提高资金利用水平和降低成本耗费。因此，企业要在存货储备成本和未能满足客户需要所致的可能销售损失之间进行比较。

为了确切了解现有生产能力是否能够完成预计的生产量，生产设备管理部门还必须再审核生产预算，若无法完成，预算委员会可以修订销售预算或者考虑增加生产能力；若生产能力超过需求，则可以考虑把剩余生产能力用于其他方面。编制生产预算的过程中，如果发现销售预算与生产能力不匹配，则应采取相应的补救措施，以避免因生产能力不足或不必要的生产能力闲置而降低企业生产经营的经济效益。

一旦知道了企业的预计产量要求，就可以对生产中耗用的资源进行预算。直接材料、直接人工和制造费用的各项预算都要依据生产预算中的产品数量进行预算。

3）直接材料预算

直接材料预算是一项采购预算，为企业的生产需要提供所需的材料数量。企业需要充足的材料用于当期生产并为原材料的预期期末存货水平做好准备。某些原材料已经以期初原材料存货的形式存在，其余的将向供应商采购。前期的期末存货都成为下期的期初存货。如果制造产品所需材料超过一种，那么计划表格要按照材料的种类分别编制，然后将各种材料的成本加总，得出直接材料总成本。

预算期所需直接材料的采购量可用下列公式求得：

$$\text{直接材料预算} = \text{预计生产量} \times \text{单位产品原材料标准用量} + \text{预计期末存货} - \text{预计期初存货}$$

在编制直接材料预算的同时，一般还要编制材料的预计现金支出计划表，用于编制现金预算。该表根据采购部门预期从供应商那里取得的信用条件来编制。

4）直接人工预算

直接人工预算列示了根据预计生产量进行生产所需的直接人工工时以及相应的成本。人工需要量可以预测，企业可以直接人工预算为基础来对人工需求进行计划。如果不对人工需求进行计划的话，可能的后果是人工短缺、不必要的加班或出乎意料的临时裁员。这些后果会影响雇员士气并使员工流动率上升。为预测直接人工的预计总成本，直接人工预算也是必要的。

直接人工需要量是根据预算期的预计生产的数量（在生产预算中确定）乘以生产单位产品所需的直接人工小时数计算得出的。直接人工小时总需要量再换算为预计直接人工成本。虽然一家企业由于不同雇员的工资率有差异，各项人工成本可能差异很大，但往往只采用单一的平均费用率来计算直接人工成本。有些企业在各项人工费用率之间差别比较大时为每项人工编制单独的计划表。个别人工计划表必须按产品分别编制，因为不同产品耗用的人工数量有区别。

直接人工成本的预算数通常从生产管理部门和工程技术部门获得，其计算公式如下：

$$\text{预计直接人工总成本} = \text{预计生产量} \times \text{单位产品直接人工小时数} \times \text{单位小时工资率}$$

在此计算公式中,工资率一般是用每工时的平均工资来计算的。

5)制造费用预算

制造费用预算提供一张包含除直接材料和直接人工以外的所有生产成本的计划表。与直接材料和直接人工不同,制造费用项目不存在易于辨认的投入产出关系,其预算需要根据生产水平、管理层的意愿、长期生产经营能力、公司政策和国家的税收政策等外部因素进行编制。为了简化预算的编制程序,我们按成本性态把制造费用划分为变动制造费用和固定制造费用两大类。

固定制造费用包括厂房和设备的折旧、租金及一些车间管理费用、财产税等,它们支撑企业总体的生产经营能力,一经形成,在短期内会保持不变。变动制造费用通常包括动力、维修费、间接材料、间接制造人工等。计算变动制造费用的关键在于确认哪些具体项目是可变的,并选择成本分配的基础,如机时、人工小时、产量、作业量等业务量,然后计算变动制造费用的分配率。

预计制造费用 = 预计变动制造费用 + 预计固定制造费用

$$= \begin{pmatrix} 预计业务量 \\ (机时、产量等) \end{pmatrix} \times \begin{pmatrix} 预计变动制造 \\ 费用分配率 \end{pmatrix} + \begin{pmatrix} 预计固定 \\ 制造费用 \end{pmatrix}$$

为了给编制现金预算提供必要的信息,在制造费用预算中,通常包括费用方面预算的现金支出。尽管固定资产折旧是计算制造费用分配率所必需的,但由于它在预算期间内无须现金支出,因此,在编制制造费用现金时,应将折旧这一项目扣除。

预计需要支付现金的制造费用 = 预计制造费用 - 折旧

6)期末产成品存货预算

期末产成品存货预算不仅提供了编制预计资产负债表所需的信息,同时也为编制预计损益表提供了产品销售成本的数据,其编制的基本步骤为:先计算确定产成品单位成本(根据前述的直接材料、直接人工、变动和固定制造费用的预算资料),然后将产成品单位成本乘以预计期末产成品存货数量,即可得出预计期末产成品存货额。

7)销售与管理费用预算

销售与管理费用预算包含预算期内将发生的非制造作业的各项费用。该预算一般由承担各项职责的经理们编制的许多个别预算构成。它们包括各种活动,如营销、会计、人力资源等。

像制造费用一样,销售与管理费用也可分为变动部分和固定部分。变动销售与管理费用通常包括销售佣金、运杂费和物料用品费等,它们随着销售量的变动而变动;固定销售与管理费用在一定范围内不受销售量的影响,如租金、保险、折旧和基本工资等,其编制方法与制造费用预算的编制方法相同。还有,在编制销售与管理费用预算时,非现金开支(如折旧)要单独提出,从现金预算中扣除。

8)预计损益表

在上述经营预算结果的基础上,根据权责发生制会计原则,即可编制预计损益表。

预计损益表是总预算中一张关键的表,它提供未来一段时期内某组织的盈利能力估计,并且往往是对企业这一时期的业绩进行评价的主要参照基准。

9)现金预算

现金预算描述预算期的现金流量。现金预算综合了所有预算活动对现金的预计影响,还列示了预算期内的现金流入和流出状况。通过现金预算,管理者确保企业将有足够的现金开展所计划的各项活动,提前安排适当的融资渠道,以避免负担过高的融资成本。对持有的多余现金,也应进行投资筹划,以争取获得最高的收益。因此,现金预算可视为全面预算中的一个重要环节。

现金预算一般包括以下四个主要部分:

(1)现金收入;(2)现金支出;(3)现金冗余或短缺;(4)资金的筹集与运用。

现金预算是全面预算的重要部分。即便公司产生了净收益,但如果手头没有日常运作所需的资金,也会遇到严重困难。比如,公司要是无法及时结清应付账款的话,往往会损失折扣,还可能因付款延迟而遭受罚款。更严重的是,供应商可能会拒绝本公司赊账。最严重的后果就是因无法偿还到期债务而被迫破产。因此,对公司的现金需要作出计划是良好的财务管理所必不可少的。

10)预计资产负债表

预计资产负债表确定预算期期末的资产、负债和所有者权益金额,是预算期期末财务状况的总括性预算,它是依据当前的实际资产负债表和全面预算中的其他预算所提供的资料来编制的。

预计资产负债表提供预计资产和负债的有关信息,该信息的用途十分广泛。比如,管理层可以确定期末营运资本(流动资产与流动负债的差额)对计划中的运营来说是否充足;管理层利用预计报表来评价预期业绩。像预计资产报酬率、预计权益报酬率和预计负债权益率等这样的度量指标与资产负债表数据有关。

【例】 某公司在20×4年第四季度做20×5年全面预算(见表11-1)。设下年度经营目标利润为200 000元,需实现的目标销售收入测算为525 000元(见表11-2)。预测资料表明,A产品年销售量1 000件,单价300元,B产品年销售量可达1 500件,单价150元。销售收入预计可在当季收回60%,次季收回40%,年初应收账款余额为50 000元,于预算期第一季度收回。

表11-1 销售预算表

20×5年度

期间	A产品		B产品		销售收入合计/元
	销量/件	销售额/元	销量/件	销售额/元	
第一季度	260	78 000	400	60 000	138 000
第二季度	280	84 000	400	60 000	144 000
第三季度	250	75 000	350	52 500	127 500
第四季度	210	63 000	350	52 500	115 500
全年合计	1 000	300 000	1 500	225 000	525 000

第十一章　全面预算

表 11-2　预计销售现金收入

20×5 年度　　　　　　　　　　　　　　　　　　　　　　　　　　　　　　单位：元

应收销售收入	当期收回现金				
	第一季度	第二季度	第三季度	第四季度	全年合计
年初应收账款余额	50 000				50 000
第一季度销售收入	82 800	55 200			138 000
第二季度销售收入		86 400	57 600		144 000
第三季度销售收入			76 500	51 000	127 500
第四季度销售收入				69 300	69 300
现金收入合计	132 800	141 600	134 100	120 300	528 800
应收账款余额	55 200	57 600	51 000	46 200	46 200

如表 11-3 所示，设 A 产品预算期初存货为 26 件，库存量为下一季度销量的 10%，预算年末存货为 30 件，最大生产量 300 件；B 产品预算期初存货为 40 件，库存量为下一季度销量的 10%，预算年末存货为 40 件，最大生产量 400 件。

表 11-3　生产预算

20×5 年度　　　　　　　　　　　　　　　　　　　　　　　　　　　　　　单位：件

产品	项目	第一季度	第二季度	第三季度	第四季度	全年合计
A 产品	预计销售量	260	280	250	210	1 000
	预计期末存货	28	25	21	30	30
	预计期初存货	26	28	25	21	26
	预计生产量	262	277	246	219	1 004
B 产品	预计销售量	400	400	350	350	1 500
	预计期末存货	40	35	35	40	40
	预计期初存货	40	40	35	35	40
	预计生产量	400	395	350	355	1 500

如表 11-4、表 11-5 所示，设该公司生产的 A、B 产品共同耗用一种甲材料，单位产品耗用量分别为 3 公斤和 1 公斤，其单位采购成本为 20 元，预算期初材料存货为 237.2 公斤，期末存货预计为下期生产耗用量 20%，预算期末材料存货为 200 公斤，采购货款假定当期支付 50%，下期支付 50%。设预算期初应付购货款 10 500 元，在第一季度支付。

表 11-4　直接材料预算表

20×5 年度

项目		第一季度	第二季度	第三季度	第四季度	全年合计
预计生产量/件	A 产品	262	277	246	219	1 004
	B 产品	400	395	350	355	1 500
单位产品耗用数量/公斤	A 产品	3	3	3	3	3
	B 产品	1	1	1	1	1
生产需用量/公斤	A 产品	786	831	738	657	3 012
	B 产品	400	395	350	355	1 500
	小计	1 186	1 226	1 088	1 012	4 512

续表

项目	第一季度	第二季度	第三季度	第四季度	全年合计
预计期末存货/公斤	245.2	217.6	202.4	200	200
预计期初存货/公斤	237.2	245.2	217.6	202.4	237.2
预计采购量/公斤	1 194	1 198.4	1 072.8	1 009.6	4474.8
平均单位采购成本	20	20	20	20	20
预计采购成本/元	23 880	23 968	21 456	20 192	89 496

表 11 - 5 材料采购现金支出预算表

20 × 5 年度

项目	第一季度	第二季度	第三季度	第四季度	全年合计
年初应付购货款余额	10 500				10 500
应付购货款	11 940	11 940			23 880
应付购货款		11 984	11 984		23 968
应付购货款			10 728	10 728	21 456
应付购货款				10 096	10 096
现金支出合计	22 440	23 924	22 712	20 824	89 900
应付购货款余额	11 940	11 984	10 728	10 096	10 096

设该公司在生产 A、B 产品时所需单位直接人工工时分别为 5 小时和 2 小时,平均小时工资率为 10 元。直接人工预算表如表 11 - 6 所示。

表 11 - 6 直接人工预算表

20 × 5 年度

项目		第一季度	第二季度	第三季度	第四季度	全年合计
预计生产量 /件	A 产品	262	277	246	219	1 004
	B 产品	400	395	350	355	1 500
单位产品 直接人工工时	A 产品	5	5	5	5	5
	B 产品	2	2	2	2	2
预计直接人工 工时耗用量 /小时	A 产品	1 310	1 385	1 230	1 095	5 020
	B 产品	800	790	700	710	3 000
	合计	2 110	2 175	1 930	1 805	8 020
平均小时工资率/元/小时		10	10	10	10	10
直接人工成本/元		21 100	21 750	19 300	18 050	80 200

制造费用预算表如表 11 - 7 所示。

表 11-7 制造费用预算表
20×5 年度

费用项目	费用额/元	直接人工小时分摊率/（元/小时）
变动制造费用		
间接人工	8 200	
间接材料	4 860	变动制造费用分摊率 = 24 060/8 020 = 3
修理费	3 820	
水电费	7 180	
小计	24 060	
固定制造费用		
管理人员工资	20 000	
折旧费	32 000	固定制造费用分摊率 = 72 180/8 020 = 9
保险费	20 180	
小计	72 180	
合计	96 240	

制造费用预计现金支出如表 11-8 所示。

表 11-8 制造费用预计现金支出
20×5 年度

项目	第一季度	第二季度	第三季度	第四季度	全年合计
变动制造费用	6 330	6 525	5 790	5 415	24 060
固定制造费用	18 045	18 045	18 045	18 045	72 180
减：非付现支出	8 000	8 000	8 000	8 000	32 000
现金支出合计	16 375	16 570	15 835	15 460	64 240

产品生产成本和期末产成品存货预算表如表 11-9 所示。

表 11-9 产品生产成本和期末产成品存货预算表
20×5 年度

产品	项目	第一季度	第二季度	第三季度	第四季度	全年合计
A 产品	预计生产量/件	262	277	246	219	1 004
	预计生产成本					
	直接材料	15 720	16 620	14 760	13 140	60 240
	直接人工	13 100	13 850	12 300	10 950	50 200
	变动制造费用	3 930	4 155	3 690	3 285	15 060
	生产成本合计	32 750	34 625	30 750	27 375	125 500
	预计单位成本	125	125	125	125	125
	期末存货成本	3 500	3 125	2 625	3 750	3 750

续表

产品	项目	第一季度	第二季度	第三季度	第四季度	全年合计
B产品	预计生产量/件	400	395	350	355	1 500
	预计生产成本					
	直接材料	8 000	7 900	7 000	7 100	30 000
	直接人工	8 000	7 900	7 000	7 100	30 000
	变动制造费用	2 400	2 370	2 100	2 130	9 000
	生产成本合计	18 400	18 170	16 100	16 330	69 000
	预计单位成本	46	46	46	46	46
	期末存货成本	1 840	1 610	1 610	1 840	1 840

管理费用预算表如表11-10所示。

表11-10 管理费用预算表

20×5年度

费用项目	金额
行政管理人员工资	20 000
办公费	6 620
业务招待费	5 000
差旅费	15 000
折旧费	8 000
合计	54 620

管理费用预计现金支出如表11-11所示。

表11-11 管理费用预计现金支出

20×5年度

项目	第一季度	第二季度	第三季度	第四季度	全年合计
管理费用	13 655	13 655	13 655	13 655	54 620
减：非付现支出	2 000	2 000	2 000	2 000	8 000
现金支出	11 655	11 655	11 655	11 655	46 620

销售费用预计为销售收入的0.8%，均在当季支付。销售费用及预计现金支出如表11-12所示。

表11-12 销售费用及预计现金支出

项目	第一季度	第二季度	第三季度	第四季度	全年合计
销售费用	1 104	1 152	1 020	924	4 200

设该公司拟进行设备更新,根据确定的最优方案,在考虑企业现金支付能力和筹措的可能性基础上,决定在下一年度第一季度购进设备,并以分两季付款的方式购买,购进时付款 40 000 元,下季末再付款 60 000 元。资本支出预算如表 11-13 所示。

表 11-13 资本支出预算
20×5 年度

项目	第一季度	第二季度	第三季度	第四季度	全年合计
设备价款支付额	40 000	60 000	0	0	100 000

假定该企业全年所得税为 50 000 元,分季平均支付。根据董事会决议,股利分配 50 000 元在预算年度第二季度支付。期末现金最低库存额为 20 000 元,现金短缺时,主要在各期初向银行申请贷款(贷款年利率为 10%),贷款的最低起点为 10 000 元,现金有盈余时,应在季末及时归还贷款本息。设期初现金余额为 20 000 元。现金预算表如表 11-14 所示。

表 11-14 现金预算表
20×5 年度

项目	来源	一	二	三	四	全年
期初现金余额		20 000	27 626	21 675	20 253	20 000
加:本期现金收入	表 11-2	132 800	141 600	134 100	120 300	528 800
可用现金合计		152 800	169 226	155 775	140 553	548 800
减:本期现金支出						
直接材料采购支出	表 11-5	22 440	23 924	22 712	20 824	89 900
直接人工支出	表 11-6	21 100	21 750	19 300	18 050	80 200
制造费用支出	表 11-8	16 375	16 570	15 835	15 460	64 240
销售费用支出	表 11-12	1 104	1 152	1 020	924	4 200
管理费用支出	表 11-11	11 655	11 655	11 655	11 655	46 620
资本支出	表 11-13	40 000	60 000			100 000
支付所得税		12 500	12 500	12 500	12 500	50 000
支付股利			50 000			50 000
现金支出合计		125 174	197 551	83 022	79 413	485 160
现金盈余(短缺)		27 626	(28 325)	72 753	61 140	63 640
融通资金						
银行借款			50 000			50 000
借款归还				(50 000)		(50 000)
支付利息				(2 500)		(2 500)
合计			50 000	(52 500)		(2 500)
期末现金余额		27 626	21 675	20 253	61 140	61 140

上期末 20×4 年 12 月 31 日资产负债表如表 11-15 所示。

表 11-15 资产负债表（简式）

20×4年12月31日   单位：元

资产		负债及权益	
项目	金额	项目	金额
资产		负债及权益	
流动资产		流动负债	
现金	20 000	应付账款	10 500
应收账款	50 000	股东权益	
存货	9 834	股本	200 000
固定资产	200 000	留存收益	49 334
减：累计折旧	20 000		
资产总计	259 834	负债及权益	259 834

根据销售预算、成本费用预算及现金预算等编制预计利润表（见表 11-16）和预计资产负债表（见表 11-17）。

表 11-16 预计利润表（简式）

20×5年度   单位：元

项目	来源	第一季度	第二季度	第三季度	第四季度	全年合计
销售收入	表 11-1	138 000	144 000	127 500	115 500	525 000
减：变动费用						
变动生产成本	表11-1、表11-9	50 900	53 400	47 350	42 350	194 000
销售费用	表 11-12	1 104	1 152	1 020	924	4 200
小计		52 004	54 552	48 370	43 274	198 200
边际贡献		85 996	89 448	79 130	72 226	326 800
减：固定费用						
固定制造费用	表 11-7	18 045	18 045	18 045	18 045	72 180
管理费用	表 11-10	13 655	13 655	13 655	13 655	54 620
小计		31 700	31 700	31 700	31 700	126 800
息税前利润		54 296	57 748	47 430	40 526	200 000
减：利息支出	表 11-14			2 500		2 500
减：所得税	表 11-14	12 500	12 500	12 500	12 500	50 000
税后净收益		41 796	45 248	32 430	28 026	147 500

表 11 – 17 预计资产负债表（简式）

20×5 年 12 月 31 日   单位：元

项目	来源	金额	项目	来源	金额
资产			负债及权益		
流动资产	表 11 – 14		流动负债	表 11 – 5	
现金	表 11 – 2	61 140	应付账款		10 096
应收账款	表 11 – 4、表 11 – 9	46 200	股东权益	表 11 – 15	
存货		9 590	股本	表 11 – 14、	200 000
固定资产	表 11 – 13、	300 000	留存收益	表 11 – 15、	146 834
减：累计折旧	表 11 – 15	60 000		表 11 – 16	
资产总计		356 930	负债及权益		356 930

固定预算简单明了，但不能实时反映市场状况变化对预算执行的影响。当实际业务量偏离预算编制所依据的业务量时，预算便失去了其作为控制和评价标准的意义。尤其是成本费用预算，它们涉及的项目较多，各成本费用项目对于业务量的变动又有不同的反映，亦即成本、费用具有不同性态，不同性态的成本、费用与业务量变动之间存在截然不同的依存关系，变动成本、费用会因业务量的变动而成正比例变动，固定成本却不受业务量变动的影响，具有相对固定性。

二、弹性预算

1. 概念及特点

所谓弹性预算，又称变动预算，是指根据本量利之间有规律的数量关系，按照预算期内可预见的多种业务量水平所编制的、能够适应不同业务量情况的预算。这种方法正是针对固定预算的主要不足而设计的，其预算的编制依据不是某一固定的业务量，而是一个可预见的业务量范围。编制弹性预算所依据的业务量可以是产量、销售量、直接人工工时、机器工时、材料消耗量或直接人工工资等。预算具有伸缩弹性，增强了预算的适用性。弹性预算主要用于各种间接费用预算，有些企业也用于利润预算。

要使预算具有弹性，关键是应该按照收入、成本、费用、利润的不同性态特征，分别规划其在不同业务状况下对资源的不同影响，所以，其常用的方式就是多栏式预算编制，即在可预见的业务量范围内，根据收入、成本、费用、利润的不同性态，按照一定业务量间隔，分别确定其预算额并汇总列入一个预算表格中。而且业务量的间隔通常以 5%～15% 为宜。因为间隔太大将失去弹性预算的优点，间隔太小会增加不必要的预算编制工作量。

2. 弹性预算的编制方法

编制弹性预算的基本步骤如下。

（1）选择业务量的计量单位。编制弹性预算，要选用一个最能代表本部门生产经营活动水平的业务计量单位。例如，以手工操作为主的车间，就应选用人工工时；制造单一产品或零件的部门,可以选用实物数量;制造多种产品或零件的部门,可以选用人工工时或机器工时;修理部门可以选用直接修理工时等。

(2)确定适用的业务量范围。弹性预算的业务量范围,视企业或部门的业务量情况而定,务必使实际业务量不至于超出确定的范围,一般来说,可以在正常的生产能力的70%~110%之间,或以历史上最高业务量和最低业务量为其上、下限。

(3)逐项研究并确定各项成本与业务量之间的数量关系。弹性预算的质量高低,在很大程度上取决于成本习性分析的水平,将总成本最终区分为变动成本和固定成本两大类。变动成本主要通过单位业务量来控制,固定成本则按总额控制。

(4)计算各项预算成本,并用一定的方式来表达。在此基础上,按事先选择的业务计量单位和确定的有效变动范围,根据该业务量与有关成本费用项目之间的内在关系即可编制弹性预算,其具体编制方法主要有多水平法和公式法两种。

三、零基预算

1. 概念及特点

零基预算的全称为"以零为基础编制计划和预算的方法",简称零基预算,又称零底预算,是指在编制成本费用预算时,不考虑以往会计期间所发生的费用项目或费用数额,而是将所有的预算支出均以零为出发点,一切从实际需要与可能出发,逐项审议预算期内各项费用的内容及开支标准是否合理,在综合平衡的基础上编制费用预算的一种方法。

零基预算是为克服增量预算的缺点而设计的。最初是由美国得州仪器公司在20世纪70年代创建的,现已被西方国家广泛用作管理间接费用的一种新的有效方法,特别适用于产出较难辨认的服务性部门费用预算的编制。

2. 零基预算的方法

(1)要划分基层预算单位并进行动员和讨论。在充分讨论的基础上提出本部门在预算期内应当发生的费用项目,而不考虑这些费用项目以往是否发生以及发生额多少。

(2)要确定各个费用项目是否应该存在,将全部费用划分为不可避免项目和可避免项目,前者是指在预算期内必须发生的费用项目,后者是指在预算通过措施可以不发生的费用项目。在预算编制过程中,对不可避免项目必须保证资金供应;对可避免项目则需要逐项进行成本—效益分析,按照各项目开支必要性的大小确定各项目费用预算的优先顺序。

(3)按项目的轻重缓急,划分不可延缓项目和可延缓项目。将纳入预算的各项费用进一步划分为不可延缓项目和可延缓项目,前者是指必须在预算期内足额支付的费用项目,后者是指可以在预算内部分支付或延缓支付的费用项目。在预算编制过程中,必须根据预算期内可供支配的资金数额在各费用项目之间进行分配。应优先保证满足不可延缓项目的开支,然后再根据需要,按照项目的轻重缓急确定可延缓项目的开支标准。

四、滚动预算

1. 概念及特点

滚动预算，又称连续预算或永续预算，是指在编制预算时，将预算期与会计年度脱离，随着预算的执行不断延伸补充预算，逐期向后滚动，使预算期永远保持为一个固定期间（如 12 个月）的一种预算编制方法。

人们对未来的把握程度，具有对近期的预计把握较大，对远期的预计把握较小的特征。为了做到长计划短安排、远略近详，在预算编制的过程中，可以对近期预算提出较高的精度要求，使预算的内容相对详细；对远期的预算提出较低的精度要求，使预算的内容相对简单。这样可以减少预算工作量。而且使管理人员始终能够从动态的角度把握住企业近期的规划目标和远期的战略布局，使预算具有较高的透明度。

2. 滚动预算的编制方法

（1）逐月滚动。逐月滚动是指在预算编制过程中，以月份为预算的编制和滚动单位，每个月调整 1 次预算的方法。例如，在 20×1 年 1—12 月的预算执行过程中，需要在 1 月末根据当月预算的执行情况，修订 2—12 月的预算，同时补充 20×2 年 1 月的预算；2 月末根据当月预算的执行情况，修订 20×1 年 3 月的预算。同时补充 20×2 年 2 月的预算……依此类推。可见，逐月滚动编制的预算比较准确，但工作量太大。

（2）逐季滚动。逐季滚动是指在预算编制过程中，以季度为预算的编制和滚动单位，每个季度调整一次预算的方法。如在 20×1 年第 1 季度至第 4 季度的预算执行过程中，需要在第 1 季度末根据当季预算的执行情况，修订第 2 季度至第 4 季度的预算，同时补充 20×2 年第 1 季度的预算；第 2 季度末根据当季预算的执行情况，修订第 3 季度至 20×2 年第 1 季度的预算，同时补充 20×2 年第 2 季度的预算……依此类推。可见，逐季滚动编制的预算比逐月滚动的工作量小，但预算精确度较差。

（3）混合滚动。混合滚动是指在预算编制过程中，同时使用月份和季度作为预算的编制和滚动单位的方法，它是滚动预算的一种变通方式。

五、概率预算

1. 概念及特点

概率预算是借助概率论的原理，根据有关预计值变动的可能性（即概率），来计算并确定预算对象在某种状态下的期望值，然后根据期望值确定预算对象的概率预算数的一种预算方法。

在编制预算过程中，涉及的变量很多，如产销量、价格、成本等，在生产和销售正常的情况下，这些变量的预计可能是一个定值。但在市场供需变动较大的情况下，这些变量的定值就难以确定了。这就需要根据客观条件，对有关变量作一些近似的估计，估计它可能变动的范围，分析它在该范围内出现的可能性，即概率，然后根据概率计算期望值，编制预算。概率预算是弹性预算的修正和发展，它可用来编制销售预算、成本预算、利润预算等。由于概率预算在编制过程中考虑了各种因素变动的可能性，因而更接近实际情况，更有助于企业管理者灵活应对各种经营情况。

2. 概率预算编制的方法

（1）对变量可能出现的结果估计一个概率 P_i，取值范围是 $0 \leq P_i \leq 1$，$\sum P_i = 1$。

（2）根据各个变量（X_i）及其估计概率（P_i），计算其数学期望值 E。

$$E = \sum X_i P_i$$

（3）根据各变量期望值编制预算。

第三节 战略导向全面预算

一、传统全面预算体系的局限性

传统全面预算是由经营预算、财务预算和资本支出预算三部分构成。预算编制起点基本上是销售预算，以销售预测为依据，编制资本支出预算和经营预算，按照以销定产原则进行编制，最后根据资本支出预算和经营预算编制财务预算。大多数企业只是名义上根据战略编制预算，而在实际操作过程中却侧重财务目标的预算和控制，一旦财务指标或关键指标被确定，其他指标就依此推演出来。全面预算从根基上就与战略割裂，各职能部门经理和员工只为完成预算指标而工作，企业制定的战略无法得到贯彻和执行，不利于企业的长期发展。传统全面预算体系的局限性主要体现在：

1. 传统全面预算难以适应环境变化

传统全面预算忽视了战略的存在，它假定企业未来产品的生产是持续的，销售情况是可以预测的，在企业外部环境相对稳定，市场竞争不激烈的情况下，这种预算体系具有存在的土壤。但目前企业间的竞争愈演愈烈，企业的经营环境变得日益复杂多变和难以预料，企业的生存与发展越来越受到环境的挑战和威胁。传统预算的依据，从当今企业竞争环境来看是片面的，缺乏战略导向。战略是多元的，难以直接或简单归结为单一的目标销售、目标成本、目标利润、现金流量指标等作为预算编制的核心和唯一起点。

2. 传统全面预算忽略非财务指标

传统的全面预算虽强调根据企业战略规划和年度经营目标拟定预算目标，并确定预算目标的分解，但主要通过财务指标来阐释企业的目标和经营规划，预算的基础数据大多依赖于财务报表和历史数据的分析，对外部环境变化不能及时反映。预算主要关注财务成果的取得，缺少影响财务指标的非财务的成果驱动因素，如客户满意度、员工满意度、创新等非财务指标。片面强调财务指标，无法将企业的长期战略目标和短期行动结合起来，无法将资源分配与长期战略结合起来，割断了预算与战略的联系，短期的预算指标与未来长期的公司发展战略和规划有可能相互冲突，从而给战略目标的制定和实施之间留下了缺口。

3. 传统全面预算中的成本预算缺乏坚实的基础

成本控制是全面预算管理的重要内容。在成本预算的编制方面，传统全面预算对于产品的直接成本按照标准成本进行确定，而对于制造费用以及销售管理费用则没有严格的标准或编制基础。这在企业产品的主要成本是直接成本，而间接制造费用以及非制造费用比重很低的情况下是可行的。但是，随着知识经济的发展、技术的进步使企业生产方式发生变化，大量先进制造设备的投入促使生产过程的资本密集程度大幅提高，顾客化生产方式也促使间接费用增加，造成了产品成本结构的重大变化，间接制造费用在全部成本中的比重极大提高。而费用缺乏预算基础，因此给预算的科学性带来严峻的挑战。

4. 业绩评价难以发挥激励作用

传统的全面预算把主要精力放在预算的编制和执行上，但预算指标不能很好地得到预算执行部门和人员的认同，在编制过程中可能存在次优化选择或预算松弛现象，预算执行者为了较为轻松地完成预算指标，在参与预算编制的过程中，倾向于制定较为宽松的预算标准，主要表现：低估收入、高估成本费用、低估产销量甚至销售价格，夸大完成预算的困难等。导致无法正确进行业绩评价。或无法真正按评价结果进行奖惩兑现，难以发挥预算的激励约束作用。

战略指引着企业的生存与发展，为实现企业战略，企业制定的全面预算必须与战略紧密对接，使全面预算目标准确反映和支撑企业战略目标。因此，企业应充分发挥全面预算的目标实现功能，着力打造基于战略的全面预算。

二、战略导向全面预算及其特征

战略导向全面预算以企业战略为导向，以战略目标为编制起点，运用新的管理理论对原有的管理工具进行修正和完善，通过全面预算对企业战略目标进行分解、落实和执行，发挥企业战略对生产经营活动的引导和控制，优化配置企业资源，保证战略目标得以实现。实施战略导向全面预算，就是要实现战略与预算的对接，使全面预算成为支持企业战略的工具。

基于战略的全面预算体系的特点：战略导向的全面预算是从战略的高度上实施全面预算管理，紧紧围绕企业的总体发展规划，立足于企业长远目标，从而有效解决传统预算以短期年度预算为核心，预算指标与企业长期的发展规划和战略相互脱节的问题；企业战略是基于动态的企业内外部环境制定的，实现管理的动态化，保证企业的经营活动不偏离企业的发展方向，使全面预算反映企业战略的要求；为保持企业长期优势，注重财务目标与非财务目标的协同，战略管理方法贯穿始终；在预算考评体系中，引入平衡计分卡的业绩衡量方法，平衡短期与长期业绩，外部与内部业绩，财务与非财务业绩，满足股东利益，以战略管理方式进行预算考核，避免短期行为，有效激励管理者和员工关注企业长远利益和战略目标的实现。

三、战略导向全面预算的内容

1. 基于平衡计分卡的战略预算

战略预算有明确的战略导向，直接支持战略的执行，其范围包括面向企业长远发展的新的经营模式、开发新产品、开拓新市场、发展新能力等。战略预算依据平衡计分卡确定，平衡计分卡是根据企业的战略目标和战略要求而设计的绩效指标体系、目标体系及实现目标的措施方案体系，它既是绩效评价系统，也是战略管理系统。平衡计分卡包括四个方面的内容：财务、顾客、内部业务流程、学习与成长，四个维度是一条因果链，展示了业绩和业绩动因之间的关系，不仅强调财务业绩指标，也注重对非财务业绩的评价。平衡计分卡将四个维度的目标再细分为各个子目标，子目标又细分为各种评价指标，因此可以从其因果关系的指标中分析导致企业业绩变化的原因，通过信息反馈，各部门能及时调整局部目标来支持企业整体战略。预算编制要求以战略为导向，但预算的具体确定却不能直接以战略为依据，平衡计分卡是企业远景和战略的具体化，因此，预算编制应以平衡计分卡为依据，将预算与战略目标联系起来。

2. 以作业为基础的经营预算

20世纪80年代中后期以来，随着作业成本计算法在先进制造企业的成功应用，人们发现作业成本计算法给企业管理提供了很好的基础。于是，利用作业成本计算法提供的成本信息进行成本控制、预算管理、生产管理等的作业管理理论及实务纷纷涌现。其中，作业基础预算正是建立在作业成本计算法基础上的一种新型预算管理办法。

1）概念及特点

作业基础预算就是通过平衡计分卡将企业战略细化为一系列战略目标后，按照战略目标的要求进行作业分析，确定业绩驱动因素，进行企业作业链、价值链优化，确定增值作业和非增值作业，预测计划期的产、销量，产品和顾客的结构，预计对作业和资源的需要量，确定为维持现有生产和服务于客户的正常成本，确定用于推出新产品和吸引新客户的费用。作业与成本有密切的关系，成本的发生从根本上讲是由于作业的执行所引起的，以作业为基础，根据作业和作业成本量来确定资源的消耗量，可以使成本预算更好地发挥作用。

作业基础预算建立在资源消耗观的基础上，根据"作业消耗资源，产品消耗作业"的原理，首先预测产出量，再预测产出消耗的作业量，最后预测作业消耗的资源量。

2）作业基础预算编制方法

（1）预测产品或劳务（即成本标的）在下一经营期间的需求量。

（2）确定作业消耗比率，即每单位产品或劳务消耗的作业数量。

（3）用作业消耗比率乘以产品或劳务的预测需求量，预测出下一经营期间可以满足成本标的消耗需求的作业量。

（4）确定资源消耗比率，即每单位作业消耗的资源数量。

（5）用资源消耗比率乘以第（3）步中预测出来的作业需求量，预测出下一经营期间可以满足作业消耗需求的资源量。在这一步骤中，必须寻求资源的经营平衡，即资源的需求量必须与目前资源供应量一致。如果预测的资源需求量等于或大致上等于资源的供应量，则资源达到了经营平衡，进入步骤（6）。如果没有达到经营平衡，应增加或减少目前资源的供应量，或者重新回到步骤（1），修订步骤（1）~步骤（4）的投入量，计算新的资源需求量，来达到经营平衡。

（6）用资源供应量乘以资源的预计单价，就可以预测出资源需求成本数据。

（7）分配资源成本额到预测产品或劳务上。在这一步骤中利用作业成本计算法计算原理，把步骤（5）中达到经营平衡时的资源供应总成本分配到作业和成本标的上，计算相关的财务指标，并与组织确定的财务目标进行比较，判断财务目标是否达到。如果计算出来的利润、回报率等指标大于或等于财务目标，则预算达到了财务平衡。如果没有达到财务平衡，回到步骤（5），修订步骤（1）～步骤（4）的投入量和资源的供应量，重新寻求经营平衡并转化为财务数据，来达到新的财务平衡。

3. 财务预算

财务预算根据战略预算与经营预算的有关数据编制，与传统全面预算的财务预算内容基本相同。

【复习思考题】

1. 企业编制全面预算的意义。
2. 简述全面预算的内容。
3. 固定预算及弹性预算的特点及适用范围。
4. 各种预算方法在实际工作中应如何使用？
5. 简述传统全面预算的局限性及战略导向全面预算。

【案例】

ABC公司制造和销售甲产品，20×1年12月31日的资产负债表如下表所示。

资产负债表（简式）
20×1年12月31日

单位：元

项目	金额	项目	金额
流动资产：		流动负债：	
现金	45 000	应付账款	6 000
应收账款净额	20 000	股东权益：	
存货	12 000	股本	200 000
流动资产合计	77 000	留存收益	131 000
固定资产	300 000	股东权益合计	331 000
减：累计折旧	40 000		
固定资产合计	260 000		
资产总计	337 000	权益合计	337 000

管理会计

ABC 公司在 20×1 年第四季度做 20×2 年全面预算。甲产品销售单价为 210 元，预算年度内四个季度的销售量经测算分别为 300 件、600 件、400 件、450 件。销售款预计可在当季收回 60%，次季收回 40%，年初应收账款余额为 20 000 元，于预算期第一季度收回。

A 产品预算期初存货为 50 件，库存量为下一季度销量的 10%，预算年末存货为 40 件。设该公司生产的 A 产品耗用甲材料，单位产品耗用量为 4 千克，其单位采购成本为 12 元，预算期初材料存货为 510 千克，期末存货预计为下期生产耗用量 30%，预算期末材料存货为 500 千克，采购货款假定当期支付 60%，下期支付 40%。设预算期初应付购货款 6 000 元，在第一季度支付。

设该公司在生产 A 产品时所需单位直接人工工时为 3 小时，平均小时工资率为 5 元。

假定预测 A 公司在预算期间的变动间接制造费用为 31 320 元（其中间接人工 10 000 元，间接材料 8 000 元，水电费 12 000 元，维修费 1 320 元），固定间接制造费用 46 980 元（其中管理人员工资 12 000 元，维护费 4 980 元，保险费 10 000 元，设备折旧费 20 000 元），其他条件同前例。并且 A 公司的变动间接制造费用分配率按产量计算，以现金支付的各项间接制造费用均于当期付款。假定预测 A 公司在预算期间的变动销售及管理费用总计为 3 500 元，按销售量计算分配率，固定销售及管理费用为 13 600 元。

设该公司拟在第一季度进行设备更新，需付款 100 000 元。

假定该企业全年所得税为 70 000 元，分季平均支付。期末现金最低库存额为 20 000 元，现金短缺时，主要在期初向银行申请贷款（贷款年利率为 10%），贷款的最低起点为 1 000 元，现金有盈余时，应在季末及时归还贷款本息。

要求：为 ABC 公司编制 20×2 年的全面预算，包括：
（1）销售预算。
（2）生产预算。
（3）直接材料预算。
（4）直接人工预算。
（5）制造费用表（采用变动成本法）。
（6）销售成本预算。
（7）销售及管理费用预算（分变动和固定两部分）。
（8）预计利润表（采用变动成本法）。
（9）现金预算。
（10）预计资产负债表。

第十二章

责 任 会 计

【学习目标】

了解责任会计的产生、概念及作用。
理解责任会计的基本内容和责任会计的原则。
理解责任中心的内涵及类型。
掌握责任中心的考核指标。
理解内部结算价格的种类及应用。

【引导案例】

青海石油管理局的责任会计

青海油田是伴随新中国的成长而发展起来的一个大型国有企业,1958年发现了冷湖油田,建成了30万吨产能,使青海油田一举成为中国四大油田之一。20世纪60年代初,面对三年自然灾害和物资匮乏的严峻考验,坚持勘探,发现了涩北气田和尕斯库勒油田,为我国油田发展提供了资源储备。从20世纪70年代到90年代,青海油田实施了"三项工程"建设,建成了花土沟原油生产基地、格尔木石油化工基地和敦煌职工培训轮休基地。20世纪90年代中期,青海油田实施二次创业,实施了以勘探为主,向勘探开发并举;以石油为主,向油气并举;以投入为主,向投入产出型转变的战略。为实现储量、产量、效益"三个翻番"的发展目标,青海油田推行了"工作目标责任制"、"承包经营责任制"、"资产经营责任制"以及"指标层层分解,逐级承包"、"划小核算单位"、"领导干部交纳风险抵押金"、"领导干部实行年薪制"等多种行之有效的管理制度,形成了一套针对不同单位工作性质、不同情况的经营责任指标考核体系和考核、奖惩办法,同时进行"严考核、硬兑现",其中责任会计方面的主要做法有:
(1) 责任中心划分明确。青海油田将管理局分为油气主业系统、专业服务系统、多元开发系统和社会化服务系统四个责任中心,然后层层分解,建立岗位责任权限制度。
(2) 适度的权责结合。实施集分权管理,管理局控制了两头,包括项目发展计划及预算;利润和效益。放开中间,是指日常生产经营的过程全部放手,由项目业主自行处理。(3) 总体统一的考核指标值。指标体系在实事求是、相互沟通、协商的基础上建立,既是管理局总体目标的分解,也是各单位自己生产经营目标的具体化,在总目标和分目标之间形成统一,激发全局上下积极完成全局总体目标。(4)推行全过程管理。公司创新思维,创立开拓创新、科学规范的管理形象,依法治企,规范运作,大力推进QHSE(质量、健康、安全、环境管理模式)和内控体系建设,提高科学管理水平。(5)奖惩制度合理有效。建立了四项激励政策:科技成果重奖制度;设立局级技术专家称号;实行局内专业技术职务高聘制;奖金分配制度。由考核委员会审定责任单位的经济效益进行奖惩兑现。经过50多年的发展,青海油田17年蝉联青海省第一利税大户,2011年,青海油田新增油气三级储量完成计划的160%;生产油气当量、加工原油、生产甲醇、生产聚丙烯均超过预期目标;经营收入和上缴利税同比分别增长27.1%和39%,上缴税费占青海省财政收入的16.5%;完成投资50.99亿元,实施重点工程项目建设19项。

从青海石油管理局的做法中你能看出责任会计的主要内容有哪些?①

第一节 责任会计概述

一、分权管理与责任会计

分权管理是将生产经营决策权在不同层次的管理人员之间进行实地划分,并将决策权随同相应的经济责任下放给不同层次的管理人员,使其能对日常的经营活动作出有效决策的管理模式。

分权管理是未来企业的管理趋势,实施分权化管理的主要益处表现如下。

(1)提高企业对市场的敏感性。分权的过程将企业内部划分为不同层次的管理部门,确定部门的责任人,明确其拥有的决策权,从而保证及时对企业生产经营过程中出现的新问题作出反应,制定应对措施。

(2)提高最高层管理者的工作效率。实行分权化管理,可以使最高管理者从日常经营决策中解放出来,着重于企业政策性和战略性决策,提高企业竞争能力。

(3)发挥企业激励机制的作用。实行分权化管理可以使各级管理人员在工作中充分施展才华,实现个人的价值,有足够的动力为实现企业的整体目标而努力奋斗。

(4)促进人才的培养。实行分权化管理,可以为广大的中低层管理者创造良好的环境,提供良好的锻炼机会,为未来高级管理者的提拔打下良好的基础。

分权管理的上述优点使得分权管理得以在企业中存在,但分权管理在实施过程中也存在一定的缺陷。

(1)分权化管理已导致企业内部缺乏目标一致性。即各分权部门的责任人在进行日常经营决策时,往往只考虑本部门的利益,忽视企业整体的利益。

(2)分权化管理增加了部门之间沟通的压力。分权管理下,各分权部门都掌握自己的特有的信息,在企业生产经营过程中,为了保证其他整体的良好发展趋势,需要各

---

① 向宏志. 责任会计实例分析 [J] 会计之友, 2006, (6)(下): 42.

部门之间建立有效的沟通机制。

分权管理存在的缺陷使得分权管理作用的发挥需要一套体制的保障,应在企业内部建立起一套内部控制制度保证分权管理制度的实施效果。正是在这样的背景下,责任会计应运而生。

二、责任会计的概念

责任会计是管理会计的重要组成部分,实施责任会计是为了发挥企业内部各单位的积极性和主动性,在其权责范围内履行其职责,为实现企业总体目标而努力。责任会计(Responsibility Accounting)是以各责任中心为主体,以责、权、利相统一的机制为基础形成,并对各个责任中心的业绩进行考核、评价和报告的一种内部控制系统。

三、责任会计的作用

责任会计作为一种内部控制系统,在企业管理中发挥如下作用:

1. 有利于充分发挥激励的职能

实施责任会计,通过编制责任预算明确各责任中心的职责和权限,通过跟踪记录,将其实际工作业绩和预算比较,分析差异,评价其绩效并配合具体的奖惩措施,可以分清经济责任的归属,并使各责任人员产生内在动力。根据行为科学理论,责任会计制度的建立可以明确各责任人员的经济责任及其享有的权力,从而激发员工内在的积极性和创造性,为完成企业生产经营目标和提高经济效益做贡献。

2. 有利于实现企业的整体目标

责任会计将企业整体目标通过编制责任预算落实到各责任中心,作为各责任中心的具体目标。各责任中心目标是否实现,是以企业整体目标是否实现作为判断标准的。在考核责任中心目标实现情况时,需要自下而上逐级编制责任报告,以企业最低管理层次为起点,按级向上汇编,直至最高管理层次。通过数据环环相扣,形成一条"责任链条",从而有利于保持各责任中心具体目标和企业整体目标的一致性。

3. 有利于经营业绩的考核和评价

责任会计为每个责任中心制定了具体的目标,建立考核指标体系并对目标的实施过程进行跟踪,根据各责任中心提交的责任报告,对目标完成情况与责任预算进行比较,揭示并分析差异,从而正确评价各责任中心有关人员的经营业绩。

四、责任会计的基本内容

责任会计的基本内容包括责任会计制度的建立和实施两大部分。

1. 责任会计制度的建立

责任会计制度的建立是责任会计的基础,包括:

(1)划分责任中心,明确职责范围。即根据企业自身经营管理和组织形式的实际需要,确定企业内部各单位、各部门的经济责任归属层次,划分若干既相互区别又相互联系的责任中心,并明确其职责范围。

(2) 确定业绩评价方法。确定业绩评价方法是为了实现经济责任的制度化和数量化。确定业绩评价方法主要包括以下五个方面：①确定衡量责任中心目标的一般尺度，例如成本量、利润额等；②确定目标尺度的解释方法；③规定业绩尺度的计量方法；④选择预算或标准的确定方式；⑤确定报告的制度。

(3) 制定与业绩评价体系相关的奖惩制度。与业绩评价体系相关的奖惩制度是对责任中心责任履行情况的反馈，也是责任会计良好运行的保证。

2. 责任会计制度的实施

实施责任会计包括三个环节。

(1) 编制责任预算，确定考核标准。即把全面预算按责任中心层层分解、落实，并为各个责任中心编制具体的责任预算，作为今后控制该中心经济活动的根据，同时也是评价这个中心业绩的标准。

(2) 核算责任中心的预算执行情况。在日常核算过程中，应对各责任中心及责任人的劳动数量、质量、财产物资和经济往来等进行计量、记录，形成原始记录，并形成完善的内部结算制度，正确核算责任中心的预算执行情况。

(3) 考核、评价和报告业绩。对预算执行情况建立一套跟踪考核系统，定期提交责任报告，通过将实际执行情况与预算的比较，分析差异，明确责任。

五、责任会计的基本原则

建立一套科学、完整、有效的责任会计系统，必须遵循以下原则：

1. 责、权、利相结合的原则

责、权、利相结合，就是要明确各个责任中心应承担的责任，同时赋予它们相应的管理权力，还要根据其责任的履行情况给予适当的奖惩。该原则要求在责任会计系统中实现激励与约束机制的有机结合。

2. 总体优化原则

总体优化原则，就是要求各责任中心的目标与企业总体的目标保持一致。分权管理的实行往往会导致各职能部门、各车间的局部目标同整个企业的总目标存在差异，使用责任会计，确定责任者权责范围，编制责任预算并考核、评价责任者的业绩，可以促使责任者为企业总目标的实现而努力工作，保持各责任中心的目标同企业总目标的一致以及责任者的利益同企业整体利益的一致。

3. 可控性原则

可控性原则是指各责任中心只能对其可控制和管理的经济活动负责，而对于其权力不及的、控制不了的经济活动，不承担责任。各责任中心可控要素和不可控要素的划分非常重要。

在实际工作中由于部门之间的相互影响以及外部环境等因素的作用，可控要素和不可控要素的划分比较困难，不过为了分清职责，保证各责任单位相对独立的地位，必须在各责任单位的职责范围内明确确定可控要素。

4. 反馈性原则

反馈性原则，就是要求各责任中心对于其责任预算的执行情况提供及时、准确的信息，应该建立一套健全的跟踪反馈系统，使各个责任单位保持良好完善的记录和报告制度，通过编制责任报告提供信息，及时掌握预算的执行情况。

5. 重要性原则

重要性原则，也称为例外管理原则。是指要求各责任中心对其生产经营过程中发生的重点差异进行重点分析、控制。由于企业经营活动的多样性和复杂性，以及外部环境的经常变化、管理基础的强弱不同、管理人员的素质高低不一，都不可避免地使责任单位的执行结果与其责任预算存在差异。如果差异对企业的目标有很大影响，就必须仔细分析和评价，找出问题产生的原因，从而保证生产经营活动的正常进行；但如果差异很小，而且对企业的影响很小，那么完全可以忽略不计。遵循例外管理原则，是为了保证企业管理者能够抓住关键，提高管理效率。

第二节　责任中心

一、责任中心的内涵

责任中心是根据其管理权限承担一定的经济责任，并能通过特定的业绩考核指标反映其经济责任履行情况的企业内部控制责任单位。

所谓"责任"，是指责任中心的管理人员对其职务范围内发生的成本费用和工作成果应付的经济责任。作为责任中心，必须具备如下四个条件：(1) 有承担经济责任的主体——责任者；(2) 有确定经济责任的客观对象——资金运动；(3) 有考核经济责任的基本标准——经济绩效；(4) 具备承担经济责任的基本条件——职责权限。

二、责任中心的类型

按照责任中心职责权限的大小和类型，责任中心一般可分为成本中心、利润中心和投资中心。

1. 成本中心

成本中心是指只发生成本（费用），不取得收入的责任中心。

(1) 成本中心的类型。

成本中心通常分为标准成本中心和费用中心。

①标准成本中心。是指所发生的投入是可以针对产品对象化的生产成本的责任中心。其投入是财务会计中的生产成本，其产出是具体产品或劳务，投入产出关系明确且稳定。标准成本中心的典型代表是制造业的分厂、车间、工段、班组等。

②费用中心。是指所发生的投入是不能针对产品对象化的费用的责任中心。其投入是财务会计中的期间费用，产出物无法以财务指标衡量，投入产出之间没有密切的关

系。费用中心的典型代表包括一些职能管理部门,如会计、人事、计划部门;研究开发部门以及某些销售部门。

(2) 与成本中心有关的成本概念。

成本中心能加以控制并应对其负责的成本是责任成本,它是可控成本,但不是产品成本。

①责任成本与可控成本。责任成本是成本中心各可控成本之和。成本中心只对其可控的成本负责。可控成本是成本中心真正能够控制和调节的、受其经营活动和业务工作直接影响的有关成本,它是衡量和考核成本中心工作业绩的主要依据。可控成本应同时符合四个条件:第一,在该项成本发生之前,成本中心能预知其将要发生;第二,对于该项成本的发生额,成本中心能确切计量;第三,成本中心能通过自己的行为对成本加以调节和控制;第四,成本中心可将这项成本的责任分解落实。

将成本中心的成本划分为可控成本和不可控成本是相对的,而不是绝对的。首先,成本的可控与否是针对特定的成本中心来说的,对于较高一层成本中心是可控成本,对于较低一层成本中心来说可能是不可控成本;对于A成本中心可控的成本对于B成本中心是不可控的。其次,从成本发生的时间来看,此时间范围内的可控成本,在彼时间内是不可控的。

②责任成本与产品成本。虽然一个企业一定时期内发生的全部责任成本和全部产品成本可能是一致的,但是,责任成本不是产品成本。二者的区别主要表现在三个方面:第一,二者核算的对象不同。责任成本的核算对象是各责任中心;产品成本的核算对象是具体的产品。第二,二者核算的原则不同。责任成本核算的原则是"谁负责,谁承担";产品成本核算的原则是"谁受益,谁承担"。第三,二者核算的目的和用途不同。核算责任成本是为了评价和考核责任预算的执行情况;作为控制生产耗费和贯彻内部经济责任制的重要手段。核算产品成本是为了反映产品成本计划的执行情况;作为实施经济核算制的重要手段。

举例说明产品成本和责任成本的区别。

【例1】 假定某企业生产甲乙两种产品,该企业有第一和第二两个生产部门以及采购部门和人事部门,均为成本中心。材料成本(包括直接材料和间接材料)中的价格差异部分(节约或超支),以及因材料质量、规格问题导致的用量差异部分(损失)由材料采购部门负责控制;直接人工成本中的工资率差异部分,以及间接人工成本由人事部门负责控制;产品成本中的其他部分均由有关生产部门负责控制。20×3年6月份有关两种产品的全部产品成本与责任成本的计算和对照,如表12-1所示。

表12-1 产品成本与责任成本计算对照表

单位:元

产品及成本项目		甲产品				乙产品				总计（责任成本）
		直接材料	直接人工	制造费用	合计	直接材料	直接人工	制造费用	合计	
第一生产车间	直接材料	24 000			24 000	45 000			45 000	69 000
	直接人工		5 000		5 000		8 000		8 000	13 000
	制造费用			6 000	6 000			12 000	12 000	18 000
	合计	24 000	5 000	6 000	35 000	45 000	8 000	12 000	65 000	100 000

续表

产品及成本项目		甲产品				乙产品				总计(责任成本)
		直接材料	直接人工	制造费用	合计	直接材料	直接人工	制造费用	合计	
第二生产车间	直接材料	8 000			8 000	5 000			5 000	13 000
	直接人工		6 000		6 000		7 000		7 000	13 000
	制造费用			9 000	9 000			8 500	8 500	17 500
	合计	8 000	6 000	9 000	23 000	5 000	7 000	8 500	20 500	43 500
采购部门	价格差异	-400	-50		-450	1 500	-60		1 440	990
	质量损失	150	—		150	—	—	—	—	150
	合计	-250	-50		-300	1 500	-60		1 440	1 140
人事部门	工资率差异及间接人工		120	1 180	1 300		200	1 700	1 900	3 200
总计(产品成本)		31 750	11 120	16 130	59 000	51 500	15 200	22 140	88 840	147 840

从表 12-1 中可以看出，该企业的责任成本和产品成本之和相等，但由于表中没有列出采购部门和人事部门的管理费用，如果这两个部门的管理费用不为零，那么，实际上，该企业的责任成本大于产品成本之和。

（3）成本中心的设置。

设置成本中心需要遵循一条基本原则：作为一个相对独立的责任主体，其责任范围必须明确划分，对其所承担的责任必须便于单独考核。凡是在其业务活动中有成本发生或费用支出的单位或个人，都应成为相对独立的成本中心，或被归入某个成本中心。一个较高层次的成本中心可以包含若干个较低层次的成本中心。

2. 利润中心

利润中心是指既要对收入负责，又要对成本负责，即对利润负责的责任中心。利润中心通常具有生产经营权，其权力和责任要大于成本中心，是比成本中心更高层次的一类责任中心。

（1）利润中心的类型。

按照收入来源的性质不同，利润中心可分为自然利润中心和人为利润中心。

①自然利润中心。是指能够直接对企业外部销售产品或提供劳务，并从企业外部取得独立的收入为特征的利润中心。这类利润中心具有产品的销售权、定价权、材料采购权和生产决策权，如分公司、分厂等。但是自然利润中心并不拥有独立经营企业的所有权利，而是存在一定限制，如投资、筹资方面的限制等。

②人为利润中心。是指其产品和劳务不直接进入企业外部市场，而是按照内部转移价格在本企业内部有关部门和单位之间销售。工业企业内部的各个生产车间（包括基本生产车间和某些辅助生产车间）是否成为人为利润中心，应根据车间是否拥有独立

进行经营管理的权力来确定。车间人为利润中心的责任利润是根据可控内部销售收入和可控内部销售成本计算的可控内部利润。

（2）利润中心的设置。

利润中心可以是自然形成的，也可以是人为划分的。自然利润中心是自然形成的利润中心，它直接在外部市场上开展购销业务，相当于一个独立的企业。人为利润中心是人为划分的利润中心。由于将一个责任单位变成利润中心，能够促使管理人员加强经营管理，因此，人为利润中心的应用越来越普遍。

3. 投资中心

投资中心是指既要发生成本（费用），又能取得收入、获得利润，还有权进行投资的一种责任中心。该类责任中心不仅要对责任成本、责任利润负责，还要对投资的收益负责。从组织形式看，投资中心通常是独立的法人。投资中心只适用于规模和经营权较大的部门，一般按地区或产品设置，或既按地区又按产品设置。只有具备经营决策权和投资决策权的独立经营单位才能成为投资中心。投资中心在各类责任中心中居于最高层次。

第三节 责任中心的考核

对责任中心进行考核和评价一般依据责任预算和对责任中心的经济业务活动的记录。考核责任中心通常通过编制责任报告对责任预算的执行情况进行比较分析。不同的责任中心，其责任预算的内容和考核办法都不一样。

一、责任报告

责任报告又称业绩报告，是全面反映责任预算实际执行情况的会计报告，其内容主要包括责任预算及其实际执行情况和产生的差异、对差异产生的原因的分析，以及对进一步改进工作提出的建议等。其形式主要包括报表、数据分析及文字说明等。责任报告应定期按责任中心自下而上逐级编制。较低层次责任中心的报告期一般不宜过长，通常可以定为10天或半个月，较高层次责任中心的报告期可稍长。

二、成本中心的考核

对成本中心的考核以责任成本为重点。通过编制责任报告反映责任成本的执行情况及其与预算数之间的差异，并分析差异产生的原因。

成本中心的责任报告一般包括该中心可控成本的各明细项目的预算数、实际数和差异数。对不可控成本则可采用两种处理方式，一种是全部省略，不予列示；另一种是把不可控成本作为参考资料列入责任报告，以便管理当局了解成本中心在一定期间内耗费的全貌。

责任报告中的成本差异是评价和考核成本中心工作实际的重要标志。如果实际数小于预算数，称为有利差异，表示成本的节约额，通常在数额后用 F 表示；如果实际数大于预算数，称为不利差异，表示成本的超支额，通常在数额后用 U 表示。责任报告中还应该有差异原因分析，以便采取措施巩固成绩，纠正偏差。

成本中心的具体考核指标包括成本变动额和成本变动率,计算公式为:

$$成本变动额 = 实际成本 - 预算成本$$

$$成本变动率 = \frac{成本降低额}{预算成本} \times 100\%$$

成本变动额和成本变动率计算结果为负数,表示有利差异;计算结果为正数,表示不利差异。

成本中心考核举例。

【例2】 甲公司的一车间为成本中心,其20×3年6月份的责任报告如表12-2所示。根据责任报告考核一车间的成本变动额和成本变动率。

表12-2 一车间(成本中心)20×3年6月份的责任报告

单位:万元

项目	预算数	实际数	差异
一车间可控成本			
变动成本			
直接材料	200	210	10(U)
直接人工	60	65	5(U)
变动制造费用	55	50	-5(F)
小计	315	325	10(U)
可控固定制造费用	95	90	-5(F)
一车间责任成本	410	415	5(U)
一车间不可控固定制造费用	10	8	-2(F)
一车间成本总额	420	423	3(U)

根据表2中的资料,一车间的成本变动额 = 423 - 420 = 3(万元),为不利差异

一车间成本变动率 = 3/420 × 100% = 0.7%

对于高一级成本中心,其责任报告既包含了本级的责任成本,也包括从下一级成本中心转来的成本。如表12-3所示。

表12-3 甲公司装配车间的责任报告(高一级成本中心)

20×3年6月1~10日

单位:万元

项目	预算	实际	差异
1. 本车间的可控成本			
间接材料	2 300	2 350	50(U)
间接人工	1 700	1 750	50(U)
管理人员薪金	1 560	1 460	-100(F)
设备折旧费	3 000	3 000	—
设备维修费	2 000	2 200	200(U)
物料费	840	890	50(U)
本车间可控成本小计	11 400	11 650	250(U)

续表

项目	预算	实际	差异
2. 下属单位转来的责任成本			
A 工段	9 000	9 010	10（U）
B 工段	10 450	10 890	440（U）
下属单位转来责任成本小计	19 450	19 900	450（U）
本装配车间责任成本合计	30 850	31 550	700（U）

三、利润中心的考核

对利润中心的考核以边际贡献和税前利润为重点。在进行业绩考评时，主要是通过实际销售成本与实际销售收入进行对比，再集中分析和考核利润目标的完成情况。利润中心编制责任报告时，收入或利润类指标实际数与预算数的差额，正数表示有利差异，用 F 表示；负数表示不利差异，用 U 表示。成本或费用类指标实际数与预算数的差额，正数表示不利差异，用 U 表示；负数表示有利差异，用 F 表示。

对利润中心进行业绩考评时，主要采用边际贡献、可控边际贡献、销售净利润和毛利率等指标。

1. 边际贡献 = 销售收入 – 变动成本

该指标中"变动成本"是该利润中心的负责人可以控制的成本，一般情况下，变动成本都是可控成本，但并不是说，固定成本一定不是可控成本。事实上，有一部分固定成本也属于该利润中心负责人的可控成本，应作为考核内容。

2. 可控边际贡献 = 边际贡献 – 可控固定成本

该指标中"可控固定成本"指责任中心负责人可以控制的固定成本。该指标反映了利润中心负责人在其权限范围内有效使用资源的能力，是一个比较理想的评价指标。正确使用该指标的关键是区别可控固定成本和不可控固定成本，合理确定可控固定成本。

3. 部门边际贡献 = 可控边际贡献 – 不可控固定成本

该指标扣除的"不可控固定成本"是指责任中心负责人不能控制的固定成本，反映的是部门的毛利，以此作为负责人的考评依据，不太合理。

4. 税前部门利润 = 部门边际贡献 – 分配的公司行政管理费用

该指标包含了责任中心负责人不能控制的公司行政管理费用，使考核指标失去了意义。另外，由于公司行政管理费用是一项共同费用，对此项费用的分配标准具有很大的主观随意性，它会使企业内部各部门之间为各自的利益产生不必要的摩擦，影响责任中心的工作效率和积极性。

利润中心考核举例。

【例3】 甲公司 B 分公司（利润中心）20×3 年 6 月份的有关数据如下：部门销售收入 3 000 万元，已销售产品变动成本 1 300 万元，部门可控固定成本 800 万元，部门不可控固定成本50万元，分配来的公司管理费用100万元。该利润中心的责任报告如表12-4所示。

表12-4 B分公司（利润中心）20×3年6月份的责任报告

单位：万元

项目	预算数	实际数	差异
销售收入	2 850	3 000	150（F）
减：变动成本	1 200	1 300	100（U）
边际贡献	1 650	1 700	50（F）
减：可控固定成本	850	800	-50（F）
可控边际贡献	800	900	100（F）
减：不可控固定成本	60	50	-10（F）
部门边际贡献	740	850	110（F）
减：分配来的公司管理费用	80	100	20（U）
税前部门利润	660	750	90（F）

四、投资中心的考核

对投资中心的考核不仅要考核其利润，而且要衡量其资产的获利能力，需要把利润与其所占有的资产联系起来。

投资中心的考核指标主要有投资报酬率、剩余收益、经济增加值等。

1. 投资报酬率

投资报酬率（ROI）是指投资中心所获得的利润与投资额之间的比率，又称为投资利润率，净资产利润率。

$$投资报酬率 = \frac{利润}{投资额} \times 100\%$$

公式中，利润可以用息税前利润表示，也可以用利润总额或者净利润表示；投资额可以用实际投资额，也可以用平均资产总额表示。

投资报酬率一般适用于评价不同投资中心的业绩。

该指标的优点在于：能反映投资中心的综合盈利能力；具有横向可比性。即在剔除了因投资额不同而导致利润差异等的不可比因素的基础上，将各投资中心的投入与产出进行比较；可以作为选择投资机会的依据；也可以作为评价投资中心经营业绩的尺度。

该指标的局限性：过分重视投资报酬率，会使得投资中心经理只关注责任中心的盈利而不顾企业的整体目标；使用该指标评价投资中心的业绩，容易导致经理人的短期行为。

例如，连华集团公司的资金成本为15%，其A子公司有一项投资机会，预计每年收益为400 000美元，需2 000 000美元的投资。则A子公司该项目的投资报酬率为20%（400 000/2 000 000 = 20%）。从总公司看，该项目达到总公司要求达到的投资报酬率目标，应该接受该项目。但如果A子公司投资报酬率高于20%，A子公司经理可能会拒绝接受这一投资机会。假定A子公司当前投资报酬率为25%（1 000 000/4 000 000 = 25%），接受该投资机会后，A子公司的投资报酬率变为23.3%[（1 000 000 + 400 000）/（4 000 000 + 2 000 000）= 23.3%]，小于25%。如果以投资报酬率作为考核子公司业绩的指标,那么 A 子公司经理将拒绝接受这一投资机会。可见,投资报酬率不适合用于追加投资决策。

2. 剩余收益

剩余收益(RI)是指投资中心获得的利润扣减其最低投资收益后的余额。

$$剩余收益 = 利润 - 投资额 \times 规定或预期的最低投资报酬率$$

公式中,利润可以用息税前利润表示,也可以用利润总额或者净利润表示;投资额可以用实际投资额,也可以用平均资产总额表示。

剩余收益是一个绝对数指标,可以克服评价投资中心工作绩效采用投资报酬率的片面性,使各投资中心的局部目标同整个企业的总体目标保持一致。但其缺点是不便于规模不同的投资中心之间的分析比较。

剩余收益一般更适合用于投资中心追加投资的决策。

投资中心业绩报告举例。

【例4】 甲公司 C 事业部(投资中心)20×3 年 6 月份的责任报告如表 12-5 所示。

表 12-5 甲公司 C 事业部(投资中心)20×3 年 6 月份的责任报告

单位:万元

项目	预算数	实际数	差异数
销售收入	15	13	-2(U)
减:成本	10	8.5	-1.5(F)
息税前利润	5	4.5	-0.5(U)
平均资产原价	9	9	—
投资报酬率	55.56%	50%	-5.56%(U)
预期投资报酬率	40%	—	—
剩余收益	1.4	0.9	-0.5(U)

从表 12-5 中可以看出,甲公司 C 事业部 20×3 年 6 月的实际剩余收益比预算数少了 0.5 万元。

【例5】 投资中心考核指标的计算。

已知:某公司下设 A 和 B 两个投资中心,该公司加权平均最低投资收益率为 10%。追加投资前,A 投资中心的投资额为 50 万元,利润为 3 万元;B 投资中心的投资额为 60 万元,利润为 9 万元。公司拟追加 30 万元的投资,如果由 A 投资中心追加,将额外获得 3 万元的利润;如果由 B 投资中心追加,将额外获得 5 万元的利润。

要求:根据上述资料,评价 A 和 B 两个投资中心的经营业绩。

分析:投资中心考核指标计算如表 12-6 所示。

表 12-6 投资中心考核指标的计算

单位：万元

项目		投资额	利润	投资报酬率	剩余收益
追加投资前	A	50	3	6%	3 − 50 × 10% = −2
	B	60	9	15%	9 − 60 × 10% = +3
	∑	110	12	10.9%	12 − 110 × 10% = +1
A 投资中心追加投资 30	A	50 + 30 = 80	3 + 3 = 6	7.5%	6 − 80 × 10% = −2
	B	60	9	15%	9 − 60 × 10% = +3
	∑	110 + 30 = 140	12 + 3 = 15	10.7%	15 − 140 × 10% = +1
B 投资中心追加投资 30	A	50	3	6%	3 − 50 × 10% = −2
	B	60 + 30 = 90	9 + 5 = 14	15.6%	14 − 90 × 10% = +5
	∑	110 + 30 = 130	12 + 5 = 17	12.1%	17 − 140 × 10% = +3

评价：

由表 12-6 可知，如以投资利润率作为考核指标追加投资后，A 投资中心的投资报酬率由 6% 提高到了 7.5%，B 投资中心的投资报酬率由 15% 提高到 15.6%，则由 A 投资或由 B 投资都可以；以剩余收益作为考核指标，A 追加投资前后的剩余收益不变，B 的剩余收益由原来的 3 万元增加到 5 万元，应当由 B 投资。

如果从整个公司进行评价，就会发现 A 追加投资时全公司总体投资报酬率由 10.9% 下降到 10.7%，剩余收益为 1 万元，不变；B 追加投资时全公司总体投资报酬率由 10.9% 上升到 12.1%，剩余收益由 1 万元上升到 3 万元，这和以剩余收益指标评价各投资中心的业绩的结果一致。所以，以剩余收益作为评价指标可以保持各投资中心获利目标与公司总的获利目标达成一致。

五、成本中心、利润中心和投资中心三者之间的关系

最基层的成本中心应就经营的可控成本向其上层成本中心负责；上层的成本中心应就其本身的可控成本和下层转来的责任成本一并向利润中心负责；利润中心应就其本身经营的收入、成本（含下层转来成本）和利润（或边际贡献）向投资中心负责；投资中心最终就其经管的投资报酬率和剩余收益向总经理和董事会负责。

在对各责任中心的责任预算完成情况进行全面分析之后，应当对其工作成果作出科学、合理的评价，并将其责任预算执行结果与经济利益挂起钩来，给予适当的奖励或惩罚。对于完成责任预算的责任中心应给予奖励，完不成的则予以处罚。

第四节 内部结算价格

一、内部结算价格的含义

内部结算价格（Interdivisional Transfer Price）也称为内部转移价格、调拨价格，简

称内部价格,是指企业内部各责任中心之间转移中间产品或相互提供劳务而发生内部结算和进行内部责任结转所使用的计价标准。

二、内部结算价格的作用

1. 制定内部结算价格是分清各责任中心经济责任的重要依据

各责任中心经济责任的确定,除了可以直接发生在各责任中心的成本正确计量和核算外,还可以其他责任中心转来的材料、中间产品或劳务的价值量或者该责任中心转移的产品或劳务的价值量合理确定。因此,制定恰当的内部结算价格是明确划分各责任中心责任的必要条件。

2. 制定内部结算价格是准确考评各责任中心的基础

恰当的内部结算价格充分考虑了各责任中心的成本费用的消耗和补偿,并充分考虑了各责任中心的经营成果,能准确考评各责任中心的业绩。

3. 制定内部结算价格有利于制定正确的决策

合理的内部结算价格有利于各责任中心目标与企业整体目标的一致性,将责任中心的利益与整个企业利益相统一,从而合理利用企业资源,制定最佳的行动方案。

三、内部结算价格的制定原则

1. 公平性原则

制定内部结算价格为了确定内部责任单位的经济责任,正确评价内部责任单位的业绩,使内部各单位的目标符合企业的整体目标,因此,内部结算价格的制定应公平合理,能维护各责任中心的正当利益。

2. 目标一致性原则

即内部结算价格的制定不仅要考虑维护各责任中心的利益,而且要考虑保证企业的整体利益,要保证各责任中心的利益和企业的整体利益相一致。

3. 自主性原则

企业内部的各责任中心有相对独立的经营决策权,因此,制定的内部结算价格应该为转让各方自愿接受,或由双方协商后决定可接受的价格。

四、内部结算价格的类型

1. 以成本为基础的内部结算价格

责任中心转让的产品没有外部市场或者外部市场不完全或者产品包含秘方不宜外泄的情况下,一般采用以成本为基础制定内部结算价格。根据所依据成本和定价的具体方式不同,以成本为依据的定价包含以下几种方式。

1)实际成本

以实际成本确定内部结算价格是指以产品或劳务实际的生产成本制定内部结算价格。各责任中心通常都有各种产品或劳务的实际成本资料,制定比较方便。但不能促使提供产品或劳务的部门降低成本,相反,会通过生产产品或劳务的部门将生产经营上的成绩与缺陷转嫁给使用部门。

2)实际成本加成

以实际成本加成确定内部结算价格是指以产品或劳务的实际成本为基础,加上一定比例的利润确定内部结算价格。使用实际成本加成法,可使提供产品或劳务的部门得到一定数额的利润,进而有助于提高他们的积极性。但不能分清各责任中心的责任,影响对责任各方的业绩评价。

3)标准成本

以标准成本确定内部结算价格是指按照产品或劳务的标准成本来制定内部结算价格。以标准成本作为内部结算价格能够促使企业内供需双方改善生产经营,降低成本,起到激励作用;该法简便易行,且能分清供需双方的责任,避免了实际成本法的缺陷。

4)标准成本加成

以标准成本加成确定内部结算价格是指在标准成本基础上加上一定比例的利润确定内部结算价格。即:

内部结算价格 = 标准成本 + 加成额 = 标准成本 × (1 + 加成额/标准成本)

= 标准成本 × (1 + 加成率)

采用完全成本法时,标准成本中包括了产品的全部制造成本,公式中的加成额就是人为利润中心通过内部销售应实现的毛利,其数额应等于该责任中心发生的合理的非生产性费用加上其应得的内部利润;采用变动成本法时,标准成本中只包括了产品的变动生产成本,公式中的加成额是人为利润中心通过内部销售应实现的边际贡献,其数额应等于该责任中心发生的合理的固定制造费用及非生产性费用加上其应得的内部利润。

该方法适用于利润中心,便于用利润指标对其业绩进行考核。但该法在确定加成率时,难免带有主观随意性。

2. 以市场价格为基础的内部结算价格

以公开市场上的产品或劳务价格作为内部结算价格的定价依据,通常适用于有外部市场、有市价可循的中间产品或劳务。以市场价格为基础确定内部结算价格,可以以实际的市场价格为依据,也可以以虚拟市场价格,即双方协商价格为依据。

1)市场价格

以实际市场价格确定内部结算价格是指以产品或劳务的市场交易价格作为内部结算价格。市场价格比较客观,对买卖双方无所偏袒,对买卖双方有激励作用;而且市场价格法在企业内引进市场竞争机制,体现了各责任中心的基本需求。不过在产品或劳务没有现成的市场价格可供参考,或者外部市场是非完全竞争的,则不宜采用市场价格法。

2）协商价格

以协商价格作为内部结算价格是指以市场为基础由供需双方协商确定的价格。协商价格通常以市场价格作为上限，以标准成本作为下限，经过双方协商，确定的双方都能接受的"公允价格"。协商价格既能反映市场信息，又富于弹性，通常比市场价格更为现实可行，被广泛应用。但需注意两点：①采用协商价格要以产品或劳务存在外部市场为条件，哪怕是一个非完全竞争的外部市场，否则协商就没有基础。②采用协商价格要求企业内部的交易双方都有较强的谈判能力，同时要求上级管理层有较强的调解能力，否则可能导致既费时费力，又使交易双方及上下级之间不和，甚至使企业整体利益受损的不良后果。

3. 双重内部结算价格

在企业内部交易双方无法寻求到一个能被共同接受的内部结算价格，或对交易双方若采用同一价格就难以同时满足公平性、目标一致性、自主性三项定价原则，则企业可以考虑采用双重价格。即提供产品的责任中心转出产品与接受产品的责任中心转入产品，分别按照不同的内部结算价格结算，其差额由会计部门进行调整。双重内部结算价格的制定可以以成本为基础，也可以以市场价格为基础。双重内部结算价格体现了企业内部市场不同于外部市场的特点，是在企业的内部协调与控制中对市场机制的灵活运用。

【例6】 内部结算价格确定的案例分析。

已知：甲企业有第一、第二两个分厂，均为利润中心。第一分厂生产的 A 部件既可以直接在市场上出售，也可以作为第二分厂生产 B 产品的一种配件；第二分厂生产的 B 产品作为最终产品向外部市场销售。A 部件与 B 产品的投入产出比为 1：1。

第一、第二两个分厂的有关单价和部分成本资料如表 12-7 所示。

表 12-7 相关收入、成本及利润资料

第一分厂		第二分厂	
A 部件市场价格	150 元/件	B 产品市场价格	300 元/件
单位变动成本	120 元/件	单位加工费用（不含 A 部件成本）	120 元/件
		单位销售费用	40 元/件
		预计市场销售量	1 000 件

要求：就以下不相关的情况进行分析，说明应如何确定内部结算价格。

情况一：第一分厂生产的 A 部件最大产量为 1 000 件，全部可以在外部市场上找到销路，且该分厂没有剩余的生产能力。第二分厂要求按第一分厂的单位变动成本作为内部结算价格，即：第一分厂按 120 元的单价将所生产的全部 1 000 件产品销售给第二分厂，否则，第二分厂将不予购买。

情况二：第一分厂生产的 A 部件最大产量为 1 000 件，全部可以在外部市场上找到销路，且该分厂没有剩余的生产能力。第一分厂要求按 A 部件的外销单价作为内部结算价格,即:第二分厂必须按150元的单价从第一分厂购买1 000件A部件;否则,第一分厂将不予对内销售。

情况三:第一分厂生产的A部件最大产量超过2 000件。尚有剩余的生产能力可以为第二分厂额外生产1 000件A部件,但外部市场已经无法容纳这些产品。第一分厂要求按A部件的外销单价作为内部结算价格,即:第二分厂必须按150元的单价从第一分厂购买追加生产的1 000件A部件;否则,第一分厂将不予对内销售。

情况四:第一分厂生产的A部件最大产量超过2 000件,尚有剩余的生产能力可以为第二分厂额外生产1 000件A部件,但外部市场已经无法容纳这些产品。第二分厂要求按第一分厂的单位变动成本作为内部结算价格,即:第一分厂按120元的单价将追加生产的1 000件产品销售给第二分厂;否则,第二分厂将不予购买。

情况五:第一分厂按外销单价150元与单位销售费用(假定为20元)之差130元作为内部结算价格,第二分厂按单位变动成本120元作为内部结算价格。

情况六:为了鼓励第一分厂充分利用闲置的生产能力和第二分厂积极从企业内部"采购",经甲乙双方协商,决定采取双方都能够接受的125元作为内部结算价格。

第一种情况下的比较边际贡献表如表12-8所示。

表12-8 比较边际贡献表(A部件1 000件)

单位:元

项 目	第一分厂以120元单价对内销售			第一分厂以150元单价对外销售			比较边际贡献
	第一分厂	第二分厂	企业整体	第一分厂	第二分厂	企业整体	
销售收入	120×1 000 =120 000	300×1 000 =300 000	420 000	150×1 000 =150 000	0	150 000	—
变动成本	120×1 000 =120 000	280×1 000 =280 000	400 000	120×1 000 =120 000	0	120 000	—
边际贡献	0	20 000	20 000	30 000	0	30 000	10 000

注:第二分厂生产B产品的单位变动成本120+120+40=280。

从表1可以看出,如果第一、二分厂双方按A部件的单位变动成本作为内部结算价格成交,第一分厂将会因此而减少边际贡献30 000元(0-30 000);若第一分厂从自身的利益出发,就不会将全部A部件卖给第二分厂,而会优先考虑将其以150元的单价对外销售。

从整个企业的角度看,如果按A部件的单位变动成本作为内部结算价格,一共可获得边际贡献20 000元(0+20 000),比第二分厂不生产B产品而直接由第一分厂对外销售A部件减少边际贡献10 000元(40 000-30 000)。因此,从整个企业的角度看,也不应该以A部件的单位变动成本作为内部结算价格。

总之,在第一种情况下,无论从第一分厂的角度还是整个企业的角度,都不应当按照A部件的单位变动成本作为内部结算价格,而应考虑按其外销单价作为内部结算价格。

第二种情况下的比较边际贡献表，如表 12－9 所示。

表 12－9　比较边际贡献表（A 部件 1 000 件）

单位：元

项　目	第一分厂以 150 元单价对内销售			第一分厂以 150 元单价对外销售			比较边际贡献
	第一分厂	第二分厂	企业整体	第一分厂	第二分厂	企业整体	
销售收入	150×1 000 =150 000	300×1 000 =300 000	450 000	150×1 000 =150 000	0	150 000	—
变动成本	120×1 000 =120 000	310×1 000 =310 000	430 000	120×1 000 =120 000	0	120 000	—
边际贡献	30 000	－10 000	20 000	30 000	0	30 000	－10 000

注：第二分厂生产 B 产品的单位变动成本 150＋120＋40＝310。

从表 2 可以看出，如果第一、二分厂双方按 A 部件的外销单价作为内部结算价格成交，第二分厂将会因此而减少边际贡献 10 000 元（－10 000－0）；若第二分厂从自身的利益出发，则不愿意从第一分厂购买 A 部件，而是转向市场寻求较低价格的产品，或是转产其他产品。但这并不会妨碍第一分厂按市场价格出售全部 1 000 件 A 部件。

在第二种情况下，如果第一、二分厂双方按 A 部件的外销单价成交，企业虽然可获得 20 000 元的边际贡献（30 000－10 000），但还是不如第一分厂直接按市场价格 150 元出售全部 1 000 件 A 部件获得的边际贡献 30 000 元（30 000＋0）。

综合前两种情况的分析，可以得出以下结论：

在供应部门生产能力可以充分利用，市场销路不受限制的情况下，如果以市场价格为基础进行内部产品的转移，并不会对该部门的边际贡献产生影响，但会对需求部门的成本和边际贡献产生影响。

因为不论需求部门是否愿意购买，供应部门生产的半成品都可以实现对外销售，所以不应当以半成品的单位变动成本作为内部结算价格，而应以其外销的市场价格作为内部结算价格。

第三种情况下的比较边际贡献表，如表 12－10 所示。

表 12－10　比较边际贡献表（A 部件追加销售 1 000 件）

单位：元

项　目	第一分厂以 150 元单价对内销售			第一分厂以 150 元单价对外销售			比较边际贡献
	第一分厂	第二分厂	企业整体	第一分厂	第二分厂	企业整体	
销售收入	150×1 000 =150 000	300×1 000 =300 000	450 000	0	0	0	—
变动成本	120×1 000 =120 000	310×1 000 =310 000	430 000	0	0	0	—
边际贡献	30 000	－10 000	20 000	0	0	0	20 000

注：第二分厂生产 B 产品的单位变动成本 150＋120＋40＝310。

从表 12-10 可以看出，如果第一、二分厂双方按 A 部件的外销单价作为内部结算价格成交，第二分厂只会得到负值的边际贡献（-10 000 元），得不偿失。若第二分厂从自身的利益出发，就会拒绝从第一分厂购买追加生产的 1 000 件 A 部件，而是转向市场寻求较低价格的产品，或是转产其他产品。

从整个企业的角度看，如果双方按 150 元的价格成交，就可以得到总共 20 000 元（30 000 -10 000）的边际贡献，还是有利可图的。

如果第一分厂坚持按 150 元的价格结算，导致第二分厂拒绝从第一分厂采购，无法成交，就会造成第一分厂的剩余生产能力的闲置或已生产出来的 A 部件积压，无法实现 20 000 元的边际贡献。

第四种情况下的比较边际贡献表，如表 12-11 所示。

表 12-11　比较边际贡献表（A 部件追加销售 1 000 件）

单位：元

项　目	第一分厂以 120 元单价对内销售			第一分厂以 120 元单价对外销售			比较边际贡献
	第一分厂	第二分厂	企业整体	第一分厂	第二分厂	企业整体	
销售收入	120×1 000 =150 000	300×1 000 =300 000	450 000	0	0	0	—
变动成本	120×1 000 =120 000	280×1 000 =280 000	430 000	0	0	0	—
边际贡献	0	20 000	20 000	0	0	0	20 000

注：第二分厂生产 B 产品的单位变动成本 120+120+40=280。

从表 12-11 可以看出，如果第一、二分厂双方按 A 部件的单位变动成本作为内部结算价格成交，第一分厂的边际贡献为 0，第一分厂可以选择接受或者拒绝向第二分厂出售追加生产的 1 000 件 A 部件；但如果第一分厂拒绝向第二分厂出售，则会导致第一分厂的生产能力闲置。

从整个企业的角度看，如果按 A 部件的单位变动成本成交，还是有利可图的。因为这样虽然第一分厂的边际贡献为 0，但第二分厂却会因此而得到 20 000 元的边际贡献，使整个企业多得到 20 000 元的边际贡献。

综合第三、四种情况的分析，可以得出以下结论：

在供应部门的生产能力有剩余，追加生产的半成品的市场销路有一定限制的情况下，设法实现"销售"就成为当务之急。为刺激需求部门"购买"的欲望，就应以其单位变动成本作为内部结算价格。

第五种情况下，企业采用了双重结算价格，据此编制的边际贡献表如表 12-12 所示。

表 12 – 12　边际贡献表

单位：元

项　目	第一分厂以 130 元单价对内销售 1 000 件 A 部件	第二分厂销售 B 产品（以 120 元单价采购 A 部件）	企业管理部门负担的价格差异	企业贡献边际合计
销售收入	130×1 000=130 000	300×1 000=300 000	—	
变动成本	120×1 000=120 000	280×1 000=280 000	—	
价格差异	—	—	10 000	
边际贡献	10 000	20 000	–10 000	20 000

注：企业管理部门负担的价格差异 10 000＝（130–120）×1 000。

从表 12–12 可以看出，供应部门和需求部门采用双重内部结算价格对于企业整体是有利的，可以获得一部分边际贡献，此双重结算价格是否可以采用还要结合供应部门的最大生产能力和市场容量以及供应部门直接对外销售获得边际贡献比较确定。比如，在第一分厂的可供销售量为 1 000 件时，如果第一分厂只能生产 1 000 件，那么全部对外销售可实现边际贡献 30 000 元（见表 12–8 所示），而在表 12–12 中按双重结算价格对内销售的话，企业可获得边际贡献 20 000 元，这种情况下，企业会选择让第一分厂按照 150 元的价格对外销售。但如果第一分厂的最大生产能力为 2 000 件，而市场容量只有 1 000 件，此时，第一分厂相比市场容量多生产的 1 000 件只能提供给第二分厂使用，否则就会造成生产能力的闲置，在此情况下，按照双重结算价格对内销售，企业可获得 20 000 元的边际贡献，而如果不想对内销售，那么企业的边际贡献是 0，这种情况下，企业会选择让第一分厂按照双重结算价格对内销售。

第六种情况下，企业采用了协商价格，据此编制的边际贡献表如表 12–13 所示。

采用协商价格作为内部结算价格是否能够保证企业获得的边际贡献最大，和第五种情况的分析相同。

表 12 – 13　边际贡献表

单位：元

项　目	第一分厂以 125 元单价对内销售 1 000 件 A 部件	第二分厂销售 B 产品（以 125 元单价采购 A 部件）	企业贡献边际合计
销售收入	125×1 000=125 000	300×1 000=300 000	—
变动成本	120×1 000=120 000	285×1 000=285 000	—
价格差异	—	—	
边际贡献	5 000	15 000	20 000

注：第二分厂生产 B 产品的单位变动成本 285＝125+120+40。

通过上例的计算分析可以看出，内部结算价格的制定过程，实际上是企业内部各责任中心的利益分配的过程。为充分调动各责任中心的积极性，保证企业整体利益的最大化，各企业应具体问题具体分析，根据不同情况选择适当的内部结算价格。

第十二章 责任会计

【复习思考题】

1. 什么是责任会计？责任会计包括哪些内容？
2. 实施责任会计应遵循哪些原则？
3. 责任中心有哪些类型？各类责任中心有何特点？
4. 可控成本、责任成本和产品成本有何关系？
5. 如何进行责任中心的业绩考核？
6. 什么是内部结算价格？内部结算价格有哪些类型？如何确定内部结算价格？

【练习题】

1. 某公司下设 A、B 两个投资中心。A 投资中心的营业资产为 1 800 万元，投资报酬率为 15%；B 投资中心的投资报酬率为 12%，剩余收益为 150 万元。设该公司平均资本成本为 10%。

要求：

(1) 计算 A 中心的剩余收益。
(2) 计算 B 中心的部门资产。
(3) 说明投资报酬率和剩余收益作为投资中心业绩评价指标的优缺点。

2. 公司某利润中心的有关数据资料如下：

部门销售收入	80 000 元
部门销售产品变动成本和变动性销售费用	55 000 元
部门可控固定成本	5 000 元
部门不可控固定成本	6 000 元

要求：计算该责任中心的各级利润考核指标。

3. 同业中三家公司的比较资料如下表所示。

项目	A 公司	B 公司	C 公司
销售收入	600 000	200 000	(A)
营业净利润	72 000	20 000	(B)
投资额	360 000	(C)	2 000 000
销售利润率	(D)	(E)	0.5%
资产周转率	(F)	(G)	2
投资报酬率	(H)	1%	(I)

(1) 试说明将投资报酬率的计算分为销售利润率与资产周转率两因素时有何优点？（提示：投资报酬率 = 销售利润率 × 资产周转率）

(2) 计算上表中用字母代表的资料，根据所得资料评论每一公司的业绩，并提出改进投资报酬率的建议。

4. 母公司两部门的资料如下表所示。

项目	甲部门	乙部门
销售收入	4 500 000	15 000 000
平均投资额	1 500 000	4 500 000
营业利润	180 000	495 000
预期最低投资收益率	8%	8%

要求：

（1）计算每一部门的剩余收益，并说明利用剩余收益比较两部门的工作业绩是否合适？

（2）说明以剩余收益除以平均投资额计算剩余收益率，是否反映各部门的工作业绩？为什么？

（3）计算每一部门的投资报酬率，并说明按投资报酬率考核各部门工作业绩是否有效？

【案例】

A公司下属五个分公司，分公司工作业绩是按利润或投资报酬率进行考核。甲分公司目前有关的经营资料如下表所示。

项目	金额
销售收入	5 000 000
变动成本	3 000 000
边际贡献	2 000 000
固定成本	1 600 000
营业利润	400 000
平均投资额	2 500 000

A公司上年度平均投资报酬率为12%（五个分公司的平均数），甲公司现有一投资机会，追加投资5 000 000元建立一条生产线，生产线建成后每年增加销售收入3 000 000元，变动成本率为60%，固定成本总额为640 000元。

要求：

（1）计算甲分公司追加生产线前后的投资报酬率，如果你是甲分公司的经理，你是进行追加投资还是拒绝投资？试说明之。

（2）如果你是A公司总经理，你希望甲分公司接受或拒绝新生产线的投资？为什么？

（3）假设A公司要求的最低投资利润率为10%，试计算甲分公司追加生产线前后的剩余收益，如果按剩余收益评价分公司的工作业绩，甲分公司的经理是否会进行追加投资？为什么？

第十三章

企业业绩评价

【学习目标】

了解企业业绩评价概念及业绩评价系统要素。

理解业绩评价的常用方法。

了解 EVA 业绩评价方法。

【引导案例】

中海油在以往经济责任制的基础上进行的重要改革就是实行绩效考评方法。在设计指导思想上,确立了适应中海油"从经营者角度管理"到"从出资人交付管理"转变的需要,建立了以投资报酬率(净资产收益率)为核心的考评体系。从指标设计上坚持定量与定性指标相结合,客观计算与主观判断相结合,利润指标与现金流量指标相配套,以集团整体价值最大化为出发点,力图子公司与集团机制相协调、相一致,突出"做强做大,协调发展"的思路,"净资产收益率"等指标的主要目标是做强,考核"销售增长率"等指标的主要目标是做大。根据中海油产业链特点,绩效考核体系提出了定量指标、定性指标和参考指标,每类指标标准值为 A、B、C、D、E 五档,各档标准相对应的标准系数分别为 1.0、0.8、0.6、0.4、0.2,E 以下为 0。绩效考评的总分是定量指标与定性指标之和乘以修正乘数,绩效考评数据与财务部门年度决算为基础,按中介公司审计结果为考评依据,结合相关资料并删除政策性因素。该套综合绩效考评指标体系纵向分财务效益、资产营运、偿债能力、发展能力四个方面,横向分定量指标、定性指标、参考指标三个层次,形成了以定量指标为主导、定性指标为补充、参考指标为校正的立体结构评价指标体系。绩效考评委员会负责组织、指导和协调中海油对子公司的业绩考评工作,委员会下设绩效考评工作组和专家评议组。[1]

第一节 企业业绩评价概述

一、企业业绩评价基本概念

评价是指为达到一定的目的,运用特定的指标,按照统一的标准,采取相应的方

---

[1] 金思宇,姜秀珍.中国国有企业绩效评价:现状、趋势与指标选择 [J].中国青年政治学院学报,2008(3).

法，对事物做出价值判断的一种认识活动。

企业业绩评价是指运用数理统计和运筹学方法，采用特定的指标体系，按照统一的评价标准和一定的程序，通过定性、定量的对比分析，对企业一定经营期间的经营绩效做出客观、公正和准确的综合评判。

企业业绩评价要建立适合企业具体情况的评价标准，通过定量分析与定性分析相结合，对企业一定期间的经营成果、财务状况、抗风险能力以及发展能力等进行综合的分析评价。以有利于企业建立和健全激励和约束机制，提高企业经营管理者的综合能力，也利于企业相关利益方综合了解企业经营状况及其发展变化趋势，企业业绩评价在企业的经营过程中发挥着重要的作用，概括起来，企业业绩评价具有衡量、预测、导向和管理四个方面的功能。首先，评价的过程就是对企业经营业绩进行价值判断的过程。通过测算各种评价指标并与评价标准进行综合比较，从而客观、全面、公正地反映和衡量企业经营管理的水平。其次，通过对企业当前业绩的评价来预测和判断企业经营活动的未来发展趋势，从而使企业相关利益方能更好地规划未来。再次，通过评价指标及其结果，可以为企业制定下一步的战略规划提供决策依据。引导企业经营者采取有效措施促使企业快速、健康发展。最后，企业开展业绩评价的根本目的在于强化企业管理，把业绩评价与加强管理有机地结合起来，引导企业经营者改善经营管理方式，进一步提高企业的竞争力。使企业保持长期的竞争优势。提高企业的经营管理能力和综合竞争力，形成竞争优势。

二、业绩评价系统要素

业绩评价系统作为公司管理控制系统中的一个相对独立的子系统，主要有以下几个基本要素组成，如图 13-1 所示。

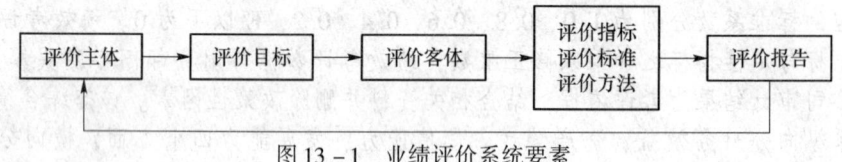

图 13-1　业绩评价系统要素

1. 评价主体

企业业绩评价系统的主体是与评价客体的利益密切相关、关心评价对象业绩状况的相关利益人。从业绩评价的产生及发展来看，它是为解决经济活动过程中存在的委托代理矛盾而建立的，与企业业绩评价相关的利益方包括：所有者、管理者和员工、债权人、政府以及其他利益相关主体。

2. 评价目标

企业业绩评价系统的目标服从和服务于企业目标。企业在不同的发展时期，不同的经营环境下，其经营管理目标不同，因而业绩评价的目标也就不同。目标是整个评价体系的中枢，评价系统要处理好评价系统目标和企业目标之间的依存关系。企业业绩评价体系作为管理会计的一部分，为制定企业战略和实施战略提供支持性和控制性的有用信息。

3. 评价客体

评价客体是指实施评价行为的对象，评价客体是评价主体根据需要确定的，企业业绩评价的客体由企业相关利益方的需要所决定。评价客体主要包括整个企业、部门、经营管理者等。从母公司角度来看，业绩评价客体主要是指子公司。不同的客体具有不同的特性，这些特性直接影响业绩评价指标体系的建立。

4. 评价指标

业绩评价指标是指对评价对象的哪些方面进行评价。评价客体具有多种特征，与企业战略成功与否密切相关的即所谓关键成功因素是评价的重点，如何将关键成功因素准确地体现在各具体指标上，是业绩评价系统设计的首要问题。这些因素又可分为财务类和非财务类两类指标。财务方面的，如投资报酬率、销售利润率、净资产收益率、资产负债率等；非财务方面的，如售后服务水平、产品质量、创新能力、市场占有率等。

5. 评价标准

评价标准是对评价客体业绩好坏进行判断的一个基本准则。在企业业绩评价系统中常用的三类标准分别为年度预算标准、资本预算标准及行业和竞争对手标准。选择什么标准作为评价的基准取决于评价的目的，评价目标不同，选择的标准也会不同，为全面发挥业绩评价系统的功能，同一个系统中应同时使用这三类不同的标准。在具体选用标准时，应当与评价客体密切联系。

6. 评价方法

评价方法是企业业绩评价的具体手段，是形成评价结果的重要因素。有了评价指标和评价标准，还要采用一定的评价方法来对评价指标和评价标准进行实际运用，以取得公正的评价结果。评价方法有很多种，不同的评价方法选取的评价指标和评价标准是不同的，评价结果的表现形式亦不相同。

7. 评价报告

企业业绩评价报告是业绩评价系统的输出信息，即评价结果的表现形式，通过会计信息系统以及其他信息系统，获取与评价对象有关的信息，进行加工整理后得出业绩评价对象的评级指标数值或状况，并与确定的评价标准进行对比，分析产生差异的原因、责任及影响，得出企业业绩优劣的结论，形成业绩评价报告。

三、企业业绩评价的历史沿革

对企业业绩的真正评价是在人类社会进入资本主义社会，尤其是现代意义上的公司的出现，导致公司业绩评价产生的根本原因是公司所有权与经营权的分离。因为一方面，在 19 世纪上半叶，随着机器大工业的发展，个人和合伙企业在技术和资金上都无法适应当时的经济发展需求，由此引起了股份公司的迅速发展。面对企业规模的不断扩大和经营领域的不断拓宽，资本所有者不得不聘请专业人士进行经营管理。而另一方面，随着资本市场的发展，公司股东越来越分散，而股东不可能直接经营企业。为了防止经营者侵犯所有者的权益，所有者需要借助相应的评价方式，来考核经营者是否称职。企业业绩评价的发展历史阶段如下：

1. 企业业绩评价形成时期（19世纪初期到20世纪初期）

这段时期的绩效评价以成本绩效评价为主要特征。这一时期的评价方法以标准成本制度为代表。1903年，美国工程师泰罗创造了科学管理理论，他所倡导的"一切工作标准化"制度为标准成本制度的建立奠定了理论基础。1911年，美国会计工作者哈瑞设计了最早的标准成本制度，实现了成本控制，从而大大地提高了劳动生产率。最初的成本绩效评价是以降低成本、增加利润为目的，形成如"每公里成本"、"每磅成本"等带有统计性质的指标体系。后来出现了根据实际主要成本，如材料费、人工费等直接成本确定的指标体系。标准成本的执行情况和差异分析结果成为该时期评价企业业绩的主要指标。

2. 企业业绩评价完善时期（20世纪初期到80年代）

这段时期的绩效评价指标以财务业绩指标体系为特征。随着现代公司制度的不断成熟，现代工商企业组织形式迅速发展，市场竞争日趋激烈，企业所有者和经营者对经营绩效更为重视。企业业绩评价指标体系面临着如何协调多种分散化的经营活动和如何有效配置资源以实现利润最大化等问题。1979年，泊森和莱西格通过400家跨国公司所作的问卷调查指出，这些公司业绩评价采用的财务指标有销售利润率、每股收益、现金流量和内含报酬率等。其中经营利润和现金流量已成为该时期业绩评价的主要指标。

3. 企业业绩评价创新发展时期（20世纪80年代以后）

这段时期尤其以平衡计分卡（BSC，Balanced Score Card）和经济增加值（EVA，Economic Value Added）为典型代表。进入20世纪80年代，西方对企业绩效研究更加深入，研究角度更加广泛。1991年，美国一家咨询公司Stem Stewart创造了EVA，EVA就是指企业税后营业净利润与全部投入资本（借入资本和自有资本之和）成本之间的差额。如果这一差额是正数，说明企业创造了价值；反之，则表示企业发生价值损失。如果差额为零，说明企业的利润仅能满足债权人和投资者预期获得的收益。EVA指标最大的和最重要的特点就是从股东角度重新定义企业的利润，将股东的机会成本作为权益成本纳入企业经营成果中。EVA指标由于在计算上考虑了企业的权益资本成本，并且在利用会计信息时尽量进行调整以消除会计失真，因此能够更加真实地反映企业业绩。

1992年，美国学者罗伯特·卡普兰（Robert Kaplan）和大卫·诺顿（David Norton）创建了绩效评级的平衡计分卡。这种方法所采用的考核指标来源于组织的战略目标和竞争需要，它是一种综合性的绩效。平衡计分卡在保留主要财务指标的同时，还引入了未来采取绩效的动因，分别是顾客、内部运营流程、学习和成长等非财务指标。平衡计分卡是一个绩效评价系统，更是组织战略的执行工具。它将抽象的远景战略具体化为一系列可以操作的指标，形成了一个较为完整的绩效评价体系。平衡记分卡最大的问题就在于仅仅考虑了股东、客户和员工的利益，忽视了其他利益相关者的重要性。关于经济增加值和平衡计分卡的内容会在以后小节中进行详细介绍。

在这一时期，还有许多创新的业绩评价方法，如：Kelvin Cross和Richard Lynch（1990）提出一个把公司总体战略与财务和非财务信息结合起来的金字塔业绩评价系统。以利益相关者需求为基础创造的业绩三棱镜业绩评价方法等。

第二节 传统的绩效评价方法

一、传统的绩效评价方法介绍

传统的绩效评价方法主要有以下三种：基于传统财务报表的财务比率分析法、杜邦财务体系分析法、沃尔比重分析法。

1. 基于传统财务报表的财务比率分析法

财务报表中有大量的数据，其反映的内容是一般通用的信息，但不同的信息使用者又有其特殊的需求，所以不同的使用者可以对财务报表的数据进行深加工，计算出相应的比率满足其需要。但是这些计算只是反映问题的手段，重要的是对这些比率进行深入系统的分析，坚持以全面的、历史的眼光看问题，而不能片面地、孤立地、静止地看待比率和财务数据。

我国财政部制定的《国有资本金效绩评价细则》就是主要应用财务比率。由反映企业财务效益状况、资产运营状况、偿债能力状况、发展能力状况四方面内容的基本指标、修正指标和评议指标三个层次共28项指标构成。财务指标权重为80%，评议指标权重为20%，在实际操作过程中先按百分制设定，再按权重还原。具体见表13-1。

表13-1 企业效绩评价指标体系与指标权数表

评价指标 评价内容	权数100	基本指标 指标	权数100	修正指标 指标	权数100	评议指标 指标	权数100
一、财务效益状况	38	净资产收益率 总资产报酬率	25 13	资本保值增值率 主营业务利润率 盈余现金保障倍数 成本费用利润率	12 8 8 10	经营者基本素质 产品市场占有能力 基础管理水平 发展创新能力 经营发展战略 在岗员工素质 技术装备更新水平 综合社会贡献	18 16 12 14 12 10 10 8
二、资产运营状况	18	总资产周转率 流动资产周转率	9 9	存货周转率 应收账款周转率 不良资产比率	5 5 8		
三、偿债能力状况	20	资产负债率 已获利息倍数	12 8	现金流动负债比率 速动比率	10 10		
四、发展能力状况	24	销售（营业）增长率 资本积累率	12 12	三年资本平均增长率 三年销售平均增长率 技术投入比率	9 8 7		
	100%		80%				20%

2. 杜邦财务体系分析法

杜邦财务分析体系是由美国杜邦公司创造的，又称为杜邦系统。杜邦财务分析体系是利用企业各个财务比率间的内在联系，通过企业赢利能力、偿债能力等内在关系的分析，使企业信息使用者更加深刻地理解各个比率之间的内在关系，从而更全面地了解企业的财务状况。财务比率之间内在的关系具体如图13-2所示。

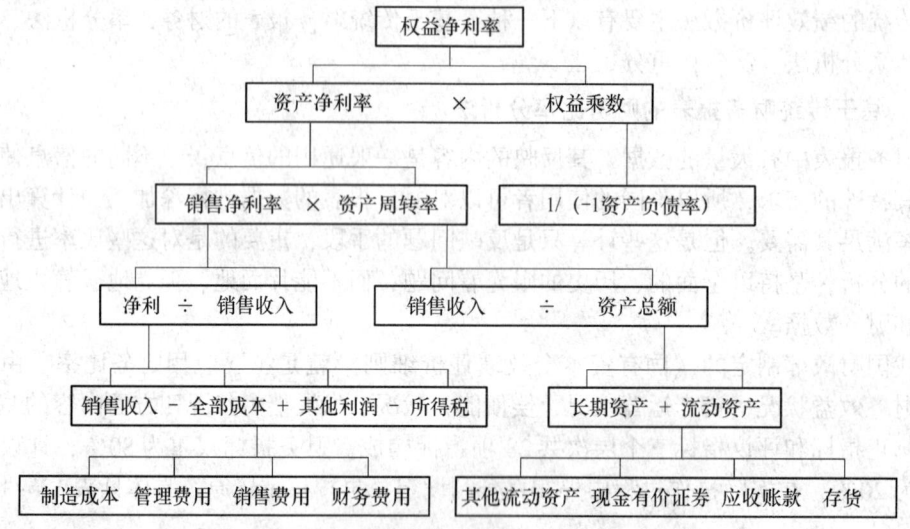

图13-2 财务比率之间内在关系图

从图13-2中可以看出，决定权益净利率高低的因素有三个方面：销售净利率、资产周转率和权益乘数。销售净利率变化的因素可以从销售额和销售成本两个方面进行分析，资产周转率的分析可从资产的各构成部分结构上是否合理进行分析，还可以细化到对流动资产周转率、应收账款周转率、存货周转率等各资产组成部分使用效率进行分析，以找出主要问题所在。权益乘数主要受资产负债比例的影响。负债比例大，权益乘数就高，说明企业有较高的负债程度，能给企业带来较大的杠杆利益，同时也负担更大的风险。

杜邦财务体系的作用是解释指标变动的原因和变动趋势，为采取措施指明方向。但是这方法仅是一种分解财务比率的方法，而不是另外建立新的财务指标。

3. 沃尔比重法

沃尔比重分析法作为一种财务状况的综合评价方法，是由亚历山大·沃尔在20世纪初出版的《信用晴雨表研究》和《财务报表比率分析》中提出来的。书中提出了信用能力指数的概念，把若干个财务比率用线性关系结合起来，以评价企业的信用水平。他选择了7种财务比率，分别是流动比率、净资产/负债、资产/固定资产、销售成本/存货、销售额/应收账款、销售额/固定资产、销售额/净资产；随后，分别给定了各自在总评价中的比重，总比重为100分。然后确定标准比率，并与实际比率相比较，得出每项指标的得分，最后求出总评分。

沃尔比重分析法从理论上讲有一个弱点，就是未能证明为什么要选择这7个指标，而不是其他指标或更多指标，以及其权重分配的合理性。沃尔比重分析法在技术上的问题是当某个指标严重异常时，会对总评分产生不合逻辑的重大影响。

虽然沃尔比重分析法在理论上有待证明，技术上有不完善的地方，但由于它使用方便，在实践中仍被广泛应用。

二、传统绩效评价方法的局限性

在工业经济时代，资本、土地等生产要素是较为稀缺的资源，企业的成败主要取决于所拥有的实物资源及其运用情况。适应工业经济时代的要求，业绩评价指标从最早单一的成本耗费指标发展到获利能力、偿债能力、资产经营效率、发展能力等多项指标。这些指标反映了实物资源的运用情况和运用效率，能促使企业对资源进行有效的配置。而在知识经济时代，智力资源成为企业长期投资决策的主要内容。市场占有情况、企业的经营效率、员工的素质等因素，已成为企业保持长期竞争优势的关键。工业化时代有效的财务评价指标逐渐显露出明显的缺陷。

1. 财务指标反映范围的局限性

财务报表上所反映的资产大多为企业的有形资产，其无形资产核算的范围较为狭窄，仅限于专利权、商标权等。而在如今的知识经济时代，企业价值创造不仅仅局限于企业有形的资产，相反企业价值更多地反映在企业在市场中地位与声誉、企业的品牌价值、顾客忠诚度、企业良好的市场渠道、企业的研究与开发能力、企业的人才素质及其培训。而恰恰这些极为重要的无形资产却无法在如今的财务报表内核算。

2. 财务评价指标是面向过去的滞后性指标

财务评价指标反映企业经营活动有形资产过去的情况，只能对企业过去的经营策略和经营活动的最终结果进行评价，取得的是滞后性指标，并没有向人们保证或承诺企业未来的发展。由于身处快速巨变的环境中，那种认为"未来是历史的必然延伸"的逻辑受到了巨大的挑战，而我们的决策总是面向未来的。

3. 缺乏长期的战略思维

仅仅采用财务评价指标可能引发企业管理者急功近利的思想和短期投机的行为。如管理者为了实现业绩，从其自身利益最大化出发，可能会减少研究开发费用；职工培训费用、环境保护费用和市场调研费用等的支出，这就削弱了企业的长期竞争能力，而这些投资不能通过财务指标反映出来。这种以牺牲长期价值创造为代价的短期收入可能导致企业组织资源的局部优化。并且可能造成企业经理人急功近利，在短期绩效方面投资很多，而在长期价值创造方面的必要投资过少。

4. 未能提示企业业绩改善的关键业绩动因

企业业绩评价不仅要对企业经营情况和财务成果进行评价，更重要的是要提示企业发展的动因，从而为企业发展提供决策意见。但财务评价不能够提示企业业绩改善的关键业绩动因。

5. 受人为因素影响大

以上三种主要的传统评价方法主要是基于财务数据和指标的，较少地考虑非财务指标对绩效的影响，而且这些财务数据和指标的形成受人为因素的影响大。主要体现如下：一是财务报表是人为会计制度的产物，会计政策不同，影响可比性。财务报表是会计的产物，要遵循相关的会计基本假设、基本原则和制度的规定。同时对同一经济业务的会计处理，会计准则允许会计人员使用职业判断，根据实际情况采用不同的会计处理方法。这将不可避免地降低信息的可比性。二是财务报表真实性的问题。以上三种评价方法均是假设财务报表是真实的，数据是可靠的。但事实通常不是如此。公司管理层处于自身利益或其他原因，可能会对财务报表数据进行人为操纵，改变损益等。这样的话，这些传统绩效方法的基础就不存在了。这也是为什么财务指标评价体系有时不能反映企业的实际状况的原因之一。

第三节　EVA 业绩评价

一、EVA 的概念

20 世纪 80 年代，随着保障股东权益活动的高涨，企业经营的目的是使股东权益最大化观念的强化，EVA 的概念迅速风行欧美，引起企业界和学术界广泛关注。在众多国际性大公司中，EVA 正取代传统会计业绩评价指标成为衡量企业经营业绩的主要标准。EVA 不是一个新概念，EVA 不过是对经济学家的"剩余收益"概念的发展，并且有可操作性和高度的灵活性。首先引入 EVA 定义，并将其作为公司管理评价工具加以发展和推广的是美国斯滕斯特公司（Stern Stwart & Co.）的约尔·斯特恩和 G. 贝内特·斯图尔特。根据该公司的解释，EVA 表示的是一个公司扣除资本成本（Cost of Capital，COC）后的资本收益（Return on Capital，ROC）。也就是说一个公司的经济增加值是该公司的资本收益与资本成本之间的差额。站在股东的角度，一个公司只有在其资本收益超过为获取该收益的所投入资本的全部成本才能为公司股东带来价值。因此经济增加值越高，说明公司的价值越高，股东的回报也就越高。

根据上述定义，经济增加值的计算公式如下：

$$EVA = ROC - COC \qquad (公式1)$$

而 ROC 通常用税后净营业利润（NOPAT）来衡量，COC 则等于公司的加权平均成本率（WACC）与全部投入成本（CE，包括债务资本和权益资本）的乘积。因此公式可以改写为：

$$EVA = NOPAT - WACC \times CE \qquad (公式2)$$

二、EVA 价值管理体系

虽然国内大部分企业对价值管理有或多或少的认识，但仍有较多的企业不清楚价值管理在企业内部究竟有何作用以及如何应用，或者片面认为价值管理只不过是企业的财务部门简单计算 EVA 的数值,以其作为投资者计算的当期业绩。价值管理实际上绝不仅仅是计算数字而已,而是一种可以提高公司的资本回报率和核心竞争力的有效机制,是一套以 EVA 为分析指标的包含了公司战略制定、组织架构和管理流程的完整的战略性管理体系,是一种可以使公司内部各级管理层的管理理念、管理方法、管理行为、管理决策致力于股东价值最大化的管理创新。

全面的 EVA 价值管理体系主要包括四个方面:评价指标(Measurement)、管理体系(Manangement)、激励制度(Motivation)和理念体系(Mindest)。EVA 价值管理体系从分析公司的 EVA 业绩入手,从业绩考核、管理体系、激励制度和理念体系四个方面具体提出如何建立使公司内部各级管理层的管理理念、管理方法和管理行为都致力于股东价值最大化的管理机制,最终目标是协助提升公司的价值创造能力和核心竞争力。

EVA 可以真实地衡量企业的经营业绩,建立与 EVA 考核体系相配套的激励机制,可以鼓励管理层积极进行价值创造。如果要保证价值的长期、持续提升,就必须建立以 EVA 为核心的价值管理体系,让价值管理真正成为企业核心管理制度的重要组成部分,使价值管理能够指导管理层和企业员工的行为。

三、EVA 核心理念及其计算原理

1. EVA 核心理念

EVA 建立在经济利润基础之上,要求公司不但要将所有的运营费用计入成本,而且要将所有的资本成本计入成本。这种资本成本不但包括向银行家和债务持有者支付的利息之类显而易见的成本,而且还包括公司股东所投入资本的机会成本。EVA 核算方法要求公司同时计算这部分资本成本。

由此可见,EVA 指标的核心理念是资本成本,即资金投资项目所要求的收益率,从投资者角度看,资本成本就是机会成本。从企业角度看,资本成本就是使用资金的机会成本,是投资项目要求的最低收益率。EVA 指标的核心理念反映了股东价值最大化的财务目标。任何性质的长期资金都有它的使用成本,即资本成本,因此在计算某个项目时,必须将资本成本考虑在内。在 EVA 理论下,投资收益率高低并非企业经营状况好坏和价值创造能力,关键在于是否超过资本成本。

2. EVA 计算原理

经济增加值(EVA)指企业税后净营业利润减去资本成本后的余额。关于 EVA 的计算公式,我们在前文已经进行了介绍,从公式(2)可以看出,EVA 的计算结果取决于三个变量:税后净营业利润、资本占用和加权平均成本。其中税后净营业利润衡量的是公司的运营盈利情况,可以根据资产负债表进行调整得到,包括利息和其他与资金有关的偿付,而利息支付转化为收益后,也要"扣税"的。资本投入额是一个公司持续投入的各种资本如债务、股权等,包括股东投入的股本总额和所有的计息负债。加权平均成本率反映的是公司各种资本的平均成本,等于资本结构中各个组成部分的以市场价值为权重的加权平均成本。

EVA 的定义表明,只有当公司利润高于其加权平均的资本成本时,公司价值才大于投资成本。站在股东的角度,只有在公司资本收益超过获得该收益所投入资本的全部成本时才能为股东带来价值,这就是 EVA 体系的核心思想(见图 13-3)。

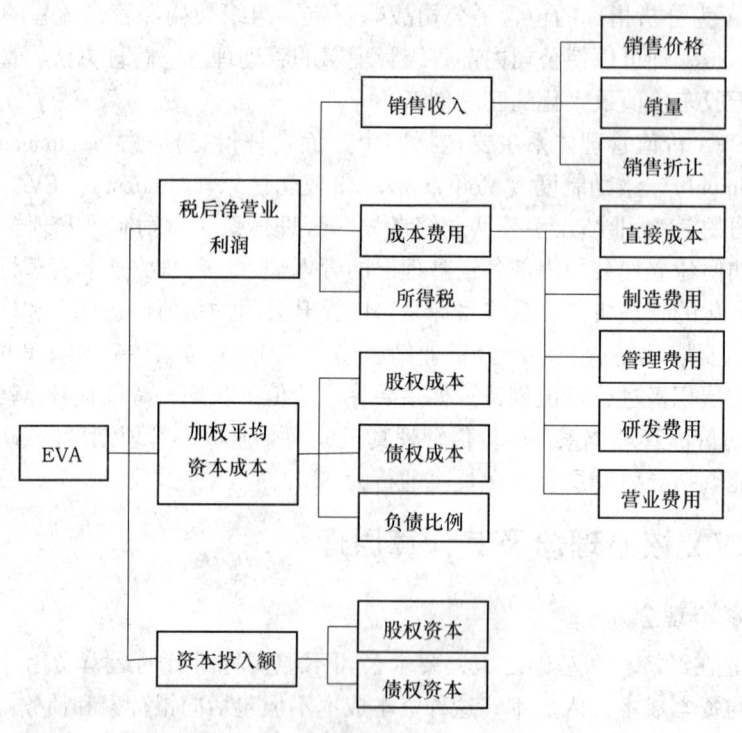

图 13-3 EVA 体系图

经济增加值(EVA)的计算如下:

经济增加值 = 税后净营业利润 - 资本成本
           = 税后净营业利润 - 调整后资本 × 平均资本成本率

税后净营业利润 = 净利润 + (利息支出 + 研究开发费用调整项 - 非经常性收益调整项 × 50%) × (1 - 25%)

调整后资本 = 平均所有者权益 + 平均负债合计 - 平均无息流动负债 - 平均在建工程

其中:

(1) 利息支出是指企业财务报表中"财务费用"项下的"利息支出"。

(2) 研究开发费用调整项是指企业财务报表中"管理费用"项下的"研究与开发费"和当期确认为无形资产的研究开发支出。

(3) 非经常性收益调整项包括:①变卖主业优质资产收益;②主业优质资产以外的非流动资产转让收益;其他非经常性收益。

(4) 无息流动负债是指企业财务报表中"应付票据"、"应付账款"、"预收款项"、"应交税费"、"应付利息"、"其他应付款"和"其他流动负债";对于因承担国家任务等原因造成"专项应付款"、"特种储备基金"余额较大的,可视同无息流动负债扣除。

(5) 在建工程是指企业财务报表中的符合主业规定的"在建工程"。

(6) 资本成本率的确定:目前,中央企业资本成本率原则上定为 5.5%;承担国家政策性任务较重且资产通用性较差的企业，资本成本率定为4.1%；资产负债率在75%以上的工业企业和80%以上的非工业企业，资本成本率上浮0.5个百分点；资本成本率确定后，三年保持不变。

【例】Y公司20×3年营业利润为15 373万元，当年利息收入为2 158万元，计入"管理费用"的研究与开发费为50万元，当年股权转让产生的非经常性损益为1 200万元，所得税费用为2 274万元。Y公司20×3年平均所有者权益为83 952万元，平均负债合计为98 556万元，平均无息流动负债为33 554万元，平均在建工程为6 530万元。资本成本率为5.5%。

根据上述资料，计算Y公司20×3年的EVA。

分析：

税后净营业利润 = 净利润 +（利息支出 + 研究开发费用调整项 − 非经常性收益调整项×50%）×（1−25%）

= （15 373−2 274）+ [（−2 158）+50−1 200×50%]×（1−25%）

= 11 068（万元）

调整后资本 = 平均所有者权益 + 平均负债合计 − 平均无息流动负债 − 平均在建工程

= 83 952 + 98 556 − 33 554 − 6 530 = 142 424（万元）

EVA = 税后净营业利润 − 调整后资本×平均资本成本率

= 11 068 − 142 424×5.5% = 3 234.68（万元）

EVA>0，表示Y公司20×3年度价值增加。

经济增加值是反映企业价值管理的核心指标，EVA>0，表示"价值增加"或"价值创造"；EVA<0，表示"价值减少"或"价值损害"，EVA是全面考核企业经营者有效使用资本和为股东创造价值的重要工具。

四、EVA的特点

1. EVA能够更加真实地反映企业的经营业绩

考虑资本成本是EVA指标最大的特点和最重要的方面。只有考虑了权益资本成本的经营业绩指标才能反映企业的真实盈利能力。那些盈利少于股东权益机会成本的企业的股东财富实际上是在减少。只有企业的收益超过企业的所有资本的成本，才能说明经营者为企业增加了价值，为股东创造了财富。如果企业的收益低于企业的所有资本的成本，则说明企业实质发生亏损，企业股东的财富受到侵蚀。EVA原理明确指出，企业管理者必须考虑所有资本的回报。通过考虑所有资本的机会成本，EVA表明了一个企业在每个会计年度所创造或损失的股东财富数量。

2. EVA指标的设计着眼于长期发展

EVA不鼓励以牺牲长期业绩的代价来夸大短期效果，也就是不鼓励诸如削减研究和开发费用的行为；而是着眼于企业的长远发展，鼓励企业的经营者进行能给企业带来长远利益的投资决策，如新产品的研究和开发、人力资源的培养等。这样能够杜绝企业经营者短期行为的发生。因此，应用EVA不但符合企业的长期发展利益，而且也符合知识经济时代的要求。

3. 应用 EVA 能够建立有效的激励报酬系统

这种系统通过经营者的报酬与从增加股东财富的角度衡量企业经营业绩的 EVA 指标相挂钩，正确引导经营者的努力方向，促使经营者充分关注企业的资本增值和长期经济效益。

4. 将股东财富与企业决策联系在一起

EVA 指标有助于管理者将财务的两个基本原则融入经营决策中。第一，企业的主要财务目标是股东财富最大化；第二，企业的价值依赖于投资者预期的未来利润能否超过资本成本。根据 EVA 的定义可知，企业 EVA 业绩持续地增长意味着公司市场价值的不断增加和股东财富的持续增长。所以，应用 EVA 有助于企业进行符合股东利益的决策，如企业可以利用 EVA 指标决定在其各个不同的业务部门分配资本。

5. EVA 显示了一种新型的企业价值观

EVA 指标的改善是同企业价值的提高相联系的。为了增加公司的市场价值，经营者就必须表现得比同他们竞争资本的那些人更好。因此，一旦他们获得资本，他们在资本上获得的收益必须超过由其他风险相同的资本资金需求者提供的报酬率。如果他们完成了这个目标，企业投资者投入的资本就会获得增值，投资者就会加大投资，其他的潜在的投资者也会把他们的资金投入这家公司，从而导致公司股票价格的上升，表明企业的市场价值得到了提高。如果他们不能完成这个目标，就表明存在资本的错误配置，投资者的资金就会流向别处，最终可能导致股价的下跌，表明企业的市场价值遭到贬低。

第四节　战略业绩评价

20 世纪 90 年代以后，企业竞争在全球范围内加剧，企业要生存和发展，就必须有战略眼光和长远奋斗目标。西方国家企业管理逐步过渡到"战略管理"阶段，企业越来越重视长远发展战略的制定。战略业绩评价是指按照企业战略目标设计相应的评价指标体系，仅关注财务指标是远远不够的，战略性竞争优势即核心竞争优势的形成与保持是由多方面因素决定的，应通过对企业发展过程中的财务指标和非财务指标进行评价，战略业绩评价机制的建立有利于公司战略目标从上至下的传达，提高了企业战略执行的能力。战略业绩评价的方法，比较著名的有平衡计分卡、关键业绩指标、业绩三棱柱、业绩金字塔等。本章将重点介绍平衡计分卡。

一、平衡计分卡

1992 年，哈佛商学院的罗伯特·卡普兰（Robert S. Kaplan）和复兴方案公司总裁戴维·诺顿（David Norton）在《哈佛商业评论》上发表了平衡计分卡（以下简称 BSC）作为绩效管理系统的论文。这标志着平衡记分卡的产生。这是在两位学者从 1990 年以来带领一个研究小组对十多家公司进行研究寻求一种新的绩效方法的基础上发展而来的。平衡记分卡的初衷是作为一个绩效管理的工具，以替代以财务指标作为公司绩效评价指标的体系。在以后的十几年里,这两位学者继续深入探讨了这个方法,同时也有许多关于创新的公司将这个方法延伸至企业战略层面。两位学者发现这些企业组织不仅用 BSC 使财务评价指标与未来绩效动因相匹配,而且还通过他们为 BSC 所选择的的各种指标实现了战略沟通。终于,BSC 成为一个重要的战略实施的工具。从此以后 BSC 就被《财富》1000 强企业中的近半数企业组织采用,并且这种趋势保持强劲,并且在非营利组织和公共部门也得到了有效的运用。鉴于平衡计分卡已被广泛接受和有效运用,《哈佛商业评论》最近将其列为 20 世纪最有影响力的 75 个理念之一。

二、平衡计分卡的基本架构

BSC 作为一种组织绩效评价工具,尤其是作为一个将企业战略转换为行动方案的战略执行工具。主要是从四个角度来关注企业(见图 13-4):财务维度、客户维度、内部运营维度、学习与成长维度。在国外,BSC 被比作飞机驾驶舱内的仪表盘,里面有各种指标,管理层借此观察企业运行是否良好。在国内,有学者把可持续发展的企业比喻成一棵果树,"树根"就是 BSC 的学习与成长维度,"树干"就是 BSC 的内部运营维度,"树枝"就是顾客维度,"果实"就是 BSC 的财务维度。

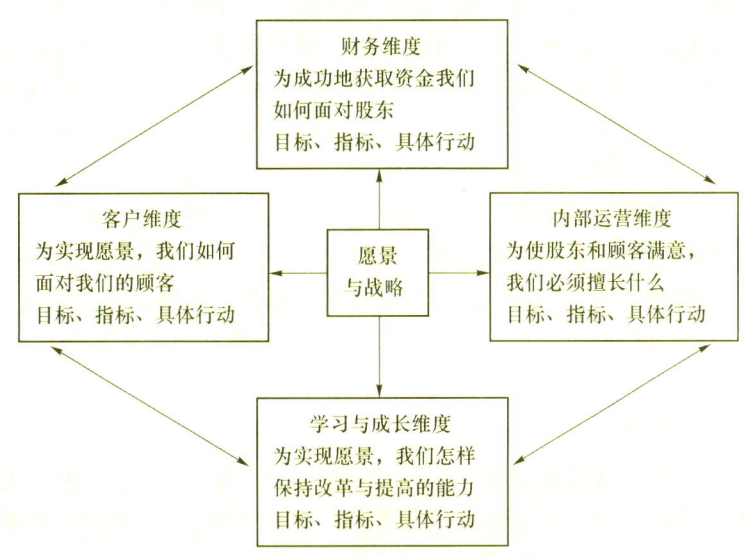

图 13-4 平衡计分卡示意图

1. 财务维度

财务维度的目标是解决企业要怎样运作才能让股东和投资者满意,进而取得立足和发展所需要的资本。由于企业其他维度的改善是实现财务维度的目标的手段,而不是目标本身,故企业所有的改善均应当通过财务目标。因此,财务维度是其他三个维度的出发点和平衡点,更是战略的归宿,也是 BSC 的焦点。它告诉经营者企业战略及其实施和执行是否正在为最终经营成果的改善作出贡献。财务维度的指标通常是一些传统的滞后性指标。主要的衡量指标是收入的增长、成本的降低、生产率的提高、利润的增长、资产利用或投资战略目标等。由于不同企业的战略定位不同或所处的发展阶段不同，企业选取的财务指标会有所不同，如处于成长期的企业，其财务目标侧重于销售收入增长率及市场份额增长率；处于成熟期的企业，其财务目标关注经营收入、毛利、投资报酬率与获利能力等；处于衰退期的企业更注意现金流指标。

2. 客户维度

客户维度的目标是解决"客户如何看待我们"、"要达成我们的财务目标，我们必须满足怎样的客户要求"。要想获得长期的、出色的财务业绩，就必须创造出客户青睐的产品或服务，公司应进行有效的市场细分，找到自己的目标客户群体，并开发出能满足目标市场客户的现实需求或潜在需求的产品。企业应更关注满足核心客户的要求，而不是企图满足所有客户的偏好。客户最关心的五个方面是时间、质量、功能、服务和价格。企业必须为这五个方面设定清晰的目标，再将这些目标细化为具体的指标。客户维度的主要衡量指标是市场份额、客户保持率、客户获得率、客户满意度等。

3. 内部运营维度

内部运营维度的目标是解决"我们的优势是什么"、"要使我们的客户和股东满意，我们必须在哪些内部运作及流程上超越他人"。通常是在先制定财务和客户维度的目标后，才制定企业内部运营维度的目标。这个顺序能使企业抓住重点，专心衡量那些与股东和客户目标息息相关的流程。BSC方法认为，所有顾客的满意和财务目标的实现，主要归功于公司内部运营的高效和有序。也就是说，企业要通过内部流程优化，使自己的产品质量更高、成本更低、交货期更有保证、服务更可靠，将内部流程绩效的提高作为公司的核心竞争力。内部运营指标既包括短期的现有业务的改善，又涉及长远的产品和服务的革新。其主要衡量指标有三个：研究与开发过程指标，如新产品的销售额中的比重、新产品上市速度与竞争者的上市速度比较、开发新产品的时间等；生产过程指标，如订货周期、准时送货率、良品率、成品存货周转率等；售后服务流程指标，如从客户提出要求到问题得到解决所需的时间、售后服务的成本、客户对售后服务的满意率等指标。

4. 学习与成长维度

学习与成长维度的目标是解决"我们如何提高自己的能力"、"为实现财务目标和客户需要、内部运营，我们需要具备什么样的技能和知识"。企业需要根据战略要求和企业重点，来打造符合公司战略要求的员工队伍。学习与成长目标为BSC其他三个维度的目标提供了动力源泉。实施BSC的目的之一就是避免企业的短期行为，从而使企业沿着可持续发展的道路前进。所以，它必然强调未来投资的重要性，而不局限于传统的投资领域如购买设备、产品开发与研究等，尤其是投资在基础结构上，如员工、系统及程序，通过为员工提供继续学习和培训的渠道，提供员工的能力，进而为企业未来发展创造重要的前提条件。学习与成长的驱动指标是员工的能力、技术基础和组织的文化氛围。学习与成长的成果指标是员工满意度、员工保持率和员工生产率。

三、平衡计分卡的特点

BSC 的主要特点是它不仅是一个综合的业绩评价系统，而且还是企业战略管理的基石。BSC 除了平衡财务、客户、内部运营、学习与成长四个维度的关系，更主要反映在以下几个关系的平衡。

1. 短期与长期的平衡

企业战略体系是多层次的，要实现企业战略首先要将其转化为具体的战略目标。财务指标是当前核算经营者短期经营绩效的核心指标，但由于以上所述的财务指标的局限性，BSC 不仅保留了财务指标，同时引入了关键的非财务性指标，如核算客户维度的顾客满意率、核算内部运营维度的新产品推出能力、核算学习与成长维度的员工满意率等。这些指标最终都指向财务指标，但又不偏废，均是以战略为导向，最终保证组织长期战略目标的实现。

2. 前置指标与滞后指标的平衡

滞后指标一般代表过去已经取得的绩效，而前置指标是产生滞后指标结果的绩效动因。没有前置指标，滞后指标无法反映目标是如何实现的。相反，没有滞后指标，前置指标反映了短期改进但不能说明这对企业是有益的。例如财务指标是滞后指标，顾客维度是前置指标，只有让顾客满意了，才能给企业带来更好的财务业绩。BSC 的四个维度中的指标均是具有紧密的逻辑因果关系，互为前置与滞后的指标。其逻辑关系可进行如下假设：关心您的员工可以使其满意度上升，员工开心了将为您的顾客提供更好的服务，您的客户满意了将会更多地关照您的生意，您的财务业绩将更加优秀。

3. 外部与内部的平衡

企业是一系列契约的联结点，背后隐藏着利益冲突。股东和顾客是外部群体，而员工和内部运营流程是内部群体。角度不同，利益出发点也不同，则存在着不同的绩效预期。平衡计分卡充分地了解这些利益群体之间的矛盾，因为在各维度的目的和指标设定时充分考虑了它们之间的利益平衡，寻找共同利益的交汇点，共同围绕着企业战略这个核心而共同发挥作用，实现企业的长期与短期目标，实现企业的财务与非财务目标。

【复习思考题】

1. 什么是企业业绩评价？业绩评价系统包含哪几个基本要素？
2. 传统的业绩评价方法主要有哪几种，它们之间的共同之处和不同之处分别是什么？
3. 经济增加值是如何计算得到的，其核心理念是什么？全面的 EVA 机制管理体系包括哪几个方面？
4. 平衡计分卡的四个维度中，各个维度的目标是什么？各个维度的指标是什么？是否需要根据企业实际来选择？列举出几个常用的指标。

【案例】

青岛啤酒 EVA 绩效评价案例 [①]

青岛啤酒股份有限公司 1993 年完成改制,并于同年 7 月和 8 月分别在香港和上海公开发行了 H 股和 A 股,筹资 16 亿元人民币。从 1997 年开始,青岛啤酒通过收购股权,以及破产收购、政策兼并等不同方式,进行了大规模并购,率先完成了国内市场的战略布局,从一个地方性企业发展成为一个全国性的大型企业集团。到 2001 年年底,公司的产销量由 1996 年的 37 万吨猛增到 251 万吨,市场份额由 2.2% 增至 11%。每年的增长率都保持在 40% 左右,公司品牌价值跃升至全国行业榜首。2001 年年报显示,公司当年的净利润为 10 289 万元,与预计实现净利润 17 051 万元相差近 40%,净资产收益率为 3.47%,扣除非经常性损益后的净资产收益率只有 0.80%,每股收益也仅为 0.1046 元。面对企业增产不增收的困境,公司从斯腾斯特管理咨询(中国)有限公司(简称斯腾斯特)寻觅到了解决问题的药方,建立了以 EVA 为中心的目标管理体系和激励约束机制。

(一)青岛啤酒 EVA 绩效评价体系实施方案

1. 建立以 EVA 为中心的目标管理体系

青岛啤酒建立了以 EVA 为中心的目标管理体系。EVA 体系的建立,架设了联系决策部门和营运部门的通道,改善甚至根除了部门之间(特别是运营部门与财务部门之间)秉持成见、互不信任的情况,为工作于不同营运部门的员工提供了交流沟通的统一标准,从而做出更有效的管理决策。

2. 建立以 EVA 为中心的激励制度

在青岛啤酒原有的年薪制下,公司的管理层并不考虑资本使用成本,而是关注投资的额度,因为投资额度越大,利润的增长越容易。在这样的情况下,管理层之间以争取到的投资额度为筹码互相攀比造成了漏洞。2002 年,青岛啤酒运用 EVA 与年薪制挂钩,使管理层开始考虑资本成本的问题,更加注重于有效地提高资本利用率,谨慎充分地使用资本,从而弥补了之前的漏洞,并且降低了投资风险。另外,资本成本和收入的直接挂钩,对管理者进行决策产生了积极的影响。

3. 改革组织结构

随着青岛啤酒大规模的扩张,不合理的组织结构造成了越来越多的信息传输方面的问题,导致决策的执行偏差从而形成许多问题。斯腾斯特提出了主要集中对青岛啤酒总部进行架构重组的青啤管理重组方案。据其拟定的 EVA 绩效评价方案,青岛啤酒撤销原直属青岛啤酒集团总部的生产部,成立青岛啤酒集团第九个事业部——"青岛事业部"。这项措施意味着从青岛啤酒总部职能体系中完全剥离掉青岛本地几个企业的直接

[①] 魏巍. EVA 绩效评价案例研究:以青岛啤酒为例 [J]. 财会通讯,2014(6):12-15.

经营权，从而使青岛啤酒形成更加清晰和条理化的"总部—事业部—子公司"三层管理架构，向扁平化的治理架构迈进。

4. 再造基于 EVA 价值平台的业务流程

EVA 目标管理使公司认识到，通过信息化管理加快资本周转速度以及把资本效率低下的非核心业务外包出去，可以大大提高公司的价值创造水平。2001 年 2 月，A 公司引入 ERP 系统实施企业信息化战略。借助 ERP 系统这个现代管理平台，将所有的生产厂、销售公司以及销售点集成在一起，对每一个点、每一笔业务的运行过程实施全方位监控，对每一个阶段的经营结果实施全过程审计，提高整个集团的资本周转速度，优化资源配置。与此同时，A 公司与招商局物流集团的合作也迈入新阶段，双方共同设计了物流改革方案，准备在供应链的相关节点上寻求 2~3 家长期供应商作为战略合作伙伴，最终将物流业务全部外包。

（二）EVA 实施效果

青岛啤酒 2000—2010 年 EVA 值　　　　　　　　　单位：亿元

年份	1998	1999	2000	2001	2002	2003	2004	2005	2006	2007	2008	2009	2010
EVA	-0.53	-0.72	-3.67	-0.09	1.85	2.10	-3.41	2.50	3.66	2.54	1.24	4.20	5.66

1998 年至 2001 年青岛啤酒的 EVA 皆为负值，尽管利润表中的利润为正，但实际上青岛啤酒是在耗费企业资产，毁损原有的企业价值，并使股东的财富减少。2002 年实行 EVA 绩效评价体系后，EVA 值转为正值（2004 年除外），说明青岛啤酒使股东财富得以真正地增加，为股东创造了新的价值。

青岛啤酒 1998—2010 年间营业收入、利润总额和净利润一直处于增长状态，且自 2002 年后，虽然利润总额和净利润的波动很大，但其增长幅度明显变大，利润总额和净利润的波动方向基本上与 EVA 值的波动方向吻合。在实施 EVA 后，从 2002 年到 2010 年间，其净资产收益率总体呈上升趋势，说明企业的投资回报能力在增强，且资产运用效率提高，投资者的利益保障程度加大。分析表明，青岛啤酒引入 EVA 绩效评价系统这种新的管理与价值理念，使得青岛啤酒的盈利能力大大增强，企业走向健康发展的方向。

思考：结合青岛啤酒的案例，说明企业应如何将 EVA 引入业绩评价。

附录 A 复利终值系数表（FVIF 表）

n	3.00%	4.00%	5.00%	6.00%	7.00%	8.00%	10.00%	12.00%	14.00%	16.00%	18.00%	20.00%	25.00%	30.00%
1	1.030	1.040	1.050	1.060	1.070	1.080	1.100	1.120	1.140	1.160	1.180	1.200	1.250	1.300
2	1.061	1.082	1.103	1.124	1.145	1.166	1.210	1.254	1.300	1.346	1.392	1.440	1.563	1.690
3	1.093	1.125	1.158	1.191	1.225	1.260	1.331	1.405	1.482	1.561	1.643	1.728	1.953	2.197
4	1.126	1.170	1.216	1.262	1.311	1.360	1.464	1.574	1.689	1.811	1.939	2.074	2.441	2.856
5	1.159	1.217	1.276	1.338	1.403	1.469	1.611	1.762	1.925	2.100	2.288	2.488	3.052	3.713
6	1.194	1.265	1.340	1.419	1.501	1.587	1.772	1.974	2.195	2.436	2.700	2.986	3.815	4.827
7	1.230	1.316	1.407	1.504	1.606	1.714	1.949	2.211	2.502	2.826	3.185	3.583	4.768	6.275
8	1.267	1.369	1.477	1.594	1.718	1.851	2.144	2.476	2.853	3.278	3.759	4.300	5.960	8.157
9	1.305	1.423	1.551	1.689	1.838	1.999	2.358	2.773	3.252	3.803	4.435	5.160	7.451	10.604
10	1.344	1.480	1.629	1.791	1.967	2.159	2.594	3.106	3.707	4.411	5.234	6.192	9.313	13.786
11	1.384	1.539	1.710	1.898	2.105	2.332	2.853	3.479	4.226	5.117	6.176	7.430	11.642	17.922
12	1.426	1.601	1.796	2.012	2.252	2.518	3.138	3.896	4.818	5.936	7.288	8.916	14.552	23.298
13	1.469	1.665	1.886	2.133	2.410	2.720	3.452	4.363	5.492	6.886	8.599	10.699	18.190	30.288
14	1.513	1.732	1.980	2.261	2.579	2.937	3.797	4.887	6.261	7.988	10.147	12.839	22.737	39.374
15	1.558	1.801	2.079	2.397	2.759	3.172	4.177	5.474	7.138	9.266	11.974	15.407	28.422	51.186
16	1.605	1.873	2.183	2.540	2.952	3.426	4.595	6.130	8.137	10.748	14.129	18.488	35.527	66.542
17	1.653	1.948	2.292	2.693	3.159	3.700	5.054	6.866	9.276	12.468	16.672	22.186	44.409	86.504
18	1.702	2.026	2.407	2.854	3.380	3.996	5.560	7.690	10.575	14.463	19.673	26.623	55.511	112.455
19	1.754	2.107	2.527	3.026	3.617	4.316	6.116	8.613	12.056	16.777	23.214	31.948	69.389	146.192
20	1.806	2.191	2.653	3.207	3.870	4.661	6.727	9.646	13.743	19.461	27.393	38.338	86.736	190.050
25	2.094	2.666	3.386	4.292	5.427	6.848	10.835	17.000	26.462	40.874	62.669	95.396	264.698	705.641
30	2.427	3.243	4.322	5.743	7.612	10.063	17.449	29.960	50.950	85.850	143.371	237.376	807.794	2 619.996

附录 B 复利现值系数表（PVIF 表）

n	3.00%	4.00%	5.00%	6.00%	7.00%	8.00%	10.00%	12.00%	14.00%	16.00%	18.00%	20.00%	25.00%	30.00%
1	0.971	0.962	0.952	0.943	0.935	0.926	0.909	0.893	0.877	0.862	0.847	0.833	0.800	0.769
2	0.943	0.925	0.907	0.890	0.873	0.857	0.826	0.797	0.769	0.743	0.718	0.694	0.640	0.592
3	0.915	0.889	0.864	0.840	0.816	0.794	0.751	0.712	0.675	0.641	0.609	0.579	0.512	0.455
4	0.888	0.855	0.823	0.792	0.763	0.735	0.683	0.636	0.592	0.552	0.516	0.482	0.410	0.350
5	0.863	0.822	0.784	0.747	0.713	0.681	0.621	0.567	0.519	0.476	0.437	0.402	0.328	0.269
6	0.837	0.790	0.746	0.705	0.666	0.630	0.564	0.507	0.456	0.410	0.370	0.335	0.262	0.207
7	0.813	0.760	0.711	0.665	0.623	0.583	0.513	0.452	0.400	0.354	0.314	0.279	0.210	0.159
8	0.789	0.731	0.677	0.627	0.582	0.540	0.467	0.404	0.351	0.305	0.266	0.233	0.168	0.123
9	0.766	0.703	0.645	0.592	0.544	0.500	0.424	0.361	0.308	0.263	0.225	0.194	0.134	0.094
10	0.744	0.676	0.614	0.558	0.508	0.463	0.386	0.322	0.270	0.227	0.191	0.162	0.107	0.073
11	0.722	0.650	0.585	0.527	0.475	0.429	0.350	0.287	0.237	0.195	0.162	0.135	0.086	0.056
12	0.701	0.625	0.557	0.497	0.444	0.397	0.319	0.257	0.208	0.168	0.137	0.112	0.069	0.043
13	0.681	0.601	0.530	0.469	0.415	0.368	0.290	0.229	0.182	0.145	0.116	0.093	0.055	0.033
14	0.661	0.577	0.505	0.442	0.388	0.340	0.263	0.205	0.160	0.125	0.099	0.078	0.044	0.025
15	0.642	0.555	0.481	0.417	0.362	0.315	0.239	0.183	0.140	0.108	0.084	0.065	0.035	0.020
16	0.623	0.534	0.458	0.394	0.339	0.292	0.218	0.163	0.123	0.093	0.071	0.054	0.028	0.015
17	0.605	0.513	0.436	0.371	0.317	0.270	0.198	0.146	0.108	0.080	0.060	0.045	0.023	0.012
18	0.587	0.494	0.416	0.350	0.296	0.250	0.180	0.130	0.095	0.069	0.051	0.038	0.018	0.009
19	0.570	0.475	0.396	0.331	0.277	0.232	0.164	0.116	0.083	0.060	0.043	0.031	0.014	0.007
20	0.554	0.456	0.377	0.312	0.258	0.215	0.149	0.104	0.073	0.051	0.037	0.026	0.012	0.005
25	0.478	0.375	0.295	0.233	0.184	0.146	0.092	0.059	0.038	0.024	0.016	0.010	0.004	0.001
30	0.412	0.308	0.231	0.174	0.131	0.099	0.057	0.033	0.020	0.012	0.007	0.004	0.001	0.000

附录C 年金终值系数表(FVIFA表)

n	3.00%	4.00%	5.00%	6.00%	7.00%	8.00%	10.00%	12.00%	14.00%	16.00%	18.00%	20.00%	25.00%	30.00%
1	1.000	1.000	1.000	1.000	1.000	1.000	1.000	1.000	1.000	1.000	1.000	1.000	1.000	1.000
2	2.030	2.040	2.050	2.060	2.070	2.080	2.100	2.120	2.140	2.160	2.180	2.200	2.250	2.300
3	3.091	3.122	3.153	3.184	3.215	3.246	3.310	3.374	3.440	3.506	3.572	3.640	3.813	3.990
4	4.184	4.246	4.310	4.375	4.440	4.506	4.641	4.779	4.921	5.066	5.215	5.368	5.766	6.187
5	5.309	5.416	5.526	5.637	5.751	5.867	6.105	6.353	6.610	6.877	7.154	7.442	8.207	9.043
6	6.468	6.633	6.802	6.975	7.153	7.336	7.716	8.115	8.536	8.977	9.442	9.930	11.259	12.756
7	7.662	7.898	8.142	8.394	8.654	8.923	9.487	10.089	10.730	11.414	12.142	12.916	15.073	17.583
8	8.892	9.214	9.549	9.897	10.260	10.637	11.436	12.300	13.233	14.240	15.327	16.499	19.842	23.858
9	10.159	10.583	11.027	11.491	11.978	12.488	13.579	14.776	16.085	17.519	19.086	20.799	25.802	32.015
10	11.464	12.006	12.578	13.181	13.816	14.487	15.937	17.549	19.337	21.321	23.521	25.959	33.253	42.619
11	12.808	13.486	14.207	14.972	15.784	16.645	18.531	20.655	23.045	25.733	28.755	32.150	42.566	56.405
12	14.192	15.026	15.917	16.870	17.888	18.977	21.384	24.133	27.271	30.850	34.931	39.581	54.208	74.327
13	15.618	16.627	17.713	18.882	20.141	21.495	24.523	28.029	32.089	36.786	42.219	48.497	68.760	97.625
14	17.086	18.292	19.599	21.015	22.550	24.215	27.975	32.393	37.581	43.672	50.818	59.196	86.949	127.913
15	18.599	20.024	21.579	23.276	25.129	27.152	31.772	37.280	43.842	51.660	60.965	72.035	109.687	167.286
16	20.157	21.825	23.657	25.673	27.888	30.324	35.950	42.753	50.980	60.925	72.939	87.442	138.109	218.472
17	21.762	23.698	25.840	28.213	30.840	33.750	40.545	48.884	59.118	71.673	87.068	105.931	173.636	285.014
18	23.414	25.645	28.132	30.906	33.999	37.450	45.599	55.750	68.394	84.141	103.740	128.117	218.045	371.518
19	25.117	27.671	30.539	33.760	37.379	41.446	51.159	63.440	78.969	98.603	123.414	154.740	273.556	483.973
20	26.870	29.778	33.066	36.786	40.995	45.762	57.275	72.052	91.025	115.380	146.628	186.688	342.945	630.165
25	36.459	41.646	47.727	54.865	63.249	73.106	98.347	133.334	181.871	249.214	342.603	471.981	1054.791	2348.803
30	47.575	56.085	66.439	79.058	94.461	113.283	164.494	241.333	356.787	530.312	790.948	1181.882	3227.174	8729.985

附录 D 年金现值系数表（PVIFA 表）

n	3.00%	4.00%	5.00%	6.00%	7.00%	8.00%	10.00%	12.00%	14.00%	16.00%	18.00%	20.00%	25.00%	30.00%
1	0.971	0.962	0.952	0.943	0.935	0.926	0.909	0.893	0.877	0.862	0.847	0.833	0.800	0.769
2	1.913	1.886	1.859	1.833	1.808	1.783	1.736	1.690	1.647	1.605	1.566	1.528	1.440	1.361
3	2.829	2.775	2.723	2.673	2.624	2.577	2.487	2.402	2.322	2.246	2.174	2.106	1.952	1.816
4	3.717	3.630	3.546	3.465	3.387	3.312	3.170	3.037	2.914	2.798	2.690	2.589	2.362	2.166
5	4.580	4.452	4.329	4.212	4.100	3.993	3.791	3.605	3.433	3.274	3.127	2.991	2.689	2.436
6	5.417	5.242	5.076	4.917	4.767	4.623	4.355	4.111	3.889	3.685	3.498	3.326	2.951	2.643
7	6.230	6.002	5.786	5.582	5.389	5.206	4.868	4.564	4.288	4.039	3.812	3.605	3.161	2.802
8	7.020	6.733	6.463	6.210	5.971	5.747	5.335	4.968	4.639	4.344	4.078	3.837	3.329	2.925
9	7.786	7.435	7.108	6.802	6.515	6.247	5.759	5.328	4.946	4.607	4.303	4.031	3.463	3.019
10	8.530	8.111	7.722	7.360	7.024	6.710	6.145	5.650	5.216	4.833	4.494	4.192	3.571	3.092
11	9.253	8.760	8.306	7.887	7.499	7.139	6.495	5.938	5.453	5.029	4.656	4.327	3.656	3.147
12	9.954	9.385	8.863	8.384	7.943	7.536	6.814	6.194	5.660	5.197	4.793	4.439	3.725	3.190
13	10.635	9.986	9.394	8.853	8.358	7.904	7.103	6.424	5.842	5.342	4.910	4.533	3.780	3.223
14	11.296	10.563	9.899	9.295	8.745	8.244	7.367	6.628	6.002	5.468	5.008	4.611	3.824	3.249
15	11.938	11.118	10.380	9.712	9.108	8.559	7.606	6.811	6.142	5.575	5.092	4.675	3.859	3.268
16	12.561	11.652	10.838	10.106	9.447	8.851	7.824	6.974	6.265	5.668	5.162	4.730	3.887	3.283
17	13.166	12.166	11.274	10.477	9.763	9.122	8.022	7.120	6.373	5.749	5.222	4.775	3.910	3.295
18	13.754	12.659	11.690	10.828	10.059	9.372	8.201	7.250	6.467	5.818	5.273	4.812	3.928	3.304
19	14.324	13.134	12.085	11.158	10.336	9.604	8.365	7.366	6.550	5.877	5.316	4.843	3.942	3.311
20	14.877	13.590	12.462	11.470	10.594	9.818	8.514	7.469	6.623	5.929	5.353	4.870	3.954	3.316
25	17.413	15.622	14.094	12.783	11.654	10.675	9.077	7.843	6.873	6.097	5.467	4.948	3.985	3.329
30	19.600	17.292	15.372	13.765	12.409	11.258	9.427	8.055	7.003	6.177	5.517	4.979	3.995	3.332

参 考 文 献

[1] 陈振婷. 管理会计 [M]. 北京：清华大学出版社，2005.
[2] 郭晓梅. 管理会计 [M]. 北京：北京师范大学出版社，2007.
[3] 谢琨. 管理会计 [M]. 北京：清华大学出版社，2008.
[4] 吕长江. 管理会计学 [M]. 上海：复旦大学出版社，2006.
[5] 吴大军. 管理会计习题与案例 [M]. 大连：东北财经大学出版社，2010.
[6] 潘飞. 管理会计 [M]. 北京：清华大学出版社，2007.
[7] 向宏志. 责任会计实例分析 [J]. 会计之友，2006（6）：42.
[8] 中国石油青海油田分公司. http：//www.qhnews.com/hzhb/qhh/mt.
[9] 金思宇，姜秀珍. 中国国有企业绩效评价：现状、趋势与指标选择 [J]. 中国青年政治学院学报，2008（3）.
[10] 魏巍. EVA绩效评价案例研究：以青岛啤酒为例 [J]. 财会通讯，2014（6）：12-15.
[11] 孙茂竹，文光伟，杨万贵. 管理会计学 [M]. 6版. 北京：中国人民大学出版社，2012.
[12] 冯巧根. 管理会计 [M]. 2版. 北京：中国人民大学出版社，2013.